二〇一一朱子文化協同創新中心項目

朱子學與地方文獻叢刊

（清）鄭之僑
（清）王賡言
（清）吴嵩梁 編
謝水華 點校

鵝湖書院史料彙編

江西人民出版社
Jiangxi People's Publishing House
全国百佳出版社

圖書在版編目（CIP）數據

鵝湖書院史料彙編 /（清）鄭之僑，（清）王賡言，（清）吴嵩梁編；謝水華點校. —南昌：江西人民出版社，2019.9

ISBN 978-7-210-10829-0

Ⅰ. ①鵝… Ⅱ. ①鄭… ②王… ③謝… Ⅲ. ①書院－教育史－史料－彙編－鉛山縣 Ⅳ. ①G649.299.564

中國版本圖書館CIP數據核字(2018)第226499號

鵝湖書院史料彙編

（清）鄭之僑 （清）王賡言 （清）吴嵩梁編 謝水華點校

責任編輯：李月華

特約編輯：張麗華

裝幀設計：同異文化傳媒

出　　版：江西人民出版社

發　　行：各地新華書店

地　　址：江西省南昌市三經路47號附1號

編輯部電話：0791-86898143

發行部電話：0791-86898815

郵　　編：330006

網　　址：www.jxpph.com

E-mail：270446326@qq.com

2019年9月第1版　2019年9月第1次印刷

開　　本：789毫米×1092毫米 1/16

印　　張：23

字　　數：182千字

ISBN 978-7-210-10829-0

定　　價：88.00元

承 印 廠：南昌市紅星印刷有限公司

贛版權登字—01—2019—451

序

在我擔任上饒師範學院朱子學研究所的負責人時，前任吳長庚老師在交接過程中就諄諄告誡我，朱子學研究所在成立之初就被賦予了兩個重要使命：一是依託朱子故里做好朱子學與宋明理學的研究，作為專門研究機構，此為義不容辭的職責；二是朱子學研究所也負有古籍所的職能，承擔朱子學乃至儒學文獻的整理工作。為此，朱子學研究所成立以來在做好朱子學研究的同時，也在堅持不懈地做好文獻整理工作。其中較具代表性的工作主要有以下幾種：第一，在吳長庚教授主持帶領下，徐公喜、余龍生、馮會明、周茶仙等研究所六位教師對《朱子晚年定論》《學蔀通辨》《朱子晚年全論》《朱子年譜》《道一編》五種反映朱陸學術異同的文獻進行了點校整理，並以《朱陸學術考辯五種》為名彙集出版。第二，吳長庚教授主持了全國社科重大專案暨教育部重大專案「《儒藏》編纂與研究」的子課題《儒藏》經部之《春秋》，徐公喜主持教育部一般委託專案《儒藏》之《春秋左氏傳賈服注輯述》等，馮會明、周茶仙等分別完成了《儒藏》中《春秋大全》《春秋左氏傳說》《左氏傳續說》《左傳杜解補正》等點校工作。第三，自二〇〇五年起，在我的主持下，在研究所諸同仁共同參與下，花費了十年工夫，二〇一五年終於完成並出版了二百餘萬字的《理學淵源考辨叢刊》，叢刊包括《學統》《閩中理學淵源考》《聖學宗傳》《理學宗傳》《道統錄》，均秉承儒家「道統」觀念，對儒家重要人物立傳，述其言行。第四，研究所同仁還積極參與省內外重點古籍整理專案工作，尤其是在江西省高等院校古籍整理研究領導小組組織下，參與了由江西師範大學萬萍、段曉華教授主持的《豫章叢書》整理專案，其中吳長庚點校《易纂言外翼》《敬堂文稿》《易圖存是》《理學類編》，鄒毅點校《天仙正理》《蠡測匯鈔》，馮會明點校《春秋四傳異同辨》，孫剛點校《易學變通》《碧梧玩芳集》《江南野史》，周振華點校《券易苞》，吳明松點校《浙西水利書》，周茶仙點校《野處類稿》，魏洪丘點校《芳谷集》，等等。

除以上工作之外，研究所這些年來也致力於做好地方文獻的整理工作。吳長庚的《費文憲公摘稿》整理研究、《鵝湖峰頂志箋注》，徐公喜的《信江書院志》，馮會明的《胡居仁集》等是其中的代表。這些地方文獻的整理意義重大：一是繁榮學術研究，地方文獻以其專屬性，即這種文獻既是地方性的也是全國性的，對繁榮地區乃至全國的學術研究具有重要意義；二是傳承地方文化，地方文獻中佔有重要地位的文集、方輿圖集、方志等，是一個地區自然和社會、歷史和現狀的資料性輯著，從不同層面保留了當地文化特殊記錄元素與符號，而且這些文獻具有記載門類廣泛、內容豐富等特點，可視為一個地區的百科全書，參考價值很高；三是有助於挖掘地方文化底蘊，對於區域範圍小且極富特色的地方而言，其民間傳統文化遺產和非物質文化遺產的梳理和搶救性挖掘，地方文獻都是不可或缺的重要依據。

過去的工作已成歷史，在發揚民族傳統優秀文化，增強民族文化自信的偉大征程中，上饒師範學院朱子學研究所將依託江西省「二〇一一計畫」朱子文化協同創新中心這一平臺，凝聚各協同單位團隊力量，緊緊圍繞朱子學文獻開展整理與研究，推出文獻類系列叢刊。

宋人解經，銳意創新，而以易學尤著。宋代易學象數學中有一項創造，就是發明了許多易圖，舊稱「圖書」。後來這種以圖解經的方法推廣於整個經學當中，可以說對於儒家經典的詮釋發展起到了重要的推動作用。而將「圖書」刻諸於碑，一在確定定本、防止紛爭，二在期以流傳久遠。然而自《六經圖》問世後，學者多以己意改動，至清代已改得面目全非。而原碑殘段留存亦很少，難窺原貌。吳長庚教授《六經圖碑本研究》所用材料為家藏宋代學者楊甲所作《六經圖》元代石刻拓本，該拓本完整罕見，遠比《四庫》本為善。《六經圖碑本研究》在點校整理的基礎上加以按語，釐定了《六經圖》的版本流傳問題，闡發了《六經圖》的學術史意義，特別是對《六經圖》與宋代經學的密切關係進行了深入的探究。可以說該書對經學思想的研究起到極大的推動作用。

民國時期，不少學者推崇作為儒學重要組成部分的朱子學，並且以一種與傳統學術不同的現代研究方式持續而深入地進行朱子學研究，取得了諸多扎實而重要的學術成就。民國時期的朱子學研究可以說是現代朱子學研究的開端，不僅取得了重要的研究成果，而且形成了現代朱子學研究的學術方向、路徑和方法。由我與樂愛國教授主持、周接兵博士協助編輯的《民國朱子學研究論文精選》屬於朱子文化協同中心專案及廈門大學樂愛國教授主持的教育部重大專案子課題之一，將從民國學人朱子學研究論文中精選集結出版，通過這些論文，我們大體可以瞭解民國時期朱子學研究的一般面貌，深刻把握民國時期的朱子學研究所遺留的寶貴學術資源，以為當下推進朱子學研究的基礎。追隨現代朱子學研究的先驅，接續民國時期朱子學研究的現代學術傳統，從中找到進一步發展的坐標。

朱熹一生，著述頗豐，為我們研究宋代學術、政治、歷史、教育等提供了用之不竭的資源。朱子之後，宋代至清末有關朱熹著作及後世闡朱、釋朱相關著作的序跋、題記及歷代書目著錄等資料更是層出不窮，為世人留下豐富的學術史資料。為此，華東師範大學古籍研究所所長顧宏義教授組織編成了《朱子學著述序跋題記資料彙編》。彙編主要是按照朱熹著述時間及同類資料先後排序，再按其內容進行分類編排；朱熹每種著述下附以後世撰寫的序和跋，按序跋撰寫者或著錄者時代先後排序；各代學人對朱熹著作所作校釋、集解、發揮等，以相同體例置在其後。整體而言，一般以朱熹所定書名為條目，其相關文字順序為時代、著者、他人序跋、題記、歷代書目著錄、今存者之版本與圖書館收藏情況等。從中，不但可以清楚地看到朱子學對後世的影響，更能深刻體會到自南宋以來中國學術的發展脈絡。編輯此書，既是為今人研究朱熹的學術與思想提供便利，更是為了辨章學術、考鏡源流。

中國地方誌以起源早、持續久、類型全、數量多而享譽於世界。據《中國地方誌聯合目錄》的統計，僅保存至今的宋至民國時期的方誌就有八千二百六十四種，十一萬餘卷，占中國古籍的十分之一左右，而實際數字尚不止於此。近年來，地方誌舊誌中記載的有關當地的歷史沿革、生態環境、社會經濟、景物資源、風土人情、文化藝術等方面的資料得到日益深入的發掘。而學術界對於地方舊誌中所蘊含的豐富的宋明理學學術史資料尤其是理學人物傳記尚缺少系統的整理，這不能不說是一大遺憾。胡榮明主持編輯《明清地方誌理學人物傳記彙編》，主要對福建、浙江、江西、安徽等地一九四九年以前編撰的數千種地方舊誌的理學人物傳記進行全面搜集與整理。這一工作一方面可以廓清理學地域流派發展演進的脈絡，多角度地探究地域理學的源流，另一方面可以為學者提供除正史中的《道學傳》與《儒林傳》以及黃宗羲《明儒學案》《宋元學案》等經典著作以外更豐富的資料，拓寬學者的研究視野，有助於開拓宋明理學、中國哲學乃至中國傳統文化的研究領域，而且對於地方誌研究以及區域史、地域文化史的研究也將大有裨益。

鵝湖書院是古代江西四大書院之一，更是中國儒學發展史上影響深遠的圣地。為便於學者全面瞭解與研究鵝湖書院以及鵝湖之會的歷史脈絡，謝水華以清乾隆九年述堂刻本《鵝湖講學會編》（十二卷）為主，兼及清嘉慶十八年刻本《增修鵝湖書田志》（五卷），彙編而成新的《鵝湖書院史料彙編》。《四庫全書提要》曾以為書中大旨，多調停朱、陸之異同。其意蓋欲附於講學，然實則惟以書院為主。故題詠名勝諸作，亦皆收錄，仍附之地理類。而編者更以為鄭之僑是從孔門教人因材變化的角度來認識朱陸的學術異同，由此申述他編書的目的並不在考辨其學

鵝湖書院史料彙編目録

以私意自生畛域，底就其往覆辯難處，推究其功力之精詳，並微會其用心之邃密，則南海、北海，可以共質異同之見化，而講學之道得矣。《易》曰：麗澤兑，君子以朋友講習。曾子曰：如切如磋者，道學也；如琢如磨者，自修也。僑之以講學會編名四賢書者，取此意而已矣。是為序。

時乾隆玖年歲次甲子臘月上澣，後學潮陽鄭之僑東里書於鵝湖之述堂。

凡例

一、四賢文集語類，甚極浩繁，凡修己治人之理，無一不該，而是編俱從刪節，僅采登彼此酬答之書，蓋以此書獨存其講學也。故於包顯道、項平甫、周子充等諸酬答，概不載入者，凡以守鵝湖之會訂而已。

二、鵝湖會講，語無可考，撮酬答諸書，妄指為異同之辯，似屬鄙陋。不知兩地往來之書，語多同異，總欲剖晰至理，歸於一是，務使後世學者有傳燈耳。故講學之編，其類可推。昔於異中求同，今不必於同中求異。若誤以謂立彼我，較勝負焉，識當年之心事哉。

三、是編四賢問答，俱是辯疑難，剖奥理。其於喫緊處亦應節次圈點，以顯前賢下手工夫。然恰當道理，正生人所共見共聞，初閱之似異論雜出，而靜觀之自是同條共貫。故不敢僭加圈點評論者，尊前賢也。

四、纂輯是編，凡有關理學淵源者，十之八九，其為國計民瘼，與夫儀禮制度，亦兼收其一二。良以羽翼聖經，與夫救弊維時，俱是讀書本領。必倡化有實跡，斯不徒為影談也。

五、是編雜著不錄，內卻又附四賢詩、序、記、跋，並行狀、祭文等篇，以其悉屬彼此酬贈，並先賢梗概所傳，故不忍遺，究非揭酉山藏，成點鬼簿，以為學者一時儉腹之籩笥也。

六、書院之設，所以培養人材也。不有條教，以約束其心志，則學術不明，謬妄日滋，將正誼明道之所漸沿為浮囂奔競之場矣。茲纂四賢講學編，而並載入《鹿洞揭示》《陸子靜講義》《呂子學規》，俾學者先立品行，次及文章，立體致用，於鵝湖之學，庶幾日興云。

七、先賢條教，簡而能該，學者之標準，莫備於此，之僑學術弇淺，而猥以俚語附載是編，亦誠不自知其鄙陋也。然具之於心，宣之於口，言之而是則聽之，言之而非則改之。理道非一人之私，勸善實生平之志。故衍為學規說，並示以法戒，總期共相切磋，以不負先賢講學名義。

八、書院系四賢談道之所。後人瞻慕遺風，數百年於茲矣。謁祠之下，或依原韻續貂，或另有新篇感慕，志瓣香之誠，奚啻萬水朝宗哉。且附院左右，山川因鵝湖名境，偉人覽勝，輒多連類詠歌之詞。亦均略有采者，存表微之思也。

九、鵝湖書院，一曰文宗書院，一曰會元堂，又一曰四賢祠。歲圮兵燹，屢修屢廢。至康熙五十八年，辟舊址而恢擴之。旁列號房，以為士子肄業之所，而規模至此宏廠。茲載入歷代藝文，雖於道學無與，然披閱之，興廢昭然，俾知捐資修葺者，其功亦不可沒也。

十、有書院，必有書田，垂久遠也。相傳前租共有四百余石，而邑乘不載。故藏坵匿塅，並叩其租之從來，而亦茫不可考。茲載田畝、山塘、土名、坵塅四止，並畝數多寡，佃戶姓名，附於講學編末，雖零星雜記，而總使後人有所稽考，不致湮沒而已矣。

之僑謹識

《鵝湖講學會編》

受業門人姓氏

温朝榮	冕資	石城
周孔從	白亭	寧州
葛天申	仁山	貴溪
蔣　垣	黃級	鉛山
張紹渠	篁墅	鉛山
李天植	厚山	峽江
劉世寧	退庵	新淦
張映燾	文光	鉛山
黃子淳	孕堂	廣昌
裴應奎	宿亭	吉水
鄧錫禮	悔庵	萍鄉
虞詢岳	政和	鉛山
李疇敘	禹書	瀘溪
涂錫穀	穆軒	奉新
李宗海	朝于	鉛山
張蕙機	良元	鉛山
熊瑞龍	亦騰	貴溪
魏　之	嵩山	奉新
辛廷芝	畹堂	萬載
楊驊騰	步衢	鉛山
張汝虬	飛翎	鉛山
周天球	守彝	鉛山
周惟邁	石溪	安福
童步鰲	滄州	弋陽
葛天寶	學山	貴溪
帥家駿	冀良	奉新
楊錫綬	紫章	清江
詹兆辰	及山	鉛山
楊鴻舉	登逵	鉛山
王　煇	耀南	鉛山
彭良騫	晉生	南昌
龔含光	協渭	貴溪
李　渠	書舫	鉛山
鐘維璠	魯重	鉛山
葉向榮	木天	上饒
李士晉	諫六	寧都
姚元棟	文淵	鉛山
路直升	履道	弋陽

詹之楝　宇資　鉛山
萬雲臺　瞻星　鉛山
黄閑雲　力山　瀘溪
鄧熙載　亮工　臨川
祝元詳　瑞三　鉛山
暨之森　伏企　鉛山
韓履詳　考之　鉛山
張蘭渠　貞元　鉛山
黄道開　義明　鉛山
彭履詳　旋吉　鉛山
祝海寧　一清　鉛山
方心戩　四藩　鉛山
周曰頌　詩元　鉛山
劉　鏵　發坤　鉛山
李　穆　輝漢　貴溪
劉道成　坤佐　貴溪

詹大鵬　雲騰　貴溪
徐士嶷　九山　鉛山
楊龍標　官雲　鉛山
鄭先登　文逵　鉛山
温鵬逵　雲翔　石城
查克樞　汝中　鉛山
姚學煉　淳夫　鉛山
邱　白　廷煌　武寧
陳聖瑞　魯來　鉛山
孫　霖　濟臣　寧都
方心達　志上　鉛山
侯亮國　寅工　鉛山
萬雲梯　階升　鉛山
葛天麟　罣山　貴溪
余居稽　鶴汀　貴溪
張大本　攀士　鉛山

李　讓　遜齊　貴溪
彭立本　有原　貴溪
方　明　上東　鉛山
張時杰　謙光　鉛山
張汝鯤　鵬化　鉛山
陳寶鐸　先上　鉛山
貢鼎鉉　北園　鉛山
張尚珣　璧華　鉛山
鄭彥士　廷偉　鉛山
佚　名　鴻儒　鉛山
查　韜　含英　鉛山
劉承謨　敦三　鉛山
劉　晃　軼群　鉛山
萬　方　流涵　鉛山
貢　潢　達川　鉛山
暨　檀　炳麟　鉛山
貢　淮　長源　鉛山

《鵝湖講學會編》目錄

卷之十

卷之十二

附　録

卷之一

鵝湖書院圖

鵝湖山，鉛之東北鎮山也。諸峯聯絡，若獅象犀猊，最高三峯挺秀。《鄱陽記》云：「山上有湖，多生荷，故名荷湖。東晉人龔氏居山畜鵝，其雙鵝育子數百，羽翮成乃去，更名鵝湖。」唐大曆中，有禪名智孚者，植錫山中，雙鵝復還。山麓有仁壽院，亦禪所建，今名鵝湖寺。宋朱子與呂伯恭、陸子壽、陸子靜三先生於此講學，遂建有鵝湖書院。

山川之不朽也以人，入顧有因山川而愈不朽者，道繫之耳。古之小西山，石穴中有書帙，秦人心賞於斯，遂留焉。吳萊謂人曰：眼中無天下奇山水，其為文亦兒女語。然則

名理之關心者人，名人之聘目者境，境雖不以山川勝，要非山川之勝，又何以為名人地乎？僑考豫章名區，鵝湖稱巨觀焉。竊恨未得躬覽其勝，迨庚申春，奉命來鉛，下車時即訪先賢祠宇，陟其背後之岡，峋嶙百千丈，東望懷玉，西矚象山，巖秀壑趨，草木蒙蘢，殆不減顧。長康之答人言者，昔賢之聚斯講學，詎無意歟。夫峯頂似冠幘，直而峻，石井之水似醴，淡而遠，蒙蘢於流峙間者，境之參差異致也，而道寓焉。自秦焚以來，尼山泗水之脈，幾不克延一綫。宋代周濂溪出，得不傳之妙於遺經，作為《太極圖說》、《易通》等書。屏離畔、別贋真，歷歷較如黑白，特衍繹多，而精義微言，未易得其津涯也。《詩》云：「他山之石，可以攻玉。」知大道中之奇疑賞析，舍友不為功。四先生籃輿杖藜，以擁席茲土。琢切之下，均以斯道為己責。故其論多峻直，意更淡遠。峻直而少，所狥以發；淡遠而多，其類以形。此所以百轉千廻，若草木蒙籠，霞蔚雲興，而不一其態。異同之說，所自來矣。卒之眾巖競秀，脈自同；眾壑爭流，源自同；巖壑之眾植森森，根自同。四先生盛年之功異，至晚而盡趨於同道焉。有二其說者。二其說者釋氏之道，非吾道也。釋氏之密諦，問學尚貝經，德性尚慧悟，滅倫類、守虛寂，窮巖深壑，枯槁於荒林，此幾無復有人境。故冠幘之露，猶道之巋然物望也；醴之出，猶道之味而彌旨也；卉木之參差，猶道之推以盡利，變以盡神，此真為萬古無窮之佳境。山川以人不朽，人乃以山川不朽。賞心聘目，學糸異同者，必有以辯之。願與天下後世士一遊情勝境焉。

四賢本傳

朱子

朱子名熹，字元晦，後改仲晦，婺源人，居紫陽山下。父松，游宦入閩，居建州，故為建人。少讀《孝經》，一閱，題其上曰：「不若是，非人也。」既孤，僑于崇安。十九歲成進士，主同安簿之任。徒步謁李侗於延平，往來從之者累年。精思實體，所造益深。孝宗即位，應詔上封事，首言記誦詞藻，非所以探深淵而出治道；虛無寂滅，非所以貫本末而立大中。帝王之學，必先格物致知，以極事物之變，自然意誠心正，而可以應天下之務。次言修攘之計，不時定者，講和之說誤之也。願閉關絕約，任賢使能，立紀綱，厲風俗，數年之後，視吾力之強弱，觀彼釁之淺深，徐起而圖之。三言斯民休戚，系守令賢否。監司者，守令之綱，朝廷者，監司之本。今之監司，無非宰相臺諫之親舊，顧陛無從知之耳。明年，召對入見，復陳三劄，大抵不出封事之意，而加剴切焉。授武學博士，待次。乾道元年，促就職，丐祠去。三年，除樞密院編修，待次。明年，崇安大饑，民奪食，幾挺變。朱子乃假官粟六百貸之，人賴以濟。其後歲一斂，散貸者出息什二，小歉弛半息，甚則盡蠲之。行之十有四年，贏益多，遂歸元粟於官，而用所贏為貸資，每石止收耗米三升，不復取息。以故數十年邑無饑饉患，所謂社倉者也。三促就職，力辭。尋丁內艱。自始死至祥禫皆酌古制行之，用成喪祭禮，因推之冠昏，作家禮。復召，改宣教郎，主祠，四辭，逾年始拜命。淳熙二年，除秘書郎，再辭。居武夷，送呂伯恭於信州鵝湖，陸子壽、陸子靜、劉子澄及江浙諸友皆會焉。後人敬而師之，立鵝湖書院並祀之。五年，差知南康軍，四辭，逾年始拜命。復白鹿書院，每休沐輒一至，諸生質所疑，誨誘不倦。立學規，俾守之。明年，有旨監司郡守條具利病，朱子上言：「郡縣賦重由於供軍，請覈兵籍，廣屯田，練民兵，以省坐食之軍，使郡縣事力稍紓，然後可禁其苛斂，責以寬恤。」卒復極論近習竊柄，援引交通之獘。疏入，上不悅，乃乞罷黜。又以人戶逃移自劾者，再以疾請祠者五，皆不報。除提舉江西常平茶鹽事，待次。尋錄捄荒勞，晉直秘閣。以南康所募納粟人未受賞，義不獨被恩命，三辭，不拜。會浙東大饑，調為提舉浙東常平茶鹽事，即日就道，且乞奏事之任。及至闕，納粟賞行，乃受直秘閣。入對延和殿，所奏七事，辭皆剴切其一二事。言災異之由，與近習之獘，則手繕以防宣洩。因乞推行社倉，上為下其法為諸路。方拜命時，即檄旁郡，募米商，為蠲其征。及至部，客米已大集。乃單車屏從，按行存卹，鈎訪揃問，所至人不及知。官吏憚其風采，至自引去，所部肅然。凡丁錢和買榷酤役法有不便民者，悉釐革之。於捄荒之餘，隨事經畫，為經久計。猶以前後所請多見抑，幸而從者率稽時後事，發憤抗疏言之，且移書政府曰：「朝廷愛民，不如惜費。明公憂國，不如愛身。然財散猶可復聚，民心一失，不可復收。身危猶可復安，國勢一傾，不可復振。」九年，以賑濟勞，晉直徽猷閣。辭，知台州。唐仲友者，宰相王淮姻戚也，遷江西提刑。未及去，朱子行部至台，按得其奸贓，劾之。時久旱，疏出，而天雨。淮匿不以聞。朱子申章益力，前後六上。淮不得已，奪仲友新命，以授朱子。不拜，請祠去。淮大憾，乃用陳賈、鄭丙，協力以攻朱子，遂肇偽學之禍。於是朱子作武夷精舍，奉祠不出者七年。當時海內學者，尊信益眾。十四年，除提點江西刑獄，辭，不許。值淮罷相，遂力疾入奏，首言刑獄輕重失宜，甚至干涉人倫，亦從流宥，則天理民彝，幾何不至於泯滅。卒乃極言陛下天理未純，人欲未盡，故便嬖得被腹心之寄，柔邪得竊廊廟之權。公議有時而不容，讒說有時而誤聽。欲報讐恥，而不免苟安；欲養生靈，而未免愁怨。願於一念之頃，謹而察之。果天理耶，則敬以充之，而不使有壅閼。苟人欲耶，則敬以克之，不使小有凝滯。是行也，有要於路，謂正心誠意，上所厭聞，戒勿言者。朱子曰：「生平所學，惟此四字，安敢回互以欺吾君乎？」及奏，上未嘗不稱善。除直文寶閣，奉祠，未踰月，復召。初入奏時，廹於疾作，口陳未盡，乞具封事以聞，未及上。至是再辭，遂並封事，投匭以進，凡數千言。大要言天下大本在陛下一心，而其急務，則輔翼太子、選任大臣、振舉綱維、變化風俗、愛養民力、修明軍政六者是已。疏入，夜漏七刻，上就寢，亟秉燭，讀之終篇。除主管太乙宮，兼崇政殿說書。時上已有倦勤意，為燕翼謀，益加嚮用。會執政詆道學者，遂力辭，除秘閣修撰，奉外祠。光宗立，除江東轉運使，辭，改知漳州之任。即奏除無名之賦七百萬，減經總製錢四百萬。加意學校，教誘諸生。又揭示喪葬嫁娶之儀，嚴禁男女傳經之會，俗為一變。適朝議欲行漳、泉、汀三州經界，朱子常病經界不行，聞命即訪事宜，擇人物及弓量之法上之。且言必可行之說三，將必至於不能行之說一。既而寓公豪右，果競沮之。遭嗣子喪，丐祠，除秘閣修撰，予祠去，而漳州經界竟報罷矣。三年，差知靜江府廣南西路經畧安撫，辭。四年，使者自金還，言金人問朱先生安在？乃差知潭州荊湖南路安撫。辭，不許。會長沙有峒獠之擾，遂拜命。至則遣人曉以禍福，皆降之。申教令，嚴武備，戢奸吏，抑豪民。湖湘士子故知學，為之崇獎教厲，四方人士畢至。孝宗升遐，朱子慟不自勝。趙汝愚以太皇太后詔，尊上為太上皇，而奉嘉王即位，主喪，遂為相，薦朱子。先是彭龜年為嘉王直講，因講魯莊公不能制其母云：「母不可制，當制其侍御僕從。」王稱善，問為誰說。對曰：「朱熹也。」自後每講，王必問朱子說云何。而翊善黃裳亦嘗言於光宗曰：「欲嘉王進德修業，追蹤古先哲王，當求天下第一流人。」光宗問為誰，以朱子對。故王之知朱子也久。至是，遂首召奏事，除煥章閣待制侍講。朱子行且辭，於道聞南内朝禮尚闕，近臣已有用事者，遂因辭章微辭以諷諫。疏再上，不許，乃乞帶元官奏事。首言天運艱難，國有大咎，然有可諉者，陛下前日未嘗有求位之心，今日未嘗忘思親之懷而已。充未嘗求位之心，可以盡負罪引慝之誠；充未嘗忘親之懷，可以致溫清定省之禮。次言為學莫先於窮理，窮理必在於讀書。讀書之法，莫貴於循序而致精。致精之本，又在於居敬而持志。既對，面辭職名，不許。翌日，又辭待制，乞改說書，上報以手劄，乃拜命。每進講，務積誠意，以平日所論著，敷陳開繹。既數次講，則復編次所講，成帙以進。上亦開懷容納。時太上意未釋然，上未即還大內，將葺東宮居之。朱子具四事以諫，不報。又議承重之禮，以為子為父，嫡孫承重，為祖禮皆斬衰。自漢文短喪，天子遂無三年之服。為父且然，則承重可知。壽皇至性自天，獨執通喪，宜著方冊，為世法程。間者陛下以世嫡承大統，一時倉卒，遂服漆紗淺黄，使壽皇已行之禮，舉而復墜，臣竊痛之。請將來啟殯發引，仍用初喪之服。及孝宗將祔，詔集議迭毀之次。初，太祖尊僖、順、翼、宣四祖之廟，實奉僖祖為始祖。治平間，議者以僖祖無功德，世數寖遠，遷於夾室。未數年，王安石復之。是時，趙汝愚雅不以熙寧中復祖僖祖為然，復議祧之，而奉太祖為始祖。朱子乃上議狀，條其不可者四。且擬為廟制，又援伊川程子之說，以為物豈有無本而生者，今日基本，啟自僖祖，安得謂無功德。狀上，宰相持不以聞，徑創別廟，以奉四祖。上頗聞朱子有狀，召問內殿，朱子具劄及圖以進，上然之。命即榻前撰內批，直罷其事。朱子乞再令集議，而於是朱子之議竟不行。除寶文閣待制，知江陵府。朱子辭，且乞追還新舊職名，詔仍煥章閣待制，予祠。朱子既去，明年，韓侂胄遂罷汝愚，謫永州。朱子自以身事四朝，雖退閑，猶帶侍從，義難苟默。乃草疏萬言，極論奸邪蔽主，因以明汝愚之寃，詞旨痛切。諸生交諫，不從。蔡元定請以筮決之，遇《遯》之《同人》，朱子嘿然，退焚諫草，自號遯翁。因六辭職名，詔仍秘閣修撰。是時，侂胄勢益張，大興偽學之禁，臺諫爭承風旨，排詆萬端，至欲擠之於死。二年，遂落職，予祠。報至，朱子方為諸生講論，略起視，復坐，講論如初。於是繩趨尺步，從遊之士，皆屏伏邱壑依阿選。懦者更名他師，甚至變易衣冠，以自別非黨。而朱子方講學不休，或勸以謝遣生徒者，笑而不答。是冬，竹林精舍成，率諸生行舍菜禮於先聖先師，以周、程、張、邵、司馬、延平七先生配。五年以年屆懸車，致仕。六年三月，寢疾，猶日為諸生講《太極》、《西銘》及為學之要。辛酉，訂《大學·誠意章句》。甲子，移寢中堂。諸生入問疾曰：「夫子之疾革矣，萬有不諱，當用《書儀》乎？」不允。「用《儀禮》乎？」亦不允。「然則參用之乎？」乃頷之。遂正坐整衣冠，揮婦女勿近，就枕而逝。是日大風拔木，洪流崩崖，時年七十一。嘉定二年，追謚曰文。淳祐元年，上幸學，詔以周子、二程子、張子及朱子從祀孔子廟。

呂成公

呂先生名祖謙，字伯恭，右丞好問之曾孫也。先為河東人，自好問始居婺。先生之學本諸家庭，有中原文獻之傳。少從林之奇、汪應辰、胡憲遊。既又友朱子及張南軒，講學益精。初以蔭補官未上，登隆興元年進士，復中博學宏詞科，調南外宗學教授。丁母艱，居明招山墓側，四方之士爭就之。闋除太學博士，添差教授嚴州。時張南軒為嚴州守也。復召為博士，兼國史院編修官、實錄院檢討官。輪對，勉孝宗留意聖學，且言恢復大事，乞廣攬英豪，使確陳經畫先後之實，然後與大臣定成算，而次第行之。而張南軒亦自嚴陵召歸為郎，因得同巷而居。召試館職，先生平日喜陸九淵之文，而未識其人。比考試禮部，得一卷，曰：「此必江西小陸也」。揭示果然，人服其精鑒。丁父艱歸，諸生復集，劉子澄、陸子壽來。淳熙元年，移居明招山墓側，五月如三衢，陸子靜自臨安來。是年服闋，主管台州崇道觀。二年，如武夷訪朱子，留月餘。朱子送之於信州鵝湖，陸子壽、陸子靜、劉子澄及江浙諸友皆會。時先生以朱陸議論異同，欲會歸於一，而定所適從。及會，議論不合，止旬日而罷。今鵝湖書院並祀之。三年，復會朱子於三衢。召為秘書郎，重修《徽宗實錄》。書成進對。曰：「治道體統，內外上下不相侵奪而後安①。鄉者，以大臣不勝任而兼行其事，大臣亦皆親細務而兼行有司之事，外至監司、守令職任，悉為上所侵而令不能行於其下。故豪猾玩官府，郡縣忽省部，椽屬陵長吏，賤臣輕柄臣。平居未見其患，一旦有急，誰與指麾而伸縮之邪②？如曰臣下權任太重，懼其不能無私，則有給、舍以出納焉，有臺諫以糾正焉，有侍徒以詢訪焉。倘得端方不倚之人分處之，自無專恣之慮，何必屈至尊以代其勞哉？人之關膈肺絡少有壅滯，久則生疾。陛下于左右雖不勞操制，苟玩而弗慮，則聲勢浸長，趨附浸多，過咎浸積，內則懼為陛下所譴而益思壅蔽，外則懼為公議所嫉而益肆詆排。願陛下虛心以求天下之士，執要以總萬事之機。勿以圖任或誤而謂人多可疑，勿謂明聰獨高而謂智足偏察③，勿詳於小而忘遠大之計，勿疑於近而忘壅蔽之萌。」又言：「國朝治體，有遠過前代者，有視前代為未備者。夫以寬大忠厚建立規模，以禮遜節義成就風俗，此所謂遠過前代者也。故於俶擾艱危之後，駐蹕東南逾五十年，無纖毫之慮，則根本之深可知矣。然文治可觀而武績未振，名勝相望而幹畧未優，故雖昌熾盛大之時，此病已見。是以元昊之難，範、韓極一時之選，而莫能平殘，則事功之不競從可知矣。臣謂今日治體視前代未備者，固當激厲而振起；遠過前代者，

① 內外上下不相侵奪而後安「內外上下」，《宋史》列傳卷一百九十三作「上下內外」。
② 誰與指麾而伸縮之邪「邪」原脫，據《宋史》列傳卷一百九十三補。
③ 勿謂明聰獨高而謂智足偏察「明聰」，《宋史》列傳卷一百九十三作「聰明」。

尤當愛護而維持。」遷著作佐郎，尋兼禮部，以未疾丐祠，除直秘閣，主管建寧武彝山沖佑觀。病少間，除著作郎，兼國史院編修官，不就。添差浙東帥議，亦不就。淳熙八年，卒於家。年四十五，謚曰成。先生之學，以關洛為宗，心和氣平，不立崖異。一時嘗言道理無窮學者，先不得有自足意。英偉卓犖之士，皆歸心焉。少褊急，後讀《論語》至「躬自厚而薄責於人」，忽猛然有省，一時意氣皆平，自是終身無暴怒。朱子每稱，學如伯恭，方為變化氣質。嘗與朱子論學曰：「學者須是專心致志，絕利一原，凝聚渟畜，方始收拾得上。」又曰：「學者推求言句工夫常多，點檢日用功夫常少。」又曰：「整頓收斂，則入於著力，從容游泳，又墮於悠悠。」又曰：「靜多於動，踐履多於發用，涵養多於講說，讀經多於讀史，工夫至此，然後可久可大。」又曰：「操存則血氣循軌而不亂，收斂則精神內守而不浮。」其論史以為，論一時事，紀傳不如編年；論一人終始，則編年不如紀傳，二者皆不可廢。至觀史之法，於事之利害，時之禍患，必掩卷思所以處之，乃為有益。朱子常述其言以教學者，其所講畫，將以開物成務，居家之政，皆可為後世法。建麗澤書院，以為會友講學。既臥病，猶作日記不輟。與朱子編《近思錄》，同止寒泉精舍，分類抉微，一月而成。又嘗修讀詩記、大事記，夫及成。考定古《周易》、《書說》、《閫範》、《官箴》、《辯志錄》、《歐陽公本末》，皆行於世，學者稱東萊先生。

陸文達公

陸先生名九齡，字子壽，號復齋，撫州金溪人。與弟九淵互為師友，追琢講貫，和而不同，當時稱為江西二陸。其學務窮本原，不為章句訓詁，惟孔孟是崇是信。當秦檜時，無道程氏學者，而先生獨尊其說。成進士，調桂陽軍教授，以親老道遠，改興國，未上。會湖南茶寇剽盧陵，鄉眾欲奉先生主義社，以備寇。門人不悅，先生曰：「古者征伐，公卿即為將帥，文事武備一也。」遂領其事調度屯禦，皆有法。及至興國，不以職閑自佚，益嚴規矩，肅衣冠，如臨大眾，綏動引翼，士類興起。丁繼母憂歸。既闋，除全州教授。未上，得疾，卒。年四十九，謚文達。

陸文安公

陸先生名九淵，字子靜，九齡之弟也。生而穎異，四歲時問父賀：「天地何所窮際？」父笑而不答。遂深思至忘寢食。及卯角讀書，至「四方上下曰宇，往古來今曰宙」，大覺悟，曰：「宇宙內事，乃己分內事；己分內事，乃宇宙內事也。」聞人誦伊川語，輒深自省，以為若傷我者。與兄相為師友，切磋砥磨。獨尊二程之學。成進士，調靖安主簿。丁繼母憂歸。既闋，除為崇安主簿。以史浩薦召，審察不赴。侍從復薦之，除國子正，轉敕令所刪定官。先生少聞靖康間事，慨然有感於復讐之義，至是乃訪求智勇之士，與議大畧，益知武事利病，形勢要害，人物短長。未幾因輪對陳五論，詞旨甚美，上皆稱善。除將作監丞，為給事中王信所駁。主管台州崇道觀，以歸。貴溪有山形如象，先生登而樂之，結茅其上，自號象山翁。四方學徒大進，每開講席，戶外屨滿，耆老扶杖觀聽。嘗謂學者曰：「道外無事，事外無道。平時雖號為士人，其實何嘗篤志於聖賢事業，往往從俗浮沉，與時俯仰，狥情縱欲，汩沒而不能自振。日月逾邁，而有泯然與草木俱腐之恥。於此能有媿懼，大決其志，乃求涵養磨礪之方，見善則遷，有過則改，無不有益者。」又曰：「千虛不博一實，吾生平學問，只是一實。」又曰：「汝耳自聰，目自明，事父自能孝，事兄自能弟，本無欠缺，不必他求，要在自立而已。」大抵所以誨人者，只是令人求其放心。其有志於學者，相與講切，無非此事，不復以言語文字為意，令人歎仰無已。其有意作文者，令收拾精神，涵養性情，根本既正，不患不能作文。或勸以著書，曰：「《六經》注我，我注《六經》。」於是朱子方知南康軍，修復白鹿書院，聚學徒教育其中。先生過訪之，朱子率僚友延登講席。先生乃講喻義之旨，懇到敷暢，聽者莫不竦然動心，朱子為之避席稱謝，以為切中學者隱微深痼之病焉。光宗立，差知荊門軍。荊門在江漢間，南捍江陵，北援襄陽，東護隨、郢，西當光化、夷陵之衝，舊無城壁。先生請於朝，而城之。召集義勇，優給庸直，躬自勸督。役者樂趨，力竭工倍。二旬訖築，自是邊防益固。因罷關吏譏察而減其稅，商賈畢集，稅入日增。其為政，凡訟訴無蚤暮，皆直造庭下，令自持狀以追被訴者，無不應期至。其有干涉人倫，輒使自毁狀，以厚風俗。於境內官吏貪廉、人民善惡，靡不周知。有訴盜竊而不知其主名者，先生出二人名，捕訊之，即伏，盡得所竊還訴者，吏民驚以為神。每旱，出禱輒雨，郡人異之。期年，政行令修，民俗丕變，諸司交薦。一日，語所親曰：「先教授兄有志天下，竟不得施而歿。今吾亦將死矣。」乃沐浴更衣，端坐，後二日，日中而卒。年五十四，謚文安。初，先生與兄九齡嘗與朱子會於鵝湖，辯論所學，以歸於一。其後九齡深知舊見之非，幡然求益。惟先生終始自信，持論不移。於太極無極之說，與朱子往復頻數，而卒不合。學者稱為象山先生。今鵝湖書院並列祀之。

四賢贊

晦庵朱子

道若大路，曲折萬端。辯析毫釐，用力甚難。上續伊洛，昭哉可觀。考亭遺規，百世不刊。

東萊呂成公

偉歟東萊，氣象融融。相門事業，元祐申公。益閎以大，問學磨礲。其學伊何，萬析必東。

復齋陸文達公

復齋之德，碩大以寬。其儀如鳳，其臭如蘭。弟兄琢磨，惟義所安。此意寂寥，令我心酸。

象山陸文安公

即心是道，勿助勿忘。愛親敬兄，易簡平常。煌煌昭揭，神明無方。再拜象山，萬古芬芳。

鵝湖倡酬詩

鵝湖之會，呂伯恭以朱陸議論異同，欲會歸於一，而定所適從。及會，伯恭問陸子壽別後新工，子壽誦其所作，詩曰：

孩提知愛長知欽，古聖相傳只此心。大抵有基方築室，未聞無址忽成岑。留情傳注翻榛塞，著意精微轉陸沉。珍重友朋勤切琢，須知至樂在於今。

元晦顧伯恭曰：子壽早已上子靜船了也。北叩子靜，子靜曰：某途中和得家兄此詩云：

墟墓興哀宗廟欽，斯人千古不磨心。涓流積至滄溟水，拳石崇成泰華岑。易簡功夫終久大，支離事業更浮沉。欲知自下升高處，真偽先須辯只今。

元晦聞之色變，大不懌而罷。後往南康，元晦延入白鹿講說，因講「君子喻于義」章，元晦再三云：某在此不曾說到這里，負愧何言，後乃和詩以寄懷云（鵝湖之會淳熙二年，朱子知南康軍淳熙五年）：

德義風流夙所欽，別離三載更關心。偶扶藜杖出寒谷，又枉籃輿度遠岑。舊學商量加邃密，新知培養轉深沉。卻愁說到無言處，不信人間有古今。

之僑謹按：鵝湖辯論其言不傳，今觀倡酬三詩，則異同之見從此始也。但考淳熙二年朱子年四十六，陸子僅三十七，一日之意見未足為終身之定論，且異於鵝湖者何獨同於白鹿洞耶，後之紛紛置喙者，試於往來酬答諸書反復尋繹之，則自異而同之道理可以默會矣。

卷之二

答呂伯恭書 朱子

竊承進學之意甚篤，深所望於左右。至於見屬過勤，則非區區淺陋所堪。然不敢不竭所聞，以塞厚意。

熹舊讀程子之書有年矣，而不得其要。比因講究《中庸》首章之指，乃知所謂「涵養須用敬，進學則在致知」者，兩言雖約，其實入德之門無踰於此。方竊洗心以事斯語，而未有得也，不敢自外，輒以為獻。以左右之明，尊而行之，不為異端荒虛浮誕之談所遷惑，不為世俗卑近苟簡之論所拘牽，加以歲月，久而不舍，竊意其將高明光大，不可量矣。

承喻所疑，為賜甚厚。所未安者，別紙求教。然其大概，則有可以一言舉者。其病在乎略知道體之渾然無所不具，而不知渾然無所不具之中，精粗本末、賓主內外，蓋有不可以毫髮差者，是以其言常喜合而惡離，卻不知雖文理密察、縷析毫分，而初不害乎其本體之渾然也。往年見汪丈舉張子韶語明道「至誠無內外」之句，以為「至誠」二字有病，不若只下箇「中」字。大抵近世一種似是而非之說，皆是此箇意見，惟恐說得不鶻突，眞是謾人自謾、誤人自誤。士大夫無意於學，則恬不知覺；有志於學，則必入於此。此熹之所以深憂永歎、不量強弱而極力以排之。雖以得罪於當世而不敢辭也。

注中改字，兩說皆有之。蓋其初正是失於契勘凡例，後來卻因汪丈之說，更欲正名以破其惑耳。然謂之因激增怒則不可。且如孟子平時論楊、墨，亦平平耳。及公都子一為好辯之問，則遂極言之，以至於禽獸。蓋彼之惑既愈深，則此之辯當愈力。其禽縱低昂，自有準則，蓋亦不期然而然。然禽獸之云，乃其分內，非因激而增之也。

來教又謂吾道無對，不當與世俗較勝負，此說美則美矣，而亦非鄙意之所安也，夫道固無對者，也然其中卻著不得許多異端邪說，直須一一剔撥出後，方曉然見得箇精明純粹底無對之道。若和泥合水，便只著箇「無對」包了，竊恐此「無對」中却多藏得病痛也。孟子言楊、墨之道不熄，孔子之道不著，而《大易》於君子小人之際，其較量勝負，尤為詳密，豈其未知無對之道邪？蓋無對之中，有陰則有陽，有善則有惡，陽消則陰長，君子進則小人退，循環無窮，而初不害其為無對也。況熹前說已自云「非欲較兩家已往之勝負，乃欲審學者今日趨向之邪正」，此意尤分明也。康節所著《漁樵對問》，論天地自相依附，形有涯而氣無涯，極有條理。當時想是如此說，故伊川然之。今欲分明，即更注此段於其下，如何？

科舉之教無益，誠如所喻。然謂欲以此致學者而告語之，是乃釋氏所謂「先以欲勾牽，後令入佛智」者，無乃枉尋直尺之甚，尤非淺陋之所敢聞也。伊川學制固不必一二以循其跡，然郡學以私試分數較計錙銖，尤為猥屑，似亦當罷之。若新除已下，則上說下教，使先生之說不遂終廢於時，乃吾伯恭之責，又不特施於一州而已也。

答呂伯恭書

示喻曲折，深所望於左右。顧其間有未契處，不得不極論，以求至當之歸。至於立彼我，較勝負之嫌，則熹雖甚陋，豈復以此疑於左右者哉？持養斂藏之誨，敢不服膺？然有所不得已者，世衰道微，邪詖交作，其他紛紛者固所不論，而賢如吾伯恭者，亦尚安於習熟見聞之地，見人之詭經誣聖，肆為異説，而不甚以為非，則如熹者，誠亦何心安於獨善，而不為極言覈論以曉一世之昏昏也？使世有任其責者，熹亦何苦而譊譊若是耶？設使顔子之時，上無孔子，則彼其所以明道而救世者，亦必有道，決不退然安坐陋巷之中以獨擅①其身而已。故孟子言禹、稷、顔子，易地則皆然。惟孟子見此道理，如楊子雲之徒，蓋未免將顔子只做箇塊然自守底好人看。若近世，則又甚焉。其所論顔子者，幾於釋老之空寂矣。熹竊謂學者固當學顔子者，如克己復禮、不遷怒貳過、不伐善施勞之類，造次顛沛，所不可忘。但亦須審時措之宜，使體用兼舉，無所偏廢，乃為盡善。若用有所不同，則所謂體者乃是塊然死物而已，豈眞所謂體哉！觀伊川先生十八歲時上書所論顔子、武侯所以不同，與上蔡論《詔》②、《武》異處，便見聖賢之心無些私意，只是畏天命、循天理而已。此義與近世論内修外攘之説者亦相貫。夫吾之所以自治者，雖或有所未足，然豈可以是而遂廢其討賊之心哉？

示喻蘇氏於吾道不能為楊、墨，乃唐、景之流耳，向見汪丈亦有此説。熹竊以為此最不察夫理者。夫文與道，果同耶異耶？若道外有物，則為文者可以肆意妄言而無害於道。惟夫道外無物，則文而一有不合於道者，則於道為有害，但其害有緩急深淺耳。屈、宋、唐、景之文，熹舊亦嘗好之矣。既而思之，其言雖侈，然其實不過悲愁、

① 「擅」，《四庫全書》之《晦庵集》卷三十三作「善」，上海古籍出版社一九八七年版，第一一四三册第七三五頁。
② 「詔」，《四庫全書》之《晦庵集》卷三十三作「韶」，上海古籍出版社一九八七年版，第一一四三册第七三五頁。

放曠二端而已。日誦此言，與之俱化，豈不大為心害？於是屏絶不敢復觀。今因左右之言，又竊意其一時作於荊楚之間，亦未必聞於孟子之耳也。若使流傳四方，學者家傳而人誦之，如今蘇氏之說，則為孟子者亦豈得而已哉？況今蘇氏之學上談性命、下述政理，其所言者非特屈、宋、唐、景而已。學者始則以其文而悦之，以苟一朝之利，及其既久，則漸涵入骨髓，不復能自解免。其壞人材，敗風俗，蓋不少矣。伯恭尚欲左右之，豈其未之思邪？其貶而置之唐、景之列，殆欲陽擠而陰予之耳。向見正獻公家傳，語及蘇氏，直以浮薄輩目之，而舍人丈所著《童蒙訓》則極論詩文必以蘇、黄為法，嘗竊歎息，以為若正獻、滎陽，可謂能惡人者，而獨恨於舍人丈之微旨有所未喻也。然則老兄今日之論，未論其它，至於家學，亦可謂蔽於近而違於遠矣。更願思之，以求至當之歸，不可自悞而復悞人也。

前書奉問謝公之說，正疑其不能無病。能①考從上聖賢以及程氏之說，論下學處，莫不以正衣冠、肅容貌為先，蓋必如此，然後心得所存而不流於邪僻。《易》所謂「閑邪存其誠」，程氏所謂「制之於外，所以養其中」者，此也。但不可一向溺於儀章器數之末耳。若言所以正、所以謹者，乃禮之本，便只是釋氏所見，徒然横卻箇所以然者在胸中，其實卻無端的下功夫處。儒者之學，正不如此。更惟詳之。

① 「能」，《四庫全書》之《晦庵集》卷三十三作「詳」，上海古籍出版社一九八七年版，第一一四三册第七三六頁。

答吕伯恭書

所喻「閑先聖之道」，竊謂只當如「閑邪」之「閑」，方與上下文意貫通。若作「閑習」，意思固佳，然恐非孟子意也。政使不①如是説，則閑習先聖之道者，豈不辯析是非、反復同異，以為致知格物之事？若便以為務為攘斥，無斂藏持養之功而不敢為，則恐其所閑習者終不免乎毫釐之差也。若顔子則自不須如此，所以都無此痕跡耳。此事本無可疑，但人自以其氣質之偏緣情立義，故見得許多窒礙。若大其心，以天下至公之理觀之，自不須如此回互費力也。

所論智、仁、勇之意，則甚精密。然龜山之説亦不可廢。蓋以其理言之，則所至雖不同，而皆不可闕，如左右之説是也。若以其所至之地言之，則仁者安之，知者利之，勇者強焉，又自各有所主，如龜山之説矣。然此兩説者要之皆不可廢，經緯以觀，其意始足。如何？

動静陰陽之説，竟未了然，何耶？豈非向來奉答者未得其要，有以致賢者之疑乎？比再觀之，方以為病，欲別為説以奉報。今以來喻所引者推明之，似卻更分明也。夫謂人生而静是也，然其感於物者，則亦豈能終不動乎？今指其未發而謂之中，指其全體而謂之仁，則皆未離乎静者而言之。至於處物之宜謂之義，處得其位謂之正，則皆以感物而動之際為言矣。是則安得不有陰陽、體用、動静、賓主之分乎？故程子曰：「仁體義用也。知義之為用而不外焉者，可以語道矣。世之論義者多外之，不爾則混然而無別，非知仁義之説者也。」此意極分明矣。且體、用之所以名，政以其對待而不相離也。今以静為中正仁義之體，而又謂中正仁義非静之用，不亦矛盾杌棿之甚乎？

---

① 「不」，《四庫全書》之《晦庵集》卷三十三作「必」，上海古籍出版社一九八七年版，第一一四三冊第七三七頁。

意者專以知覺名仁者，似疑其不得為靜，恐當因此更加究察。所謂仁者，似不專為知覺之義也。

答吕伯恭書

昨自叔度人還之後，一向不得奉問，豈勝向仰。比日冬溫，伏惟道味有相，尊候萬福。熹杜門如昔，無足言者。昨附去《中庸》《大學》書如何？未相見間，便中得條示所未安者，幸幸。近稍得暇，整頓得《通鑒》數卷，頗可觀，欲寄，未有別本，俟來春持去求是正也。聞老兄亦為此功夫，不知規摹次第如何？此間頗若難得人商量，正唯條例體式亦自難得合宜也。如溫公舊例，年號皆以後改者為正，此殊未安。如漢建安二十五年之初，漢尚未亡，今便作魏黄初元年，奪漢太速，與魏太遽，大非《春秋》存陳之意，恐不可以為法。此類尚一二條，不知前賢之意果如何爾。所欲言者甚眾，此便又遽，不及究一二。春秋①即治溫、台之行，承教且不遠矣。向寒，伏冀為道自愛，不宣。

答吕伯恭書

便中兩辱誨示，感慰之深。即日雨寒，伏惟尊候萬福。熹正初復至邵武，還走富沙，上崇安，四旬而後歸。將為婺源之行，未及而韓丈召還，道出邑中，寄聲晉叔，必欲相見。不免又出山一巡，疲曳不可支矣。極欲一到

① 「秋」，《四庫全書》之《晦庵集》卷三十三作「初」，上海古籍出版社一九八七年版，第一一四三册第七五二頁。

三衢哭汪丈之喪，而未敢前，未知所以為決。旦夕上道，卻徐思其宜耳。叔昌寄示所作奠文，曲盡其為人之梗概，讀之令人隕涕也。何兄誌文語病誠如所喻，前此固已疑而改之矣。它所更定尚多，怱怱未暇録呈，草本告收毀之也。子澄已對未所欲言者，想已子細商較。大抵今日發口，欲其盡已而不失時義之中，此為難耳。尊嫂葬事想已畢，自此無事，以次整頓諸書以惠後學，甚善。然亦願早下手也。熹所欲整理文字頭緒頗多，而日力不足。今又方有遠役，念念未始一日去心也。

讀《易》之法，竊疑卦爻之詞本為卜筮者斷吉凶，而因以訓戒。至《彖》、《象》、《文言》之作，始因其吉凶訓戒之意而推說其義理以明之。後人但見孔子所說義理，而不復推本文王、周公之本意，因鄙卜筮為不足言；而其所以言《易》者，遂遠於日用之實，類皆牽合委曲，偏主一事而言，無復包含該貫、曲暢旁通之妙。若但如此，則聖人當時自可別作一書，明言義理以詔後世，何用假託卦象，為此艱深隱晦之辭乎？故今欲凡讀一卦一爻，便如占筮所得，虛心以求其詞義之所指，以為吉凶可否之決，然後考其象之所已然者，求其理之所以然者，然後推之於事，使上自王公，下至民庶，所以修身、治國皆有可用。私竊以為如此求之，似得三聖之遺意。然方讀得上經，其間方多有未曉處，不敢彊通也。其可通處，極有本甚平易淺近，而今傳注悞為高深微妙之說者。如「利用祭祀」、「利用享祀」，只是卜祭則吉；「田獲三狐」、「田獲三品」，只是卜田則吉；「公用享於天子」，只是卜朝覲則吉；「利建侯」，只是卜立君則吉；「利用為依遷國」，只是卜遷國則吉；「利用侵伐」，只是卜侵伐則吉之類。但推之於事，或有如此說者耳。凡此之類不一，亦欲私識其說，與朋友訂之，而未能就也。不審尊意以為如何？因來，幸以一言可否之。

禮書亦苦多事，未能就緒。書成，當不俟脱槁，首以寄呈求是正也。示喻令學者兼看經史，甚善甚善。此間來學者少，亦欲放此接之。但少通敏之姿，只看得一經或《論》、《孟》，已無餘力矣。所抄切己處，便中得數段，見寄幸甚。然恐亦當令多就經中留意為佳。蓋史書鬧熱，經書冷淡，後生心志未定，少有不偏向外去者，此亦當預防也。如何？季通行計，久未能辦，近復有同母兄之喪，旦夕或同過婺源，然後入浙。擴之已去，今想到彼久矣。到邑中擾擾，臨行作此，書不盡懷。子約兄不及別狀，意蓋不殊此。塾蒙收教，舉家知感。恐其懶惰未能頓革，更望痛加鞭策，千萬幸甚。余惟為道自重。

與東萊論白鹿書院記

當是時，士皆上質實，實則入於申、商、釋、老而不自知。

祖宗盛時風俗之美固如所論，然當時士之所以為學者，不過章句文義之間，亦有淺陋駁雜之弊。故當時先覺之士往往病其未足以明先王之大道，而議所以新之者。至於程、張諸先生論其所以教養作成之具，則見於明道學制之書詳矣，非獨王氏指以為俗學而欲改之也。王氏變更之議，滎公初亦與聞。王氏之學，正以其學不足以知道，而以老釋之所謂道者為道，是以改之，而其弊反甚於前日耳。今病於末俗之好奇而力主文義章句之學，意已稍偏，懲於熙、豐、崇、宣之禍而以當時舊俗為極盛至當而不可易，又似太過。且所以論王氏者，亦恐未為切中其病也。

「明道程先生」止「卑忠信而小之也」。

世固有忠信而不知道者，如孔子所稱忠信而不好學者，伊川所譏篤學力行而不知道者是也。然則王氏此言亦未為失，但不自知其不知道，而反以知道者為不知道，此則為大惑耳。其以忠信目明道，以為卑明道而小之則可，以為卑忠信而小之則不可。蓋以忠信對知道，固當自有高卑小大之辯也。

「關洛緒言」止「盍思所以反之哉」。

程氏之言學之本末始終無所不具，非專為成德者言也。今此語意似亦少偏，兼於上文無所繫屬。

「政使止于章句文義之間」止「三代之始終也」。

三代之教，自離經辯志以後，節次有進步處，是以始乎為士而終乎為聖人也。今但如此言之，則終於此而已，恐非三代教學之本意也。

「自有此山以來」止「亦君子之意也」。

所謂與日月參光者，不知何所指？更望批喻。其曰「區區濬之」者，又恐卑之已甚，有傷上文渾厚之氣，如馬伏波之論杜季良也。兼此役本為發明先朝勸學之意，初不專為濬之。今但得多說此邊意思出來，而略帶續其風聲之意，則事理自明，不必如此罵破也。

鄙意欲如第一段所論，引明道劄子後，即云：「不幸其說不試，而王氏得政，知俗學不知道之弊，而不知其學未足以知道，於是以老、釋之似亂周、孔之實，雖新學制、頒經義、黜詩賦，而學者之弊反有甚於前日。建炎中興，程氏之言復出，學者又不考其始終本末之序，而爭為妄意躐等之說以相高。是以學者雖多，而風俗之美終亦不逭於嘉祐、治平之前。而況欲其有以發明於先王之道乎？今書院之立，蓋所以究宣祖宗興化勸學之遺澤，其意亦深遠矣。學於是者，誠能考於當時之學以立其基，而用力于程、張之所議者以會其極，則齊變而魯、魯變而道矣。」此語草畧不文，而其大體規模似稍平正，久遠無弊。欲乞頗采此意，文以偉辭，不審尊意以為可否？若只如所示，卻恐不免有抑揚之過，將來別生弊病，且將盡變秀才而為學究矣。蓋此刻之金石，傳之無窮，不比一時之間為一兩人東說西話，隨宜說法，應病與藥也。

答呂伯恭書

欽夫之逝，忽忽半載，每一念之，未嘗不酸噎。同志書來，亦無不相弔者①。自向來人還，至今不得定叟書，今日方再遣人往致荃奠。臨風哽愴，殆不自勝。計海內獨尊兄為同此懷也。援筆至此，為之淚落。痛哉痛哉！祭文真實中有他人所形容不到處，嘆服。今此人去，亦有一篇，謹録呈。蓋欽夫向來嘗有書來，云見熹諸經說，乃知閑中得就此業，殆天意也。因此畧述向來講學與所以相期之意，而歎吾道之孤且窮，於欽夫則不能有所發明也。盛文所敘，從善受言，使言者得自盡，施於褊狹，所警尤多。平日亦知敬服渠此一節，而不能學。今老矣，

① 「亦無不相弔者」後，《四庫全書》之《晦庵集》卷三十四有「益使人慨歎。蓋不惟吾道之衰，於當世亦大有利害也」一句。

而舊病依然，未知所以藥之也。不唯如此，近日覺得凡百應接，每事須有些過當處，不知如何整頓得此身心四亭八當，無許多凹凸也？耐煩忍垢之誨，敬聞命矣。今大綱固未嘗敢放倒，但不免時有偷心，以為何為自苦如此？故事有經心而旋即遺忘者，亦有不敢甚勞心力而委之於人者，亦有上說不從、下教不入而意思闌珊、因循廢弛者。此兩月來，既得不允指揮，不敢作此念。又為狂妄之舉，準備竄謫，尤不敢為久計。身寄郡舍，而意只似燕之巢於幕上也。言事本只欲依元降指揮條具民間利病，亦坐意思過當，遂殺不住，不免索性說了。從頭徹尾，只是此一個病根也。

獄訟極不敢草草，然見人說亦多過處，乃與塾子所論諸葛政刑相似。然欲一切姑息，保養奸凶，以擾良善，而沽流俗一時之譽，則平生素心深竊恥之，亦未知其果如何而得其中也？所論荊州從遊之士多不得力，此固當深警。然彼猶是他人不得力，今自循省，乃是自己不曾得力，此尤為可懼也。不知老兄看得此病合作如何醫治？幸以一言就緊切處見教，千萬之望。子壽兄弟得書，子靜約秋涼來遊廬阜，但恐此時已換卻主人耳。渠兄弟今日豈易得？但子靜似猶有些舊來意思。聞其門人說，子壽言其雖已轉步而未曾移身，然其勢久之亦必自轉。回思鵝湖講論時是甚氣勢？今何止什去七八耶？

元範立碑之說，向曾見告。嘗語之云：「熹固不足道，但恐人笑老兄耳。」意其已罷此議。不謂乃復為之，聞之令人汗下。幸已蒙喻止，必且罷休矣。平生性直，不解微詞廣譬，道人於善，故見人有小失，每忍而不欲言。至於不得已而有言，則衝口而出，必至於傷事而後已，此亦太陽之餘證也。

答呂伯恭書

熹一出兩年，無補公私，而精神困弊，學業荒廢，既往之悔，有不可言者。自去年秋冬災傷之後，不能求去，以及今春，遂有江西之命。又俟代者，至閏月二十七日方得合符而歸。以四月十九日至家。雖幸悉肩，又若①人事紛冗，老幼病患，未能有好況。然大槩已是入清涼境界中矣。

道中看《中庸》，覺得舊說有費力處，畧加修訂，稍覺勝前。計他書亦須如此。義理無窮，知識有限，求之言語之間，尚乃不能無差，況體之身、見諸事業哉？稍定，從頭整頓一過，會須更畧長進也。

子靜舊日規模終在，其論為學之病，多說如此即只是意見，如此即只是議論，如此即只是定本。熹因與說既是思索，既不容無意見；既是講學，即不容無議論；統論為學規模，亦豈容無定本？但隨人材質病痛而藥救之，即不可有定本耳。渠卻云正為多是邪意見、閑議論，故為學者之病。熹云如此即是自家呵叱亦過分了，須著「邪」字、「閑」字方始分明，不教人作禪會耳。又教人恐須先立定本，卻就上面整頓，方始說得無定本底道理。今如此一概揮斥，其不為禪學者幾希矣。渠雖唯唯，然終亦未竟窮也。

來喻十分是當之說，豈所敢當？功夫未到，則乃是全不曾下功夫，不但未到而已也。子靜之病，恐未必是看人不看理，自是渠合下有些禪底意思，又是主張太過，須說我不是禪，而諸生錯會了，故其流至此。如所喻陳正己，亦其所訶，以為溺於禪者，熹未識之，不知其果然否也。大抵兩頭三緒，東出西没，無提撮處。從上聖賢，無此樣轍。

① 「若」，《四庫全書》之《晦庵集》卷三十四作「苦」，上海古籍出版社一九八七年版，第一一四三冊第七九〇頁。

方擬湖南，欲歸途過之，再與子細商訂，偶復蹉跌，未知久遠竟如何也。然其好處自不可掩覆，可敬服也。他時或約與俱詣見，相與劇論尤佳。俟寄書扣之，或是來春始可動也。

敬夫遺文不曾謄得，俟旦夕畧為整次寫出，卻並寄元本求是正也。詹體仁寄得新刻欽夫《論語》來，比舊本甚不干事。若天假之年，又應不止於此，令人益傷悼也。

與呂伯恭書

熹六月初始得離婺源，扶病觸熱，幸免化虞。到家未幾，忽聞除命，出於望外，不知所為。然向年所叨異恩，已是朝廷愍勞惠養之意，況今又兩三年，精力益衰，豈復尚堪從官？不免復以此意懇辭，當以力請必得為期耳。

昨日得韓丈書，遣時未有是說。然見人說韓丈嘗於榻前復及姓名，勢必緣此。若然，則是向來哀懇都無絲毫之効，足見平生言行不相副，無以取信於人如此，使人皇恐，無地自容。向來冒受恩命，已是辭卻一年，後來見無收殺，又思此既是朝廷美意，又直許其退閑，於理疑若可受，故不能終辭。然朋友四面之責，已不勝其喋喋。況昔已取彼，今復受此，則是眞為壟斷，無復廉恥，雖有子貢之辯，亦不復能自明矣。在熹一身固無足道，然區區自守，畧已半生，辛勤勞苦，無所成就，今日韓丈又豈忍必破壞之邪？況世衰道微，士大夫假眞售僞、託公濟私者方鶩於世，若又開此一塗，使清官美職可以從容辭遜而得，年除歲遷，何所不至？則是此弊由熹致之。平生所以自任者雖不足言，然又不至如此之輕，實不忍以身啟此弊，為後世嗤笑。已作韓丈書懇之，幸因書更為一言，使其察此衷誠，力贊廟堂，因其辭避，早為寢罷，不使蹤跡布露，反取譴訶，則拙者之幸也。又況如老兄者，未忘經世之心，而又富有其具，乃未收用，而使此荒拙猥在其先，此又豈所宜邪？

年來百念俱息，唯覺親勝己、資警益之樂為無窮。何時復奉從容，豁此意耶？又向來見人陷於異端者，每以攻之為樂、勝之為喜。近來唯覺彼之迷昧為可憐，而吾道不振之可憂，誠實痛傷，不能自已耳。此不知年老氣衰而然耶，抑亦漸得情性之正也？向見吾兄於儒釋之辯不甚痛說，此固為深厚。然不知者便謂高明有意陰主之，此利害不小。熹近日見得學者若於此處見得不分明，便使忠誠孝友有大過人之行，亦須有病痛處，其為正道之害益深。正當共推血誠，力救此弊，乃是吾黨之責耳。

答呂伯恭書

久不聞問，積有馳情。元善歸承書，少慰。其後曾丞經由，亦道存問之意，為感。然久不致問訊，雖聞遷進之寵，曾不能一致賀，顧此亦未足以甚慰所望云爾。比日劇暑，伏惟尊候萬福。來書諸諭差彊人意，更願益以其大者自任，上有以正積弊之源，下有以振久衰之俗，則區區之望也。今瞑眩之藥屢進未効，其他小小溫平可口之劑，固無望其有補矣。不勝畎畝私憂，輒復及此，惟高明深念之也。敬夫北歸，私計甚便。近收初夏問書，云其子病。繼聞音耗殊惡，果爾，殊可念也。楝仲到必已久，子重時相見否？叔度兄弟久不得書，不知為況如何。《詩》說所欲修改處，是何等類？因書告喻及之。比亦得閒刊定，大抵《小序》盡出後人臆度，若不脫此窠臼，終無緣得正當也。去年略修舊說，訂正為多。向恨未能盡去，得失相半，不成完書耳。《綱目》近亦重修及三之一，條例整頓，視前加密矣。異時須求一為隱括，但恐不欲入此千古是非林中擔當一分。然其大義例，熹已執其咎矣。但恐微細事情有所漏落，卻失眼目，所以須明者一為過目耳。

《文海》條例甚當，今想已有次第。但一種文勝而義理乖僻者，恐不可取。其只為虛文而不說義理者，卻不妨耳。佛老文字，恐須如歐陽公《登真觀記》、曾子固《仙都觀》《菜園記》之屬乃可入，其他贊邪害正者，文詞雖工，恐皆不可取也。蓋此書一成，便為永遠傳布，司去取之權者，其所擔當，亦不減《綱目》，非細事也。況在今日，將以為從容說議開發聰明之助，尤不可雜置異端邪說於其間也。欽夫寄得所刻《近思録》來，卻欲添入說舉業數段，已寫付之。但不知渠已去，彼能了此書否耳。近時學子有可收拾者否？近兩得子壽兄弟書，卻自訟前日偏見之說，不知果如何？曾丞說劉醇叟者欲來相訪，而久不至，豈不成行邪？近看《論》《孟》等書，儘更有平高就低處，恨未得從容面論耳。子約昨聞欲過湖秀，今已歸否？塾等拜起居。正遠，千萬為道自重，區區至禱。

答呂伯恭書

便中辱書，感慰。信後已經新歲，伏惟君子履端，多納福祐。熹免喪不死，無足言者。去冬以舅氏之喪再走尤溪，逼歲方歸。而目前俗冗事狀殊迫猝，無佳思，舊學益荒蕪矣。向所附呈諸說，幸反覆痛箴藥之，區區猶有望也。立論相高，吾人固無此疑，然只要得是當，亦良不易耳。論治固有序，然體、用亦非判然各為一事，無今日言此而明日言彼之理。如孟子論愛牛制產，本末雖殊，然亦罄其說於立談之間。大抵聖賢之言隨機應物，初無理事精粗之別。其所以格君心者，自其精神力量有感動人處，非為恐彼逆疑吾說之迂，而姑論無事之理以嘗試之也。若必如此，則便是世俗較計利害之私，何處更有聖賢氣象耶？愚見如此，更惟精思而可否之。區區之論所以每不同於左右者，前後雖多，要其歸宿，只此毫釐之間，講而通之，將必有日矣。奉篇伏讀，感發良多。愚意尚恐其詞有未達者。此人立俟，未暇詳叩。臨書傾想，無已正遠，惟益進德業，自愛重，是所願望。

答呂伯恭書

學校之政，名存實亡，徒以陷溺人心、敗壞風俗，不若無之為愈。聞嘗有所釐正，而苟且放縱者多不悅其事，亦可想而知矣。然當留意於立教厲俗之本，乃為有補。若課試末流，小小得失之間，則亦不足深較也。向見所與諸生論說《左氏》之書，極為詳博，然遣詞命意，亦頗傷巧矣。恐後生傳習，益以澆漓，重為心術之害。願亟思所以反之，則學者之幸也。前書所引「文理密察」，初看得不子細。近詳考之，似以「密」為「秘密」之「密」、「察」為「觀察」之「察」。若果如此，則似非本指也。蓋「密」乃「細密」之「密」、「察」乃「著察」之「察」，正謂豪釐之間一一有分別耳。故曰「文理密察，足以有別」，只是一事，非相反以相成之說也。若道理合有分別，便自顯然不可掩覆，何必潛形匿跡以求之，然後為得邪？大抵聖賢之心，正大光明，洞然四達，故能春生秋殺，過化存神，而莫知為之者。學者須識得此氣象而求之，庶無差失。若如世俗常情，支離巧曲，瞻前顧後之不暇，則又安能有此等氣象邪？不審高明以為如何？

答呂伯恭書

《仁說》近再改定，比舊稍分明詳密，已復録呈矣。此說固太淺，少含蓄，然竊意此等名義，古人之教，自其小學之時已有白直分明訓說，而未有後世許多淺陋玄空、上下走作之弊，故其學者亦曉然知得如此名字但是如此道理，不可不著實踐履。所以聖門學者皆以求仁為務，蓋皆已略曉其名義，而求實造其地位也。若似今人茫然理會不得，則其所汲汲以求者，乃其平生所不識之物，復何所向望愛說而知所以用其力邪？故今日之言，比之古人誠為淺露，然有所不得已者。其實亦只是祖述伊川仁、性、愛、情之說，但剔得名義，稍分界分脈絡，有條理，免得學者枉費心神，胡亂揣摸，喚東作西爾。若不實下恭敬存養、克己復禮之功，則此說雖精，亦與彼有何干涉耶？故卻謂此說正所以為學者向望之標準，而初未嘗侵過學者用功地步。明者試一思之，以為如何？似不必深以為疑也。自己功夫與語人之法固不同，然如此說，卻似有王氏所論高明、中庸之弊也。須更究其曲折，略與彼說破乃佳。

答呂伯恭書

泰伯、夷、齊事，鄙意正如此。蓋逃父非正，但事須如此，必用權然後得中，故雖變而不失其正也。然以《左傳》為據，便謂泰伯未嘗斷髮文身，此則未可知。正使斷髮文身亦何害也？

「富而可求」，以文義推之，恐只得依謝、楊說。伊川說雖於義理為長，恐文義不妥帖，似硬說也。

上蔡本說學《詩》者不得以章句橫在胸中，因有堯舜事業橫在胸中之說。然則非為「有其善」之意矣。竊疑此乃習忘養心之餘病，而《遺書》中上蔡所記亦多此等說話，如「玩物喪志」之類。此恐須更有合商量處，不可草草看過也。

「誰毀誰譽」一章，所論得之。但只說得三代直道而行意思，更有「斯民也之所以」六字未有下落。疑「斯民也」

是指當時之人而言，今世雖是習俗不美，直道難行，然三代盛時所以直道而行者，亦只是行之於此人耳，不待易民而化也。諸儒之說，於此文義殊不分明，卻是班固《景贊》引得有意思，注中說得亦好。大抵聖人之意，止是說直道可行，無古今之異耳。言譽而不及毀之意，來喻亦善。但「毀譽」兩字更須細看。譽者，善未顯而亟稱之也；毀者，惡未著而遽詆之也；「試」亦恐其將然而未見其已然之辭。聖人之心欲人之善，故但有所試而知其賢，則善雖未顯已進而譽之矣。不欲人之惡，故惡之未著者，雖有以決知其不善，而亦未嘗遽詆之也。此所以言譽而不及毀，蓋非全不別白是非，但有先褒之善而無預詆之惡，是則聖人之心耳。

周教授《語解》誠如所喻，愚意其篤實似尹公，謹嚴過之而純熟不及，高明以為如何？新刻小本《易傳》甚佳，但籤題不若依官本作《周易程氏傳》。舊嘗有意，凡經解皆當如此，不以傳先乎經，乃見尊經之意。漢、晉諸儒經注皆如此也。後見朋友說晁景迂亦有此論，乃如[①]前輩意已及此矣。今日又得景迂《語解》，亦有好處。大抵北方之學經是近本實也。

答呂伯恭書

熹僭易拜問台眷，伏惟上下均安。子約賢友不及奉狀，前書所講，必有定論，因來幸示及。兒子久累誨督，春來不得書，不知為學復如何？向令請問選錄古文之意，不知曾語之否？此間與時文皆已刊行，於鄙意殊未安也。

① 「如」，《四庫全書》之《晦庵集》卷三十五作「知」，上海古籍出版社一九八七年版，第一一四三冊第七九七頁。

近年文字奸巧之弊熟矣，正當以渾厚樸素矯之，不當崇長，此等推波以助瀾也。明者以為如何？尤川新學二刻，令兒子持納求教，幸為一觀。記文之謬，千萬指示也。

答呂伯恭書

便還奉教，感慰之深。即日春和，伏惟孝履支福。已經祥祭，追慕何窮。然俯就先王之制，誠有望於賢者。熹再辭未報，惕息俟命，未知所以為計也。承問感感。衢、溫文字幸早留意。寄及橫渠文集，此有一寫本，比此增多數篇，偶為朋友借去，俟取得寄呈，可作別集，以補此書之闕也。所喻講學克己之功，裒多益寡，政得恰好，此誠至論。然此二事各是一件功夫，學者於此須事無所不用其極，然後足目俱到，無偏倚之患。若如來喻，便有好仁不好學之蔽矣。且《中庸》言學問思辯而後繼以力行，程子於涵養進學亦兩言之，皆未嘗以此包彼而有所偏廢也。若曰講習漸明，便當痛下克己功夫以踐其實，使有以真知其意味之必然，不可只如此說過。則其言為無病矣。昨答敬夫，言《仁說》中有一二段已說破此病。近看吳才老《論語說》論子夏「吾必謂之學矣」一章與子路「何必讀書」之云，其弊皆至於廢學，不若「行有餘力，則以學文」、「就有道而正焉」、「可謂好學」之類，乃為聖人之言也。頗覺其言之有味。不審高明以為何如？因便附此，不盡所懷。餘惟節抑餘哀，千萬保重。

卷之三

答吕伯恭書　　朱子

奉八月六日手教，開警良深。信來逾月，秋霖為冷，不審尊候復何如？伏惟德業有相，起處多福。熹前月至昭武，見端明黄丈，旬日而歸，幸粗遣日，無足言者。黄丈端莊渾厚，老而不衰，議論不為詭激，而指意懇切，亦自難及。見之使人不覺心服，益自愧其淺之為丈夫也。

伏承誨諭辭受之説甚詳，蓋一出於忠誠義理之心，非世俗欣厭利害之私所能及。三復玩味，使人心平氣和，恨其聞之晚也。然中間亦嘗妄意出此，及被不許之命，則臨事又覺有忸怩處，遂復以狀懇辭，而甚婉其説。但昨以書謝韓丈及此幷懇廟堂，則已頗盡其詞。蓋來教所謂不當廣者，悉已陳之矣。諸公悉其狂妄，必相垂念。萬一不然，則熹亦不為有隱於今日，冒昧一行，蓋非所惜；但恐所處亦不能如來教之所謂者，則反有所激，以為身世之害，未可知耳。昨日得伯崇書，道其所聞於周子正者，則行止又似別有所制，非復諸公所能斟酌矣。然月末再狀已行，度旬月間必有決語，亦恭以俟命而已，復何説哉！

儒釋之辯，誠如所喻。蓋正所當極論明辯處，若小有依違，便是陰有黨助之意，使人不能不致疑。而不知者遂以迷於向背，非小病也。自今切望留意於此，豈可退託以廢任道之實，幸其衰熄而忽防微之戒哉！

《近思》數段，已補入逐篇之末，今以上呈。恐有未安，卻望見教。所欲移入第六卷者，可否？亦望早垂喻也。喪禮兩條承疏示，幸甚。或更有所考按，因便更望批報也。偶有便人，夜作此附之，未及究所欲言，臨風惘惘。子約兄未及別狀，近讀何書？所進何如？有可見語者，願聞之。

叔度向欲刻《近思》板，昨汝昭書來，云復中輟，何也？此人行速，亦未及作書。此事試煩商訂，恐未有益而無損也。未承教中，正惟以道自重為禱。

答呂伯恭書

人至，辱手書，得聞春來尊體益輕健，放杖徐行，又有問花隨柳之樂，甚慰。記文定本辭約義正，三復歎仰，已送山間，屬黃子厚隸書，到即入石矣。

欽夫竟不起疾，極可痛傷。蓋緣初得疾時，誤服轉下之藥，遂致虛損。一向不可扶持，從初得疾，又緣奏請數事例遭譴卻，而同僚無助之者，種種不快而然。雖云天數，亦人事有以致之，此尤可痛耳。雷頻失威之喻，敬聞命矣。諸喻皆一一切當，謹當佩服。但《小序》之說，更有商量。此人亟欲遣請祠者，不欲稽留之，別得奉扣耳。

塾蒙收拾教誨，感幸不可言。望更賜程督文字之外，因語及檢束身心大要，幸甚幸甚。子壽學生又有興國萬人傑字正淳者亦佳，見來此相聚，云子靜卻教人讀書講學。近得江西朋友書，亦云然，此亦皆濟事也。忽忽作此，未及詳，唯為道珍重。

與呂伯恭書

再祭敬夫之文，語意輕脱，尋亦覺之，則已不及改矣。誨諭之意，微婉深切，銘佩何敢忘也！「弘大平粹」四字，謹書坐隅以為終身之念。稟賦之偏，前日實是不曾用力消磨，豈敢便論分數？然自今不敢不勉，更望時有以提撕警策之也。

答呂伯恭書

便中伏奉手疏，伏讀感愴不能已。且審反虞之久，又憾不得從執紼者之後也。即日霜寒，伏惟哀慕有相，孝履支福。熹窮陋如昔比，復遭叔母之喪，憂悴之外，無可言者。舊學雖不敢廢，然章句誦説之間，亦未見一安穩處。所欲相與講評反覆者，非書劄所能寄也。示喻深知前此汗漫之非，幸甚。比來講究必已加詳密矣。累得欽夫書，亦深欲伯恭更於此用力也。別紙數事求教，幸一一批誨。比日讀書，此類甚多，少冗，不能詳録，當俟後便耳。《祭禮》略已成書，欲俟之一兩年，徐於其間察所未至。今又遭此期喪，勢須卒哭後乃可權宜行禮，考其實而修之，續奉寄求訂正也。因便附此，復因韓丈致之。未由承晤，千萬以時節哀，為遺體自愛，幸甚幸甚。

答呂伯恭書

所論孟子論二子之勇處，文意似未然。蓋「賢」字只似「勝」字，言此二人之勇，未知其孰勝，但孟施捨所守得其要耳。蓋不論其勇之孰勝，但論其守之孰約，亦文勢之常，非以為二子各有所似而委曲回互也。且二子之似曾子、子夏，亦豈以其德為似之哉？直以其守氣養勇之分量淺深為有所似耳。此亦非孟子之所避也。大抵伯恭天資溫厚，故其論平恕委曲之意多；而熹之質失之暴悍，故凡所論皆有奮發直前之氣。竊以天理揆之，二者恐皆非中道。但熹之發足以自撓而傷物，尤為可惡；而伯恭似亦不可專以所偏為至當也。無以報箴誨之益，敢效其愚，不審然否？因來及之，幸甚幸甚。

欽夫書來，具道近事曲折，少釋憂懣。想贊助之力為多。「出入無疾，朋來無咎」，大率致意此語，尤切當。然想已有成規，更願凡百毖重，以圖萬全。最是人材難全，懲其所短則遺其所長，取其所長則雜其所短，此須大段子細著眼力，乃可無悔吝耳。

答呂伯恭書

前日因還人上狀，不審達否？暑氣浸劇，伏惟道養有相，尊候萬福。《易傳》六冊，今作書託劉衢州達左右。此書今數處有本，但皆不甚精。此本讎正稍精矣，須更得一言喻書肆，令子細依此謄寫，勘覆數四為佳。曲折數條，別紙具之。或老兄能自為一讀，尤善也。前書所稟《語錄》，渠若欲之，令來取尤幸。近世道學衰息，售偽假眞之說肆行而莫之禁。凡①見婺中所刻無垢《日新》之書，尤誕幻無根，甚可怪也。已事未明，無力可救，但竊恐懼而已。不知老兄以為如何？因書幸語及。前此附便所予書，至今未拜領也。未即承教，萬望以時為道加重。

① 「凡」，《四庫全書》之《晦庵集》卷三十三作「比」，上海古籍出版社一九八七年版，第一一四三冊第七三三頁。

與呂伯恭書

子壽云亡，深可痛惜。近遣人酹之。吾道不振，此天也，奈何奈何！欽夫遺文見令抄寫，其間極有卓越不可及處。然亦有舊說不必傳者，今便不令抄矣。每一開卷，令人慘然。只俟解印，徑往哭之，小洩此哀也。遣人迓子重，草草附此，此亦是小三昧矣。未即承晤，惟千萬為道自重，不宣。

答呂伯恭書

便中伏奉近書，筆跡輕利，視前有異，深以為喜。比日春和，伏想日益佳健。熹疾病幸不至劇，饑民亦幸未至流徙，軍食想可支吾。比連得雨雪，麥秀土膏，人情似有樂生之望矣。子重不來，可恨。吴守度閏月初可到，到即合符而南矣。去年之旱非常，幸賴朝廷留意得早，諸處奏請，悉皆應副，故得不至大段狼狽。此於國計所損幾何，而其利甚博。此間即是周參政調護之力為多也。欽夫遺文俟抄出寄去。子靜到此數日，所作子壽埋銘已見之。敘述發明，此極有功，卒章微婉，尤見用意深處，嘆服嘆服。子靜近日講論比舊亦不同，但終有未盡合處。幸其卻好商量，亦彼此有益也。《詩説》《大事記》便中切幸垂示。子約不及别書，意不殊前。正遠，切冀為道自重。

答呂伯恭書

前月末及此月初兩附便拜狀，不知達否？府中轉致近教，獲聞比日春晚，尊候萬福，感慰深矣。熹屏居如昨，近出展墓，遂登廬山，小庵在孤峯絕頂之側，少留旬日。舉目雲山，盡數百里，足以稍滌塵滯，它無足言也。懇辭未報，若不將上，則不若不報之為愈。今幸如此，且爾偷安耳。示喻專心致志之功，警發昏惰，為幸甚矣。但年來浸益多事，雖書策功夫亦不能得相接續，此為可懼。至於朋友，亦正自難得人。大抵氣習已偏而志力不彊，殊未有以慰人意者。門牆之下，渠亦有其人乎？誘接之道雖各不同，要是且令於平易明白處漸加功夫，時加警策而俟其自得，此為正法耳。《弟子職》《女戒》二書，以溫公《家儀》系之，尤溪欲刻未及，而漕司取去。今已成書，納去各一本。初欲遍寄朋舊，今本已盡，所存只此矣。如可付書肆摹刻，以廣其傳，亦深有補於世教。或更得數語題其後，尤幸也。《外書》《淵源》二書頗有緒否？幸早留意。兒子荷教誨，舉家感刻。昨深慮其經義疏闊，今得略有條理，甚幸甚幸。新茶三十夸，謾到左右。因便附此，草草不宣。

答呂伯恭書

昨承枉過，得兩月之款，警誨之深，感發多矣。別去忽忽兩月，向仰不少忘。便中奉告，承已稅駕，欣慰之劇。信後秋氣已清，伏惟尊候萬福。熹還家數日，始登廬山之頂，清曠非復人境。但過清難久居耳。至彼，與季通方議丹丘之行，忽得來教，為之惘然。卻悔前日不且挽留，或更自鵝湖追逐入懷玉深山，坐數日也。

損約收斂，此正區區所當從事。日前外事有不得已而應者，自承警誨，什損四五矣。自此向裏漸漸整治，庶幾寡過，但恐密切處不似外事易謝絕也。《綱目》草藁略具，俟寫校淨本畢，即且休歇數月。向後但小作功程，即亦不至勞心也。向來之病，非書累人，乃貪躁內發而然。今當就此與作節度，庶幾小瘳耳。汪丈文字，已寫寄之矣。韓丈近得書，問「清議」二字所出何書，殊不省記，但憶劉元城語耳。因書告見教。唐裝之說，此亦多知其誤紊官制，此欲救其小而不知其一于大者之過也。專人奉問，未究所懷，惟千萬為道自重，不宣。

答呂伯恭書

前書所諭仁愛之說，甚善甚善。但不知如何立言，可使學者有所向望，而施涵泳玩索之功，又無容易領略之弊耶？因來喻及，幸甚幸甚。劉博士誌文，得之幸甚。此類文字此間所已有者，旦夕錄呈，切告據此以訪其所無，異時成得一書，亦學者之幸也。近得毗陵周教授數篇《論語》，令兒子帶去，試一讀之，以為與程門諸君子孰高孰下也？以一言語及為幸。長沙此三兩月不得書，邵武有《孟子說》，不知所疑云何，預以見告，俟得本考之也。然此等文字流傳太早，為害不細。昨見人抄得節目一兩條，已頗有可疑處，不知全書復如何？若洙泗言仁，則固多未合，當時亦不當便令盡版行也。吾人安得數月相攜於深山無人之境，共出其書一商訂之，以求至當之歸乎？更有數條，又具別紙，幸早垂教也。

答呂伯恭書

昨承遠訪，幸數日款，誨論開警良多。別忽五六日，雖在道途，不忘向仰。乍晴漸熱，伏惟尊候萬福。熹十二日早達婺源，乍到，一番人事冗擾，所不能免。更一兩日，遍走山間墳墓，歸亦不能久留也。

道間與季通講論，因悟向來涵養功夫全少，而講說又多彊探必取、尋流逐末之弊，推類以求，眾病非一，而其源皆在此。恍然自失，似有頓進之功。若保此不懈，庶有望於將來。然非如近日諸賢所謂頓悟之機也。向來所聞誨諭諸説之未契者，今日細思，脗合無疑。大抵前日之病皆是氣質躁妄之偏，不曾涵養克治，任意直前之弊耳。自今改之，異時相見，幸老兄驗其進否而警策之也。

《近思錄》道中讀之，尚多脱誤，已改正送叔度處。橫渠諸説告早補定，即刊為佳。此本既往，無以應朋友之求假，但日望印本之出耳。千萬早留意，幸甚。《精義》可補處，亦望補足見寄。只寫所補假字，注云：「入某段下。」《精義》或以屬景望刊行，如何？熹書中已言之矣。昨所問趙公時曾有虜使到闕事，想已得之。此人回，幸批示。前日過拜石門墓下，甚使人悽愴也。因便拜狀，草草。正遠，惟為道自重為禱。

答吕伯恭書

久不奉問，向來微恙，計已平復矣。著庭議幕之命相繼而下，殊不可曉。不知果彊起承上意否？熹衰病日益昏耗，恐不堪郡事。目下民間雖未告饑，然盜賊頗已有端，日夕憂窘，不知所以為計，惟望同情[①]之果遂耳。昨曾丈報甚的，既而復不然，造物之意果難測也。陸子壽復為古人，可痛可傷！不知今年是何氣數，而吾黨不利如此也！趙景昭官滿過此，甚款，意思甚好。今日如此等人亦難得也。塾到復何如？近得叔度書，似未許其歸。此番破戒，差人借請，糜費公私不少，若不成行，不惟枉費，向後恐亦無人可使，轉見費力。幸為一言及此，令其早歸為望。元範歸，偶連日冗甚，夜作此書，未暇他及，惟千萬為道自重。

① 「同情」，《四庫全書》之《晦庵集》卷三十四作「祠請」，上海古籍出版社一九八七年版，第一一四三册第七八七頁。

答吕伯恭書

前日專人拜狀，想達。偶至建陽，竊聞新除，不勝慰喜。而區區私請亦遂從欲，尤以欣幸。諸公若早知出此，則無如許紛紛矣。老兄憂時之切，惓惓不忘，竊計裂裳裹足，不俟屨而就途矣。所願慨然以身任道，無所回隱，因上心之開明，及時進説，以慰善類之望，千萬幸甚！往者固憂鄭自明之舉莫之或繼，其為安危禍福之機，有不容息者。今得賢者進，為少寬畎畝之憂矣。熹亦未知差勑在甚處，想諸公必已發來。或尚留彼，告為早取附便也。

大兒方幸依託，不知今當如何？欲便遣人取之，又以懇叔度催畢親事，更俟其報。若只此歲裏，則未能便喚歸也。然老婦之病日益進，深以此事為憂。得并為一言速之，千萬幸甚！因黄尉行附此，草草。自此不欲數以名姓入都，音問不得數通矣。千萬為道自愛。

答吕伯恭書

自發鉛山后，一向不聞動静，殊以為懷。到此始得叔介書，知已出都門，體候益輕快，喜可知也。比日清和，伏惟尊候萬福。休養既久，計日覺平復矣。熹去月之晦已交郡事，違負夙心，俯仰愧歎。重以衰病，精力昏耗，驟從吏役，尤覺不堪。尚幸地狹人稀，獄訟絕簡少。然猶治事終日，不得少休。亦緣乍到，不知事之首尾，綱紀又皆廢墜，諸邑無復稟畏，極費料理。民貧財匱，不得不少勞心力，更看一二日後如何。若更如此，則住不得，便須告歸。若能少定，則或推遷至夏末也。始至，首下書訪陶桓公、靖節、劉凝之、周先生諸公遺跡，教授楊元範已作劉祠，因幷立周象，配以二程先生，尚未成也。四五日一到學中，為諸生誦說，只此一事，猶覺未失故步。其他不能盡報，埶必能略道之。或有未當，幸口授子約，細條畫見教為望，千萬至懇。廬阜勝絕，粗慰鄙懷。漱玉、三峽皆已一到，簡寂亦深秀可喜也。每至勝處，輒念向來鵝湖之約，為之悵然。今殊未有並遊之日，但願早脫此羈縶，亟往問訊，庶獲款教耳。未間，千萬珍重。

答呂伯恭書

前日兒子行，拜狀矣。即日天氣不定，不審尊候復何似？竊惟斯文有相，益向平復。熹到此初不自料，欲小立綱紀，為民整頓一二久遠弊，兩日來覺氣象殊不佳，已走介請祠矣。卻有小事拜懇：學中元範教授立得濂溪祠堂，並以二程先生配食，又立得陶靖節、劉凝之父子、李公擇、陳了翁祠，通榜曰「五賢」。蓋四公此間人，而了翁亦嘗謫居於此也。周祠在講堂西，五賢在東。周祠已求記於欽夫矣。五賢之記，意非吾伯恭不可作。本欲專人拜懇，而小郡寒陋之甚，不敢多遣人出入，只令入都人附此於汝昭兄弟處。書到，切望便為落筆，卻懇韓丈借一介送來。或恐熹已行，即徑送楊教授處可也。陶公栗里只在歸宗之西三四里，前日略到，令人歎慕不能已已。《廬山記》中載前賢題詠亦多，獨顏魯公一篇獨不干事，尤令人感慨。今謾錄呈，想已自見之也。極知老兄體候未平，不當有此請。然恐已清安，不妨運思，故敢以為請耳。韓丈不暇拜書，蓋此所避，正韓丈向來所遭蹦藉之流，甚恨失計輕去山林，踧踖於此，如坐針氈之上也。相見煩為說及。此來不曾了得公家一事，但做得此祠堂，看得廬山耳。然非暇日不敢出，出又有所費，初亦不敢數數。今覺日子無多，不免每旬一出也。罷書才到郡，徑走谷簾，轉山北，拜濂溪書堂之下而歸，亦足以少復雁門之踦矣。今日周先生之子來訪，令人悵然。明日亦約與俱遊山也。亟遣人，所欲言者尚多，皆未暇及。惟千萬加愛為禱，不宣。

答呂伯恭書

昨已具前幅，而便信差池，便中又辱況書，慰感亡量。聞攜書入山水勝處，想講學之餘，日有佳趣。小兒亦得從行，荷意愛厚矣，感刻何敢忘也！所論吳才老說經之意，切中其病。然在今日平心觀之，卻自是好語也。《學記》「深造自得」之語，初亦覺其過，欲改之，則已刻石不及矣。以此知人心至靈，只自家不穩處便須有人點檢也。李習之在唐人特然知《中庸》之為至，亦不可多得。然其所論實本佛老之說，故特於序文發之。蓋不遺其善，而抑揚之間亦不為無意，似不可謂不足而略之也。「哀公問政」以下數章，本同時答問之言，而子思刪取其要，以發明傳授之意，鄙意正謂如此。舊來未讀《家語》，嘗疑數章文章相屬，而未有以證之。及讀《家語》，乃知所疑不繆耳。「天斯昭昭之多」以下四條譬諭，似以天地為積而至於大者，文意頗覺有礙。不知當如何說？幸見教。他所欲請者甚衆，臨書悤悤忘之。顧未有面論之日，茲為悵悵耳。

答呂伯恭書

久不聞動靜，不勝懸仰。比日秋涼，竊計尊候益輕健矣。熹昨懇求盛文，以記五賢祠事，想已蒙念。得早示及為幸，恐熹去不及刻矣。又嘗附隆興書，浼子約借《精義》，補足橫渠說定本，欲與隆興刻板。亦乞為子約言，早付其人，或徑封與彼中黄教授可也。千萬留念，至懇至懇。今日釋奠處，見楊教授説有便，亟作此，不暇他及。亦不暇作叔度昆仲書，幸為致意。塾亦不及書，只乞喚來以此示之。余惟為道自重為禱。

答吕伯恭書

月末人還，承書，具審比日冬寒，尊候萬福，感慰之劇。進長著廷，行膺獻納之選，吾道為有望矣。熹所請不遂，諸公意則甚勤。但私計為甚不便，私義為甚不安。加以近來疾病益衰，前日欲略入城，將就車而病作，兩日不能起。今方粗支，然尚未敢出門戶也。未論其他，觀此氣象，豈復更堪遠官①？今亦無可奈何，且一面呼迓兵，為輿病獨往之計。萬一臨行不堪勉彊，又當别致情懇。且前後誨諭之意，非不詳悉，亦竊自念一向如此，實於大義有所不安。又思今日致身事主以扶三綱者，世不乏人，決不至以熹故遂使大倫至於廢闕，故願乞其庸繆衰殘之身，以偷安自逸，盡此餘年。且萬一不免復有祈請，全仗老兄力為主張，使不至大段狼狽也。子約得書否？亦甚為熹憂此行。蓋此理灼然，況今又甚於前日邪？便中寓此，不敢他及，惟以時為道自愛。

答吕伯恭書

便中屢拜狀，當一一關徹矣。比日清秋，伏惟尊候萬福。但久不聞動静，懸想不可言。向來所苦，今當洗然矣。

---

①「官」，國家圖書館所藏宋刻元明遞修本《晦庵先生文集》作「宦」。

願更加意飲食起居之節，以壽斯文。區區之禱，非獨朋友之私情也。

熹在此不樂，求去不遂，無以為計。近因輒用劄子奏蠲租事，為廷議所折，已申省自劾矣。祠禄不敢冀，只得罷逐而歸，亦為幸甚也。郡事得同官相助，近卻稍不費力，但所治無非米鹽箠撻之事，殊使人厭苦。得早去，真如脱兎也。汝玉竟不免彈射，此亦仁鳥增逝之秋矣。前書拜懇記文，千萬勿拒，便付此人以來為幸，千萬至禱。因遣人弔叔度，草草附此。

答呂伯恭書

慰問之誠，謹具前幅。比日中夏久雨，伏惟純孝感格，體力支勝。熹自泉、福間得侍郎中丈教誨，蒙以契舊之故，愛予甚厚。比年以來，闊别雖久，而書疏相繼，奬厲警飭，皆盛德之言。感激銘佩，何日敢忘！區區尚冀異時得奉几杖於寂寞之濵，以畢餘誨。豈謂不淑，遽至於此！聞訃悲咽，不能為懷。而山居深僻，無褎女之便，以故至今不能致一書以道此懷，且候左右哀疚以來，興寢之狀，往來於心，如食物之不下也。不審能亮之否？左右孝誠切至，何以堪此？然門戸之寄、朋友之望，實不為輕，千萬節抑，以慰遠懷。人物眇然，伏紙增涕。

答呂伯恭書

伏奉近告，竊審已經祥祭，追慕無窮，尊體神相多福。買茶人書尚未領，當是已經之府中矣。謝遣學徒，杜門自治，深為得策，所造詣想日深矣。恨未有承教之期，為悵恨耳。但為舉子輩抄録文字，流傳太多，稽其所敝，似亦有可議者。自此恐亦當少訒其出也。如何如何？《禮運》以五帝之世為大道之行，三代以下為小康之世，亦畧有些意思。此必粗有來歷，而傳者附益，失其正意耳。如程子論堯舜事業，非聖人不能，三王之事，大賢可為也，恐亦微有此意。但《記》中分裂太甚，幾以二帝三王為有二道，此則有病耳。胡公援引太深，誠似未察也。鄙見如此，高明復以為如何？

答呂伯恭書

自冬來五被誨示，出入多故，復苦少便，都不得奉報，豈勝愧仰。昨聞幼弟之喪，復遭功衰之慘，伏惟悲痛何以堪處？而營治襄事，亦不能不勞神觀，區區尤劇馳情。比日歲窮，伏惟尊候萬福。熹碌碌粗安，無足言，但叔京自冬初與邵武朋友三兩人來寒泉，相處旬日，既歸即病。十一月末間，手書來告訣，得之驚駭，即走省，至則已不起數日矣。朋友間如此公者不易得，極可傷痛。然其病中極了了，語不及私，所以教子弟者，語皆可記。所與熹書，並令致意諸朋友，今録去一通。度其意，於當世之慮，不無望於伯恭，當亦為愴然也。然不必以示他人為幸。熹開正當復往，為料理葬。比來甚覺衰憊，不堪犇走，然不得不為一行也。

兒子蒙收教，極感矜念。更望痛加鞭策，千萬幸甚。昨所獻疑本末倒置之病，明者已先悟其失。不知近來所以開導之際，其先後次第復如何？因來見告為幸。

機仲、擴之來，皆未相見。擴之過此日，熹往邵武未歸。但留書云老兄有所見教一二事，甚恨未得聞也。其間略說《遺書》不須刪定，與來書似不相照，不知果如何？然渠開正須復來此，當細扣之，便中亦望批喻也。渠託於縣宰之館，誠似未便，聞老兄亦嘗警告之。並俟其來，細與商榷，令去請教也。

修定《書説》甚善，得並程書、《詩外傳》等節次見寄，甚幸。前書託求《本政書》《續添圖子》、《論事録》等，望留意。近桂林寄《本政書》後，更有一二種文字，已屬其別寄老兄處，或可並補足，成一家之書也。欽夫書來，及其為政之意甚美。令作修舜廟碑文，題目不小，勉彊成之，不及求教為恨。今亦未暇録呈，它時當見之耳。間①更欲修堯廟，此其勢必當屬筆於老兄也。

熹近讀《易》，覺有味。又欲脩《呂氏鄉約》《鄉儀》，及約冠昏喪祭之儀，削去書過行罰之類，為貧富可通行者。苦多出入，不能就。又恨地遠，無由質正。然旦夕草定，亦當寄呈，俟可否然後改②行也。所懼自脩不力，無以率人，然果能行之，彼此交警，亦不為無助耳。季通昨欲出浙，竟不能行。今復欲謀之，亦未定。旦夕相見，當致盛意。應仲書亦未有報也。今日歲除，鄉人有告行者，草草附此，未究所懷。願言為道自重，以對大來之亨。區區至望，不宣。熹頓首再拜。

①「間」，國家圖書館所藏宋刻元明遞修本《晦庵先生文集》作「聞」。

②「改」，國家圖書館所藏宋刻元明遞修本《晦庵先生文集》作「敢」。

呂氏家塾讀詩記後序

《詩》自齊、魯、韓氏之說不得傳，而天下之學者盡宗毛氏。毛氏之學，傳者亦衆，而王述之類，今皆不存，則推衍毛①說者，又獨鄭氏之箋而已。唐初，諸儒為作疏義，固②訛踵陋，百千萬言而不能有以出乎二氏之區域。至於本朝劉侍讀、歐陽公、王丞相、蘇黃門、河南程氏、橫渠張氏，始用己意，有所發明。雖其淺深得失有不能同，然自是之後，三百五篇之微詞奧義，乃可得而尋繹，蓋不待講於齊、魯、韓氏之傳，而學者已知《詩》之不專於毛、鄭矣。及其既久，求者益衆，說者愈多，同異紛紜，爭立門戶，無復推讓祖述之意，則學者無所適從，而或反以為病。今觀呂氏《家塾》之書，兼總衆說，巨細不遺，挈領提綱，首尾該貫，既足以息夫同異之爭，而其述作之體，則雖融會通徹，渾然若出於一家之言。而一字之訓，一事之義，亦未嘗不謹其說之所自。及其斷以己意，雖或超然出於前人意慮之表，而謙讓退託，未嘗敢有輕議前人之心也。

嗚呼，如伯恭父者，眞可謂有意乎溫柔敦厚之教矣。學者以是讀之，則於可羣可怨之旨其庶幾乎。雖然，此書所謂朱氏者，實熹少時淺陋之說，而伯恭父誤有取焉。其後歷時既久，自知其說有所未安，如《雅》《鄭》邪正之云者，或不免有所更定，則伯恭父反不能不置疑於其間，熹竊惑之。方將相③與反復其說，以求眞是之歸，而伯恭

① 「毛」字原缺，據影印臺灣故宮博物院所藏《晦庵先生文集》補。

② 「固」，《四庫全書》之《晦庵集》卷七十六作「因」，上海古籍出版社一九八七年版，第一一四五冊第五六九頁。

③ 「相」，原缺，據《四庫全書》之《晦庵集》卷七十六補，上海古籍出版社一九八七年版，第一一四五冊第五六九頁。

父已下世矣。嗚呼，伯恭父已矣！若熹之衰頽汩沒，其勢又安能復有所進，以獨決此論之是非乎？伯恭父之弟子約既以兄是書①授其兄之友丘侯宗卿，而宗卿將為板本，以傳永久，且以書來屬熹序之。熹不得辭也，乃略為之說，因並附其所疑者，以與四方同志之士共之，而又以識予之悲恨云爾。淳熙壬寅九月巳卯新安朱熹序。

跋呂伯恭日記

觀呂伯恭病中日記，其翻閱論著，固不以一日懈。至於氣候之暄涼，草木之榮悴，亦必謹焉。則其察物內省，蓋有非血氣所能移者矣。此來不得復見伯恭父，固為深恨。然於此得窺其學力之所至，以自警省，則吾伯恭之不亡者，其誨我亦諄諄矣。三復流涕，敬書其後。淳熙壬寅新安朱熹書。

① 「以兄是書」，《四庫全書》之《晦庵集》卷七十六無此「兄」字，應予以刪去，上海古籍出版社一九八七年版，第一一四五冊第五六九頁。

跋呂伯恭書説

予往年送伯恭父於鵝湖，知其有此書而未及見也。因問其間得無，亦有闕文疑義者乎，而伯恭父曰無有，予心固竊怪之。後數年，再會於衢州，伯恭父始謂予曰：「《書》之文，誠有不可解者，甚悔前日之不能闕所疑也。」予乃歎伯恭父之學已精，而其進猶未已。然其後竟未及有所刊訂，而遽不起疾，則其微詞奥義，無所更索，而此書不可廢矣。今伯恭父之内弟曾侯致虚，鋟木南康，而屬予記其後。予惟伯恭父所以告予者，雖其徒或未必知，因具論其本末如此，使讀者知求伯恭父晚所欲闕者而闕之，則庶幾乎得其所以書矣。紹熙①壬子歲除日新安朱熹書。

祭呂伯恭著作文

嗚呼哀哉！天降割於斯文，何其酷耶！往歲已奪吾敬夫，今者伯恭胡為又至於不淑耶！道學將誰使之振，君德將誰使之復？後生將誰使之誨，斯民將誰使之福耶！經説將誰使之繼，事記將誰使之續耶！若我之愚，則病將

①「熙」，原作「康」，據《四庫全書》之《晦庵集》卷八十三改，上海古籍出版社一九八七年版，第一一四五册第七二六頁。

孰為之箴，而過將誰為之督耶！然則伯恭之亡，曷為而不使我失聲而驚呼，號天而慟哭耶！嗚呼！

伯恭有蓍龜之智，而處之若愚；有河漢之辯，而守之若訥。胸有雲夢之富，而不以自多；詞有黼黻之華，而不易其出。此固今之所難，而未足以議兄之彷佛也。若乃孝友絶人，而勉勵如弗及；恬淡寡欲，而持守不少懈。盡言以納忠而羞為訐，秉義以飭躬而恥為介。是則古之君子，尚或難之，而吾伯恭，猶欿然而未肯以自大也。蓋其德宇寬洪，識量閎廓，既海納而川渟，豈澄清而撓濁？矧涵濡於先訓，紹文獻於厥家。又隆師而親友，極探討之幽遐。所以稟之既厚而養之深，取之既博而成之粹。宜所立之甚高，亦無求而不備。故其講道於家，則時雨之化；進位於朝，則鴻羽之儀。造辟陳謨，則宣公獨御之對；承詔奏篇，則右尹《祈招》之詩。上方虛心而聽納，眾亦注目其敷施。何遭時之不遂，遽縈疾而言歸。慨一臥以三年，尚左圖而右書。間逍遙以曳杖，恍沂上之風雩。眾咸喜其有瘳，冀卒攄其素蘊。不惟傳道以著書，抑亦後來之程準。何此望之難必，奄一夕而長終。增有邦之殄瘁，極吾黨之哀恫。嗚呼哀哉！

我實無似，兄辱與游。講摩深切，情義綢繆。粤前日之枉書，尚粲然其手筆。始言沉痼之難除，猶幸死期之未即。中語簡編之次第，卒誇草樹之深幽。謂昔騰牋而有約，盍今命駕以來遊。欣此旨之可懷，懔訃車而偕至。考日月之幾何，不旦暮之三四。嗚呼，伯恭而遽死耶？吾道之衰，乃至此耶？既為位以泄哀，復緘辭以寓奠。冀嗣歲之有間，尚前言之可踐。嗚呼哀哉！

卷之四

答陸子壽書　朱子

先王制禮，本緣人情。吉凶之際，其變有漸。故始死全用事生之禮。既卒哭祔廟，然後神之。然猶未忍盡變，故主復於寢而以事生之禮事之。至三年而遷於廟，然後全以神事之也。此其禮文見於經傳者不一，雖未有言其意者，然以情度之，知其必出於此無疑矣。其遷廟一節，鄭氏用《穀梁》練而壞廟之說，杜氏用賈逵、服虔說，則以三年為斷。其間同異得失雖未有考，然《穀梁》但言壞舊廟，不言遷新主，則安知其非於練而遷舊主，於三年而納新主邪？至於《禮疏》所解鄭氏說，但據《周禮》「廟用卣」一句，亦非明驗。故區區之意，竊疑杜氏之說為合於人情也。來諭考證雖詳，其大槩以為既吉則不可復凶，既神事之則不可復以事生之禮接爾。竊恐如此，非惟未嘗深考古人吉凶變革之漸，而亦未暇反求於孝子慈孫深愛至痛之情也。

至謂古者几筵不終喪，而力詆鄭、杜之非，此尤未敢聞命。據《禮》，小斂有席，至虞而後有几筵，但卒哭而後不復饋食於下室耳。古今異宜，禮文之變，亦有未可深考者。然《周禮》自虞至祔曾不旬日，不應方設而遽徹之如此其速也。

又謂終喪徹几筵，不聞有入廟之說，亦非也。諸侯三年喪畢之祭，魯謂之「吉禘」，晉謂之「禘祀」，《禮疏》謂之「特禘」者是也。但其禮亡，而士大夫以下則又不可考耳。夫今之《禮》文，其殘闕者多矣。豈可以其偶失此文而遽謂無此禮耶？

又謂壞廟則變昭穆之位，亦非也。據禮家說，昭常為昭，穆常為穆，故《書》謂文王為「穆考」，《詩》謂武王為「昭考」。至《左傳》，猶謂畢、原、酆、郇為「文之昭」，邘、晉、應、韓為「武之穆」，則昭穆之位，豈以新主祔廟而可變哉？但昭主祔廟則二昭遞遷，穆主祔廟則二穆遞遷爾。此非今者所論之急，但謾言之，以見來說，考之未精類此。

又謂古者每代異廟，故有祔於祖父祖姑之禮。今同一室，則不當專祔於一人。此則為合於人情矣。然伊川先生嘗譏關中學《禮》者有役文之弊，而呂與叔以守經信古，學者庶幾無過而已。義起之事，正在盛德者行之。然則此等苟無大害於義理，不若且依舊說，亦夫子存羊愛禮之意也。熹於《禮經》不熟，而考證亦未及精，且以愚意論之如此，不審高明以為如何？然亦不特如此，熹常以為大凡讀書處事，當煩亂疑惑之際，正當虛心博采以求至當。或未有得，亦當且以闕疑闕殆之意處之。若遽以己所粗通之一說而盡廢己所未究之眾論，則非惟所處之得失或未可知，而此心之量亦不宏矣。閑併及之，幸恕狂妄。

答陸子壽書

蒙喻及祔禮，此在高明考之必已精密，然猶謙遜，博謀及於淺陋如此。顧熹何足以知之？然昔遭喪禍，亦嘗考之矣。竊以為眾言淆亂，則折諸聖。孔子之言萬世不可易矣，尚復何說？況期而神之之意，揆之人情，亦為允愜。

但其節文次第，今不可考。而周禮則有《儀禮》之書，自始死以至祥禫，其節文度數詳焉。故溫公《書儀》雖記孔子之言，而卒從《儀禮》之制。蓋其意謹於闕疑，以為既不得其節文之詳，則雖孔子之言亦有所不敢從者耳。程子之說意亦甚善，然鄭氏說「凡祔，已反於寢，練而後遷廟」。《左氏春秋傳》亦有「特祀於主」之文。則是古人之祔固非遂徹几筵。程子於此恐其考之有所未詳也。《開元禮》之說，則高氏既非之矣。然其自說大祥徹靈坐之後，明日乃祔於廟，以為不忍一日未有所歸。殊不知既徹之後，未祔之前，尚有一夕，其無所歸也久矣。凡此皆有所未安，恐不若且從《儀禮》。溫公之說，次序節文亦自曲有精意，如《檀弓》諸說可見。不審尊兄今已如何行之？願以示教。若猶未也，則必不得已而從高氏之說。但祥祭之日，未可撤去几筵，或遷稍近廟處。直俟明日奉主祔廟，然後撤之，則猶為亡於禮者之禮耳。鄙見如此，不審高明以為如何？

祭陸子壽教授文

學匪私說，惟道是求。苟誠心而擇善，雖異序以同流。如我與兄，少不並遊。蓋一生而再見，遂傾倒以綢繆。念昔鵝湖之下，實云識面之初。兄命駕而鼎來，載季氏而與俱。出新篇以示我，意懇懇而無餘。厭世學之支離，新易簡之規模。顧予聞之淺陋，中獨疑而未安。始聽瑩於胸坎，卒紛繳於談端。徐度兄之不可遽以辯屈，又知兄必將返而深觀。遂逡巡而旋返，悵猶豫而盤旋。別來幾時，兄以書來，審前究[①]之未定，曰子言之可懷。逮予辭官而未獲，停驂道左之宿[②]齋。兄乃枉車而來教，相與極論而無猜。自是以還，道合志同。何風流而雲散，乃一西而一東。蓋曠歲以索居，僅尺書之兩通。期杖屨之肯顧，或慰滿乎予衷。屬者乃聞兄病在床，亟函書而問訊，並裹藥而攜將。曾往使之未返，何來音之不祥。驚失聲而隕涕，沾予袂以淋浪。嗚呼哀哉！

今茲之歲，非龍非蛇，何獨賢人之不淑，屢興吾黨之深嗟！惟兄德之尤粹，儼中正而無邪。至其降心以從善，又豈有一毫驕吝之私耶！嗚呼哀哉！兄則已矣，此心實存。炯然參倚，可覺惰昏。孰泄予衷？一慟寢門，緘辭千里，侑此一尊。

---

①「究」，《四庫全書》之《晦庵集》卷八十七作「說」，上海古籍出版社一九八七年版，第一一四六冊第四七頁。

②「宿」，《四庫全書》之《晦庵集》卷八十七作「僧」，上海古籍出版社一九八七年版，第一一四六冊第四七頁。

答陸子靜書

來書云：「浙間後生貽書見規，以為吾二人者所習各已成熟，終不能以相為。莫若置之勿論，以俟天下後世之自擇。鄙哉言乎！此輩凡陋，沈溺俗學，悖戾如此，亦可憐也。」

熹謂天下之理，有是有非，正學者所當明辯。或者之説誠為未當，然凡辯論者，亦須平心和氣，子細消詳，反復商量，務求實是，乃有歸著。如不能然，而但於匆遽急迫之中，肆支蔓躁率之詞，以逞其忿懟不平之氣，則恐反不若或者之言安靜和平、寬洪悠久，猶有君子長者之遺意也。

來書云「人能洪道」止「敢悉布之」。

熹按此段所説規模宏大而指意精切，如曰「雖自謂其理已明，安知非私見蔽説」，及引「大舜善與人同」等語，尤為的當。熹雖至愚，敢不承教。但所謂「莫知其非」「歸於一是」者，未知果安所決？區區於此，亦願明者有以深察而實踐其言也。

來書云「古人質實」止「請卒條之」。

熹詳此説，蓋欲專務事實，不尚空言，其意甚美。但今所論「無極」二字，熹固已謂不言不為少，言之不為多矣。若以為非，則且置之，其於事實亦未有害。而賢昆仲不見古人指意，乃獨無故於此創為浮辯，累數百言，三四往返而不能已，其為湮蕪亦已甚矣。而細考其間緊要節目，並無酬酢，只是一味慢罵虛喝，必欲取勝。未論顔曾氣象，只子貢恐亦不肯如此。恐未可遽以此而輕彼也。

來書云「尊兄未嘗」止「固冒不同也」①。

熹亦謂老兄正為未識太極之本無極而有其體②，故必以「中」訓「極」，而又以陰陽為形而上者之道。虚見之與實見，其言果不同也。

來書云「老氏以無」止「諱也」。

熹詳老氏之言有無，以有無為二。周子之言有無，以有無為一。正如南北水火之相反。更請子細著眼，未可容易譏評也。

來書云「此理乃」止「子矣」。

更請詳看熹前書曾有「無理」二字否？

來書云「極亦此」止「極哉」。

「極」是名此理之至極，「中」是狀此理之不偏。雖然同是此理，然其名義各有攸當。雖聖賢言之，亦未嘗敢有所差互也。若「皇極」之「極」、「民極」之「極」，乃為標準之意。猶曰立於此而示於彼，使其有所向望而取正焉耳，非以其中而命之也。「立我烝民」，「立」與「粒」通，即《書》所謂「烝民乃粒，莫匪爾極」，則「爾」指后稷而言。蓋曰使我眾人皆得粒食，莫非爾后稷之所立者是望耳。「爾」字不指天地，「極」字亦非指所受之中。此義

① 固冒不同也，「冒」，《象山先生全集》卷二《與朱元晦》二作「自」。

② 太極之本無極而有其體，「其」，《宋元學案》卷十二作「真」，中華書局一九八六年版，第五〇四頁。

尤明白，似是急於求勝，更不暇考上下文。推此一條，其餘可見。「中者天下之大本」，乃以喜怒哀樂之未發，此理渾然，無所偏倚而言。太極固無偏倚，而為萬化之本，然其得名，自為「至極」之「極」，而兼有「標準」之義，初不以「中」而得名也。

來書云「以極為中」止「理乎」。

老兄自以「中」訓「極」，熹未嘗以「形」訓「極」也。今若此言，則是已不曉文義，而謂他人亦不曉也。請更詳之。

來書云「《大學》《文言》皆言知至」。

熹詳「知至」二字雖同，而在《大學》則「知」為實字，「至」為虛字。兩字上重而下輕，蓋曰「心之所知無不到」耳。在《文言》則「知」為虛字，「至」為實字。兩字上輕而下重，蓋曰「有以知其所當至之地」耳。兩義既自不同，而與太極之為至極者又皆不相似。請更詳之。此義在諸說中亦最分明，請試就此推之，當知來書未能無失，往往類此。

來書云「直以陰陽為形器」止「道器之分哉」。

若以陰陽為形而上者，則形而下者復是何物？更請見教。若熹愚見與其所聞，則曰凡有形有象者，皆器也。其所以為是器之理者，則道也。如是則來書所謂始終、晦明、奇偶之屬，皆陰陽所為之器；獨其所以為是器之理，如目之明、耳之聰、父之慈、子之孝，乃為道耳。如此分別，似差明白。不知尊意以為如何？此一條亦極分明，切望畧加思索，便見愚言不為無理，而其餘亦可以類推矣。

來書云「《通書》曰」止「類此」。

周子言「中」，而以「和」字釋之。又曰「中節」，又曰「達道」。彼非不識字者，而其言顯與《中庸》相戾，則亦必有說矣。蓋此「中」字是就氣稟發用而言其無過不及處耳，非直指本體未發，無所偏倚者而言也。豈可以此而訓「極」為「中」也哉？來書引經，必盡全章，雖煩不厭，而所引《通書》乃獨截自「中焉止矣」而下，此安得為不誤？老兄本自不信周子，政使誤引《通書》，亦未為害，何必諱此小失而反為不改之過乎？

來書云「《大傳》」止「執古」。

《大傳》《洪範》《詩》《禮》皆言極而已，未嘗謂極為中也。先儒以此極處常在物之中央，而為四方之所面內而取正，故因以中釋之，蓋亦未為甚失。而後人遂直以極為中，則又不識先儒之本意矣。《爾雅》乃是纂集古今諸儒訓詁以成書，其間蓋亦不能無誤，不足據以為古。又況其間但有以「極」訓「至」，以「殷齊」訓「中」，初未嘗以「極」為「中」乎？

來書云「又謂周子」止「道耳」。前又云「若謂欲言」止「之上」。

無極而太極，猶曰「莫之為而為，莫之致而至」，又如曰「無為之為」，皆語勢之當然，非謂別有一物也。向見欽夫有此說，嘗疑其贅。今乃正使得著，方知欽夫之慮遠也。其意則固若曰非如皇極、民極、屋極之有方所形象，而但有此理之至極耳。若曉此意，則於聖門有何違叛而不肯道乎？「上天之載」，是就有中說無。「無極而太極」，是就無中說有。若實見得，即說有說無，或先或後都無妨礙。今必如此拘泥，強生分別，曾謂不尚空言，專務事實，而反如此乎？

來書云「夫乾」止「自反也」。

太極固未嘗隱於人，然人之識太極者則少矣。往往只是於禪學中認得個昭昭靈靈能作用底，便謂此是太極，而不知所謂太極乃天地萬物本然之理，亙古亙今，攧撲不破者也。「迥出常情」等語，只是俗談，即非禪家所能專有，不應儒者反當回避。況今雖偶然道著，而其所見所說即非禪家道理，非如他人陰實祖用其說，而改頭換面，陽諱其所自來也。如曰「私其說以自妙而又秘之」，又曰「寄此以神其姦」，又曰「繫絆多少好氣質底學者」，則恐世間自有此人可當此語。熹雖無狀，自省得與此語不相似也。

來書引《書》云：「有言逆於汝心，必求諸道。」

此聖言也，敢不承教。但以來書求之於道而未之見，但見其詞義差舛，氣象粗率，似與聖賢不甚相近。是以竊自安其淺陋之習聞，而未敢輕舍故步，以追高明之獨見耳。又記頃年嘗有平心之說，而前書見喻曰：「甲與乙辯，方各自是其說，甲則曰願乙平心也，乙亦曰願甲平心也。平心之說恐難明白，不若據事論理可也。」此言美矣。然熹所謂平心者，非直使甲操乙之見、乙守甲之說也，亦非謂都不論事之是非也，但欲兩家姑暫置其是己非彼之意，然後可以據事論理，而終得其是非之實。如謂治疑獄者，當公其心，非謂便可改曲者為直、改直者為曲也，亦非謂都不問其曲直也。但不可先以己意之向背為主，然後可以審聽兩造之辭，旁求參伍之驗，而終得其曲直之當耳。今以粗淺之心，挾忿懟之氣，不肯暫置其是己非彼之私，而欲評義理之得失，則雖有判然如黑白之易見者，猶恐未免於誤。況其差有在於毫釐之間者，又將誰使折其衷而能不謬也哉？

來書云「書尾」止「文耶」。

中間江德功封示三策，書中有小帖云：「陸子靜策三篇，皆親手點對，令默封納。先欲作書，臨行不肯作。」此並是德功本語。不知來喻何故乃爾？此細事不足言，世俗毀譽亦何足計。但賢者言行不同如此，為可疑耳。德功亦必知是諸生所答，自有姓名。但云是老兄所付，令寄來耳。

熹已具此，而細看其間，亦尚有説未盡處。大抵老兄昆仲，同立此論，而其所以立論之意不同。子美尊兄自是天資質實重厚，當時看得此理有未盡處，不能子細推究，便立議論，因而自信太過，遂不可回。見雖有病，意實無他。老兄卻是先立一説，務要突過有若、子貢以上，更不數近世周、程諸公，故於其言不問是非，一例吹毛求疵，須要討不是處。正使説得十分無病，此意卻先不好了。況其言之粗率，又不能無病乎？夫子之聖，固非以多學而得之。然觀其好古敏求，實亦未嘗不多學。但其中自有一以貫之處耳。若只如此空疎杜撰，則雖有一而無可貫矣，又何足以為孔子乎？顏、曾所以獨得聖學之傳，正為其博文約禮，足目俱到，亦不是只如此空疎杜撰也。子貢雖未得承道統，然其所知似亦不在今人之後，但未有禪學可改換耳。周、程之生，時世雖在孟子之下，然其道則有不約而合者。反覆來書，竊恐老兄於其所言多有未解者，恐皆未可遽以顏、曾自處而輕之也。顏子以能問於不能，以多問於寡，有若無，實若虛，犯而不校。曾子三省其身，惟恐謀之不忠、交之不信、傳之不習。其智之崇如彼，而禮之卑如此，豈有一毫自滿自足、強辯取勝之心乎？來書之意，所以見教者甚至，而其末乃有「若猶有疑，不憚下教」之言。熹固不敢當此，然區區鄙見，亦不敢不為老兄傾倒也。不審尊意以為如何？如曰未然，則「我日斯邁而月斯征」，各尊所聞，各行所知亦可矣，無復可望於必同也。言及於此，悚息之深，千萬幸察。

近見《國史濂溪傳》載此圖説，乃云「自無極而為太極」。若使濂溪本書實有「自」「為」兩字，則信如老兄所言，不敢辯矣。然因渠添此二字，卻見得本無此字之意，愈益分明，請試思之。

答陸子靜書

十一月八日，熹頓首再拜，上啟子靜崇道監丞老兄：今夏在玉山，便中得書，時以入都，旋復還舍，疾病多故，又苦無便，不能即報。然懷想德義與夫象山泉石之勝，未嘗不西望太息也。比日冬溫過甚，恭惟尊候萬福，諸賢兄、令子姪、眷集以次康寧，來學之士亦各佳勝。

熹兩年冗擾，無補公私，第深愧歉。不謂今者又蒙收召，顧前所被，已極叨踰，不敢冒進，以速龍斷之譏，已遣人申堂懇免矣。萬一未遂，所當力請，以得為期。杜門竊廩，溫繹陋學，足了此生。所恨上恩深厚，無路報塞，死有餘憾也。

前書誨諭之悉，敢不承教。所謂古之聖賢惟理是視，言當於理，雖婦人孺子有所不棄。或乖理致，雖出古書，不敢盡信。此論甚當，非世儒淺見所及也。但熹竊謂言不難擇而理未易明，若於理實有所見，則於人言之是非，不翅黑白之易辯，固不待訊其人之賢否而為去取。不幸而吾之所謂理者，或但出於一己之私見，則恐其所取舍未足以為羣言之折衷也。况理既未明，則於人之言，恐亦未免有未盡其意者，又安可以遽絀古書為不足信，而直任胸臆之所裁乎？

來書反復，其於「無極、太極之辯」詳矣。然以熹觀之，伏羲作《易》，自「一畫」以下，文王演《易》，自「乾元」以下，皆未嘗言太極也，而孔子言之。孔子贊《易》，自太極以下，未嘗言無極也，而周子言之。夫先聖後聖，豈不同條而共貫哉？若於此有以灼然實見太極之真體，則知不言者不為少，而言之者不為多矣，何至若此之紛紛哉？

今既不然，則吾之所謂理者，恐其未足以為群言之折衷，又况於人之言有所不盡者，又非一二而已乎？既蒙不鄙而教之，熹亦不敢不盡其愚也。

且夫《大傳》之太極者，何也？即兩儀、四象、八卦之理，具於三者之先，而緼於三者之内者也。聖人之意，正以其究竟至極，無名可名，故特謂之太極。猶曰「舉天下之至極無以加此」云爾，初不以其中而命之也。至如「北極」之「極」、「屋極」之「極」、「皇極」之「極」、「民極」之「極」，諸儒雖有解為中者，蓋以此物之極常在此物之中，非指「極」字而訓之以中也。極者，至極而已。以有形者言之，則其四方八面，合輳將來，到此築底，更無去處。從此推出，四方八面都無向背，一切停勻，故謂之極耳。後人以其居中而能應四外，故指其處而以中言之，非以其義為可訓中也。至於太極，則又初無形象方所之可言，但以此理至極而謂之極耳。今乃以中名之，則是所謂理有未明而不能盡乎人言之意者一也。

《通書》「理性命」章，其首二句言理，次三句言性，次八句言命。故其章内無此三字，而特以三字名其章以表之，則章内之言，固已各有所屬矣。蓋其所謂「靈」、所謂「一」者，乃為太極。而所謂「中」者，乃氣稟之得中，與「剛善」、「剛惡」、「柔善」、「柔惡」者為五性，而屬乎五行，初未嘗以是為大極也。且曰「中焉止矣」，而又下屬於二氣五行、化生萬物之云，是亦復成何等文字義理乎？今來諭乃指其中者為太極，而屬之下文，則又理有未明而不能盡乎人言之意者二也。

若論「無極」二字，乃是周子灼見道體，迥出常情，不顧旁人是非，不計自己得失，勇往直前，說出人不敢說底道理，令後之學者曉然見得太極之妙，不屬有無，不落方體。若於此看得破，方見得此老真得千聖以來不傳之秘，非但架屋下之屋、疊牀上之牀而已也。今必以為未然，是又理有未明而不能盡人言之意者三也。

至於《大傳》既曰「形而上者謂之道」矣，而又曰「一陰一陽之謂道」，此豈真以陰陽為形而上者哉？正所以見一陰一陽，雖屬形器，然其所以一陰而一陽者，是乃道體之所為也。故語道體之至極，則謂之太極；語太極之流行，則謂之道。雖有二名，初無兩體。周子所以謂之「無極」，正以其無方所、無形狀，以為在無物之前，而未嘗不立於有物之後；以為在陰陽之外，而未嘗不行乎陰陽之中；以為通貫全體，無乎不在，則又初無聲臭影響之可言也。今乃深詆無極之不然，則是直以太極為有形狀、有方所矣。直以陰陽為形而上者，則又昧於道器之分矣。又於「形而上者」之上復有「況太極乎」之語，則是又以道上別有一物為太極矣。此又理有未明而不能盡乎人言之意者四也。

至熹前書所謂「不言無極，則太極同於一物，而不足為萬化根本；不言太極，則無極淪於空寂，而不能為萬化根本」，乃是推本周子之意，以為當時若不如此兩下說破，則讀者錯認語意，必有偏見之病，聞人說有即謂之實有，見人說無即以為真無耳。自謂如此說得周子之意已是大煞分明，只恐知道者厭其漏洩之過甚，不謂如老兄者乃猶以為未穩而難曉也。請以熹書上下文意詳之，豈謂太極可以人言而為加損者哉？是又理有未明而不能盡乎人言之意者五也。

來書又謂《大傳》明言「易有太極」，今乃言無，何耶？此尤非所望於高明者。今夏因與人言易，其人之論正如此。當時對之，不覺失笑，遂至被劾。彼俗儒膠固，隨語生解，不足深怪。老兄平日自視為如何，而亦為此言耶？老兄且謂《大傳》之所謂「有」，果如兩儀、四象、八卦之有定位、天地五行萬物之有常形耶？周子之所謂「無」，是果虛空斷滅、都無生物之理耶？此又理有未明而不能盡乎人言之意者六也。

老子「復歸於無極」，「無極」乃無窮之義。如「莊生入無窮之門，以遊無極之野」云爾，非若周子所言之意也。今乃引之，而謂周子之言實出乎彼，此又理有未明而不能盡乎人言之意者七也。

高明之學超出方外，固未易以世間言語論量、意見測度。今且以愚見執方論之，則其未合有如前所陳者。亦欲奉報，又恐徒為紛紛，重使世俗觀笑。既而思之，若遂不言，則恐學者終無所取正。較是二者，寧可見笑於今人，不可得罪於後世。是以終不獲已而竟陳之，不識老兄以為如何？

寄陸子靜書

奏篇垂示①，得聞至論，慰沃良深。其規模宏大而源流深遠，豈腐儒鄙生所能窺測？不知對揚之際，上於何語有領會？區區私憂，正恐不免萬牛回首之難②。然於我亦何病？語圓意活，渾浩流轉，有以見所造之深，所養之厚，益加歎服。但向上一路未曾撥轉處，未免使人疑著，恐是葱嶺帶來耳。如何如何？一笑。熹衰病益侵，幸叨祠祿，遂為希夷直下諸孫，良以自慶。但香火之地，聲教未加，不能不使人慨歎耳。

答陸子靜書

昨聞嘗有丐外之請而復未遂，今定何如？莫且宿留否？學者後來更得何人？顯道得書云嘗詣見，不知已到未？

① 「示」，《四庫全書》之《晦庵集》卷三十六作「寄」，上海古籍出版社一九八七年版，第一一四四册第五頁。

② 「難」，《四庫全書》之《晦庵集》卷三十六作「歎」，上海古籍出版社一九八七年版，第一一四四册第五頁。

子淵去冬相見，氣質剛毅，極不易得。但其偏處亦甚害事，雖嘗苦口，恐未必以為然。今想到部，必已相見，亦嘗痛與砭磅否？道理雖極精微，然初不在耳目見聞之外，是非黑白，即在面前。此而不察，乃欲别求玄妙於意慮之表，亦已誤矣。熹衰病日侵，去年災患亦不少。此數日來，病軀方似畧可支吾，然精神耗減，日甚一日，恐終非能久於世者。所幸邇來日用功夫頗覺有力，無復向來支離之病。甚恨未得從容面論，未知異時相見，尚復有異同否耳？

答陸子靜書

税駕已久，諸況想益佳。學徒四來，所以及人者在此而不在彼矣。來書所謂利欲深痼者已無可言，區區所憂，卻在一種輕為高論，妄生内外精粗之别，以良心日用分為兩截，謂聖賢之言不必盡信，而容貌詞氣之間不必深察者。此其為説乖戾狠悖，將有大為吾道之害者，不待他時末流之弊矣。不審明者亦嘗以是為憂乎？此事不比尋常小小文義異同，恨相去遠，無由面論，徒增耿耿耳。李子甚不易，知向學，但亦漸覺好高。鄙意且欲其著實看得目前道理事物分明，將來不失將家之舊，庶幾有用。若便如此談玄説妙，卻恐兩無所成，可惜壞卻天生氣質，卻未必如乃翁樸實頭，無許多勞攘耳。

答陸子靜書

學者病痛誠如所論，但亦須自家見得平正深密，方能藥人之病。若自不免於一偏，恐醫來醫去，反能益其病也。所諭與令兄書，辭費而理不明，今亦不記當時作何等語，或恐實有此病。承許條析見教，何幸如之！虚心以俟，幸因便見示。如有未安，卻得細論，未可便似居士兄遽斷來章也。

答徐子融書

子融名昭然，鵝湖士也，從朱子講學。朱子稱其志趣操守，非他人所能故及之。

所論浩氣，甚善甚善。大率子融志氣剛決，故所見亦如此，痛快直截，無支離纏繞之弊。更願益加詳審，專就平實親切處推究體認，久當有以自信，不為高談虛見所移奪也。見正叔說，向得「曾參多一唯」之句，深有契合，此正是大病。今只此一「唯」尚且理會不得，如何欲更向他頭上過去也？

答徐子融書

子融志趣操守非他人所及，但苦從初心不向裏，故雖稠人廣坐，閉眉合眼，而實有矜能異眾之心。非不讀書講義，而未嘗潛心默究，剖析精微，但據一時所見粗淺意思，便立議論，說來說去，都無意味，枉費筆墨。如向來所論雞抱卵事，才卿便取僧言以為至當，而不究彼之所事與吾不同之實，固為疏畧，而子融力攻其失，乃不於此著眼，而支離蔓衍，但言雞不合抱卵，而不知檢點其所抱之非卵。凡皆類此，全不子細，只向外走，自己分上了無所得，故中間數為賢者言之。所謂向外，非謂子融不能閉眉合眼也。想子融自恃有此，便謂已能向裏而人不知，故心不服而有北門之辯。至於詞氣俱厲，殊駭觀聽。然味其言，如所謂無鬼神，無釋氏者，皆無義理。夫「鬼神」二字著於《六經》，而釋氏之說見行於世，學者當講究，識其真妄。若不識得，縱使絶口不談，豈能使之無邪？子融議論粗率不精，大率類此。若是果能向裏思量，分別詳細，豈至此耶？今詳來書，所謂「觀書究義，反身順理，攻其惡，毋攻人之惡」者，依舊是錯認話頭。若只似日前做功夫，即所究之義，所順之理，所攻之惡，皆恐未真實也。且講論是非，正為自家欲明此理，不是攻人之惡，若理會得，是於自家分上儘有得力處。若看錯了，即終日閉口不別是非，劃地不是矣。此蓋日前窮理未精，便自主張得重，又為不勝己者妄相尊獎，致得自處太高，將義理都低看淺看了。今若覺悟，須且虛心退後，審細辯認，令自己胸中了然不惑，庶幾有進步處耳。

答徐子融書

有性無性之說，殊不可曉。當時方叔於此本自不曾理會，率然躐等，揀難底問。熹若紹①管得到，則於此自合不答，且只教他子細熟讀聖賢明白平易切實之言，就己分上依次第做功夫，方有益於彼，而我亦不為失言。卻不合隨其所問率然答之，致渠一向如此狂妄，此熹之罪也。駟不及舌，雖悔莫追。然既有此話頭，又不容不結末，今試更為諸君言之。若猶未以為然，則亦可以忘言矣。

伊川先生言：「性即理也。」此一句，自古無人敢如此道。心則知覺之在人而具此理者也。横渠先生又言，由

① 「紹」，《四庫全書》之《晦庵集》卷五十八作「照」，上海古籍出版社一九八七年版，第一一四五册第一一頁。

太虛有天之名，由氣化有道之名，合虛與氣有性之名，合性與知覺有心之名，其名義亦甚密，皆不易之至論也。蓋天之生物，其理固無差別，但人物所稟形氣不同，故其心有明暗之殊，而性有全不全之異耳。若所謂仁，則是性中四德之首，非在性外別為一物而與性並行也。然惟人心至靈，故能全此四德而發為四端，物則氣偏駁而心昏蔽，固有所不能全矣。然其父子之相親，君臣之相統，間亦有僅存而不昧者。然欲其克己復禮以為仁，善善惡惡以為義，則有所不能矣，然不可謂無是性也。若生物之無知覺者，則又其形氣偏中之偏者，故理之在是物者，亦隨其形氣而自為一物之理，雖若不復①可論仁義禮智之彷佛，然亦不可謂無是性也。此理甚明，無難曉者，自是方叔暗昧膠固，不足深責，不謂子融亦不曉也。

至引釋氏識神之說，則又無干涉。蓋釋氏以虛空寂滅為宗，故以識神為生死根本。若吾儒之論，則識神乃是心之妙用，如何無得？但以此言性，則無交涉耳。

又謂枯槁之物，只有氣質之性，而無本然之性，此語尤可笑。若果如此，則是物只有一性，而人卻有兩性矣。此語非常醜差，蓋繇由不知氣質之性，只是此性墮在氣質之中，故隨氣質而自為一性，正周子所謂各一其性者。向使元無本然之性，則此氣質之性又從何處得來耶？況亦非獨周、程、張子之言為然，如孔子言成之者性，又言各正性命，何嘗分別某物是有性底，某物是無性底？孟子言山之性、水之性，山水何嘗有知覺耶？若於此看得通透，即知天下無無性之物。除是無物，方無此性。若有此物，即如來喻木燒為灰，人陰為土，亦有此灰土之氣。既有

① 「復」，原缺，據《四庫全書》之《晦庵集》卷五十八補，上海古籍出版社一九八七年版，第一一四五冊第一二頁。

灰土之氣，即有灰土之性，安得謂枯槁無性也？

又如「狹其性而遺之」以下種種怪説，尤為可笑。今亦不暇細辯，但請虚心靜慮，詳味此説，當自見得。如看未透，即且放下，就平易明白切實處玩索涵養，使心地虚明，久之須自見得。不須如此信口信意，馳騁空言，無益於己，而徒取易言之罪也。如不謂然，則請子融、方叔自立此論以為宗旨，熹亦安能必二公之見從耶？至於《易》之説，又别是一事。今於自己分上見成易曉底物尚且理會不得，何暇及此？當俟異日心虚氣平，萬理融徹，看得世間文字言語無不通達，始可細細商量耳。此等若理會不得，亦未妨事。且闕所疑而徐思之，不當便如此咆哮無禮也。

答徐子融書

熹今年一病，幾至不可支吾，午節後方能強起。比前一二年，幾似爭十年氣血矣。老境如此，無足怪者。亦有朋友十數人在此相聚，絶少得穎悟懇切者，前日病中猛省，亦不可全責學者，深自恐懼。今幸稍蘇，更當益加策勵，庶幾不負所以來之意。但憾相去差遠，不得子融為之表率，使相觀而善耳。前書所論方叔之説，大槩已是，但未云性有昏明，又將性作知覺看矣。試更思之，何如？

鉛山縣學記

鉛山學故在縣東南百許步，因地形為屋，東鄉。既諸生以夫子不南面，於禮為不稱，乃徙寘縣東山下。然其費皆出民間，有司者無所與，以故度地褊狹，不能具廟學制度。至若師生具員，而絃誦輟響，則亦既二十有餘年矣。淳熙巳亥之春，義興蔣侯來領縣事。始至，進謁堂下，俯仰太息而有志焉。後數月，政成事簡，民裕而財足，乃買地鑿山，度材致用，而屬役於其屬雷君霆。以歲十有二月丙申始事，越明年四月戊申而舍菜焉。門觀顯嚴，宮廬宏敞，神位清密，祭用畢修。圖史之藏，几席之設，與凡所以棲宿、炊爨、拚除之須，無一不備。既又為之名墾田，立餼舍，日給弟子員二十餘人，而官無乏用，民不病役。邑之父兄相與聚觀，顧歎言曰：「今之所以幸教吾子弟者，其厚如此，是豈可使後之人無傳焉。」於是雷君聞之，則以其意來請，且曰：「學之①具，而諸生未知所志，願吾子之因是而有以發之也。」

予嘗謂道無古今之殊，而學有今古之異。蓋周人以鄉三物教萬民，而賓興之。其德六，曰智、仁、聖、義、中、和。其行六，曰孝、友、睦、婣、任、恤。其藝六，曰禮、樂、射、御、書、數。於是學者日用起居食飲之間，既無事而非學，於其羣居藏修遊息之地，亦無學而非事。至於所以開發其聰明，成就其德業者，又皆交相為用而無所偏廢。此先王之世所以人材衆多，風俗美盛，而非後世之所能及也。國家建立學官，周遍海內，其所以望於天下之士者，

①「之」，《四庫全書》之《晦庵集》卷七十八作「雖」，上海古籍出版社一九八七年版，第一一四五冊第六三二頁。

豈不亦若先王之志？而學者無以識其指意之所在，於其日用之間，既誕謾恣睢，而不知所以學。其羣居講習之際，又不過於割裂裝綴以為能，而莫或知其終之無所用也。是以其趨日以卑陋，而惟利祿之知。幸而一二傑然有意於自立者，則又或窮高極遠，而不務行力之實。或循常守舊，而不知其義理之所以然也。是以其説常倚於一偏，而不得以入於聖賢之域。於是時也，異端雜學之士，阿世徇俗之流，又或鼓其乖妄之説而乘之。嗚呼！吾道之不亡，特民之秉彝有不可得而絶滅者耳。予之力固不足以救之，而竊有憂焉。是以既書蔣侯之事，又因雷君之請，而附見其説，以告夫學於此者，以為有能因是而反求之，則庶乎其知所至矣。

蔣侯名億，字仲永，材高志遠，平居抵掌論當世事，滚滚不窮。蓋嘗有意笞兵萬里，為國家立非常之功者，其辦一邑，固當有餘力。惟其不以一切治理為功，而汲汲乎化民成俗之先務如此，是則後之君子，亦將有考於斯焉。秋九月丙寅，具位朱熹記。

卷之五

與朱元晦書

呂成公

某侍旁粗遣，但獨學固陋，念欲諮請訂正。適以有德清親迎之役，遂復未果。俟至秋末，當謀西安之行，以踐子澄所諭山寺之約也。少意此間有一士人，欲以《伊川易傳》鋟板。近聞書府所藏本最為善。子澄之書云爾。今於賓之丈處，假專人拜請，敢望暫付去介，異時卻得面納也。廹行淩遽，姑以幅紙問起居。它祈厚為斯文護重。

與朱元晦書

某官次粗安，學宮無簿領之煩。又張丈在此，得以朝夕諮請。雖於習察矯警，不敢不勉。第質鈍識昏，殊少進益。深味來教，所謂「見下學上達之要而實加功」之語，切中平日之病，悚然累日。所恨相去阻邈，不得面請。若蒙指示其要，俾知所用力，豈勝幸甚。竊自揆度，領解敏悟固後輩流。至於篤信確守，雖不敢謂能，妄意或庶幾焉。苟有以教之，則必不至若存若亡，負諄誨之厚也。

伊川先生行實，其間合商量處，既見於張丈書中矣。尚有欲言者，吾道本無對，非下與世俗較勝負者也。汪丈所謂「道不同不相知」，昨因其說，既而思之，誠未允當。但詳觀來諭，激揚振厲，頗乏廣大溫潤氣象。若立敵較勝負者，頗似未弘。如注中東坡字改為蘇軾，不知以諸公例書名而釐正之耶？或者因辯論有所激而加峻耶？出於前說，固無害。出於後說，則因激增怒於治心，似不可不省察也。《通書》已依《易傳》板樣刋，但邵康節一段，所謂「極論天地萬物之理，以及六合之外」，不知六合如何有外？末載伊川之類，亦恐是邵家子弟欲尊康節，故託之伊川，不知可削去否？其它所疑，張丈已報去，更不重出。《太極圖解》，近方得本玩味，淺陋不足窺見精藴，多未曉處，已疏於別紙，人回，切望指教。又讀龜山《中庸》，有疑處數條錄呈，亦幸垂喻。

科舉之習，於成己成物誠無益。但往在金華，兀然獨學，無與講論切磋者。閭巷士子，舍舉業則望風自絕，彼此無緣相接。故開舉業一路，以致其來，卻就其間擇質美者告語之，近亦多向此者矣。自去秋來，十日一課，姑存之而已。至於為學所當講者，則不敢怠也。伊川學制亦嘗與張丈參酌，如改試為課。歲時歸省，皆太學事，郡庠則初無分數利誘，而歸省者固往來不絕也。增辟齋舍，俟秋間郡中有力廼為之。尊賢堂之類，但當搜訪有經行之人，延請入學，使諸生有所矜式，則已不失先生之意，恐不必特揭堂名也。婺州《易傳》已畢工，今先用草紙印一部拜納。告更為校視，標注示及，當令再修也。

吉州士人劉德循，樸實有志於學，冒暑專往灑掃門牆，幸與之進。渠與郡中人偕發，恐徒步不及健步之駛，後此書三兩日到亦未可知。此間詳悉，當能備道也。

與朱元晦書

某前日復有教官之除，方俟告下迺行，而張丈亦有召命，旦夕遂聯舟而西矣。惟是以淺陋之學，驟當講畫之任，雖所聞不敢不尊，而恐聞未必的；所知不敢不行，而恐知未必眞。此所以夙夜皇懼而未知所出者也。開示涵養進學之要，俾知所以入德之門，敢不朝夕從事，庶幾假以歲月，粗識指歸，無負期待誘進之意。《中庸》《太極》所疑，重蒙一一鐫誨，不勝感激。所諭「渾然無所不具之中，精粗本末，賓主內外，蓋有不可以毫髪差者」，誠為至論。喜合惡離之病，砭治尤切。數日玩味來誨，有尚未諭者，復列於別紙。所以喋喋煩瀆者，政欲明辯審問，懼有毫髪之差，初非世俗立彼我校勝負者也。人回，切望詳以見教，幸甚。

孟子、楊、墨禽獸之喻，乃其分內，非因激而增，擒縱低昂，自有準則。此語甚善，然區區竊有所獻。大凡人之為學，最當於矯揉氣質上作工夫。如懦者當強，急者當緩，視其偏而用力焉。以吾丈英偉明峻之資，恐當以顏子工夫為樣轍。回擒縱低昂之用，為持養斂藏之功，斯文之幸也。孟子深斥楊、墨，以其似仁義也。同時如唐勒、景差輩，浮詞麗語，未嘗一言與之辯，豈非與吾道判然不同，不必區區勞頰舌較勝負耶？某氏之於吾道，非楊、墨也，乃唐、景也，似不必深與之辯。

邵氏載康節一段，意主於稱康節。而濂溪之語無所見，恐不載亦無害。科舉枉尋直尺，誠如來喻，自此當束之高閣矣。

《易傳》差誤處，旦夕便遞往金華，諉謹厚士人釐正。《噬嗑》「和且治矣」一段，發明尤善，蓋當時草草之過也。

更看得有誤處，告徑附置來臨安。俟刊改斷手，即摹印數本拜納次。

呂與叔《中庸序説》，前此每以示學者。伊川崇寧後出處，以無文書考正。西邊棄地始末，以治行倥傯，俟到臨安少定，當討論求教也。謝先生語，其意似謂徒事威儀而不察所以然，則非禮之本，若致其知，則所以正，所以謹者，乃禮之本也。

時事當略聞之。近時論議者，非頽惰即孟浪，名實先後具舉不偏，殆難乎其人。此有識者之所深憂也。所欲言者，非紙墨能究。

與朱元晦書

某供職已月餘，雖不敢不恪守所聞，但風俗安常，習故之久，齟齬頗多，此皆誠意未孚之咎。惟日省所未至，不敢諉其責於人也。開諭累幅，仰見誨人不倦之意。其間亦有尚欲諮請處。但以吳晦叔聞妻父之訃，匆匆亟歸。又某轉對，適在一兩日間未暇詳布，當別尋便上狀也。亦有一二條託吳晦叔口陳，不復縷縷。某更數日遷居，政與張丈相鄰，又得朝夕講肄，殊以為幸。尋常每有所見，固自傾盡拳拳所懷，亦政如來諭之意也。

與朱元晦書

月初，吳晦叔歸，嘗拜起居問，計已呈徹。即日秋暑未艾，恭惟尊候動止支福。某官次粗安。職守所及，敢不盡心。但學力淺薄，齟齬者亦多，敢不益思所未至，警省策厲，不敢求諸外也。張丈又復連牆，得朝夕講論。但恨几席在遠，不得諮扣為恨耳。李教授聞進學甚力，其餘有志趣者當不乏人。此道孤微，惟不倦誘掖，使向此者多，吾道之幸也。

某上旬輪對，對劄謹錄呈請教。有未安處，望一一指示。上不問疏遠，問答甚詳，所懷粗得展盡，但恨誠意不素積，無以感動耳。《易傳》聞婺女刊正已畢。以相去遠，不能一一如來諭，但改正誤字而已。其版樣未整者，皆未暇知也。已令印數本，俟到上納次。晦叔必常相聚，本欲作書，又恐已歸長沙，或尚未歸，語次望道區區。

適今日往武成王廟致齋，而建寧適有便行甚遽，略此拜稟。向者來問數條，俟稍按堵，當得款曲商榷也。

與朱元晦書

某官下粗遣。學淺力薄，視職業日增愧負。雖不敢苟簡自恕，然殊未能大有所釐正耳。至於區區課試之末，則固未嘗深較也。張丈鄰牆，日夕相過講論。士子有志於此者，亦有一二輩，切摩工夫，粗不歇滅斷續。又時閱來誨，策厲警省者殊多，但書不盡意，終不若侍坐隅難疑答問為親切耳。邪說詖行，辭而闢之，誠今日任此道者之責。竊嘗謂異端之不息，由正學之不明。此盛彼衰，互相消長，莫若盡力於此。此道光明盛大，則彼之消鑠無日矣。孟子所謂：「吾為此懼，閑先聖之道。」舊說以閑為閑習，意味甚長，楊、墨肆行，政以吾道之衰耳。孟子所以不求之他，而以閑習吾先聖之道為急先務，而淫辭詖行之放，則固自有次第也。不知吾丈以為如何？所以為此說者，非欲含糊縱釋，黑白不辯，但恐專意外攘，而內修處工夫或少耳。

向來所論智、仁、勇，終恐難分輕重。蓋三者，天下之達德。通聖賢，常人而言之也。在聖人，則智也仁也勇也，皆生知安行也。在賢人，則智也仁也勇也，皆學知利行也。在常人，則智也仁也勇也，皆困知勉行也。恐難指定

「智為學知利行，勇為困知勉行」，龜山之說，終不免有疑也。周子「仁義中正」主靜之說，前書所言「仁義中正」，皆主乎此，非謂「中正仁義」皆靜之用而別有塊然之靜也。人生而靜，天之性也，乃中正仁義之體，而萬物之一源也。中則無不正矣，必並言之，曰「中正」。仁則無不義矣，必並言之，曰「仁義」。亦猶元可以包四德，而與亨、利、貞俱列。仁可以包四端，而與義、禮、智同稱。此所謂合之不渾，離之不散者也。

昨所云「文理密察」，蓋亦如來諭，初非以為「秘密」之「密」、「觀察」之「察」也。謂如《易傳》中「以形體謂之天，以主宰謂之帝，以功用謂之鬼神，以妙用謂之神，以性情謂之乾」等語，銖分粒剖，各有攸當，而未嘗有割裂杌隉之病，析理精微如此，乃可謂之「文理密察」耳。

陰陽仁義之說，鄙意未達，終覺未安，當更潛思玩味，續得求教也。「中庸不可能」、「道不遠人」兩章，反復思之，龜山之說誠為奇險，非子思本指。向日不覺其非者，政緣為程文時考觀新說，餘習時有在者故耳。所與諸生講說《左氏》，語意傷巧，病源亦在是。自此當力掃除也。

婺本《易傳》納三本去，不敢加裝治。誤字皆已改，但卦畫粗細，行數疏密之類不能如人意，悉釐正耳。《遺書》建本未到之前，已用去冬所寄本刊板，故其間一兩段更易次序處，姑仍其舊，餘皆以建本為正。聞旦夕亦畢工矣。《二程先生集》款曲，亦當令婺人刊之。然新添伊川二子所為序引，殊無家風，恐適足為先生之累，欲削去之，更望一報。

見所寄張丈所論時事，一一精當，不勝歎服。此間所共講者，亦十八九同也。《知言》，往在嚴陵時與張丈講論，亦嘗疏出可疑者數十條。今觀來示，其半亦相類。見與張丈參閱，續當諮請也。其餘已見於張丈書者，更不重出。相去之遠，惟祈因便時賜教督，不惜語言，痛加砭治，乃所願望。

與朱元晦書

某以六月八日離輦下，既去五日，而張丈去國，羣陰崢嶸，陽氣斷續，理自應爾。然以反己之義論之，則當修省進步處甚多，未可專咎彼也。聞以漕渠淺涸，尚濡滯蘇、常間，今當已泝江南下矣。某既畢亡婦祔事，即還婺女城中，修葺寓舍，而大人亦歸自廬陵。前此學中亦已考滿，比改秩告下，遂得解罷。累請祠便養，未報，而有召試之命，已復申前請矣。倘得如志，閉戶為學，殊為僥倖。或敦迫而出，亦當以心之所安條對，然後徐度進退之宜。要之，所學未成，輕犯世故，招尤取累，不若退處之為得也。向來一出，始知時事益難平，為學工夫益無窮，而聖賢之言益可信。所恨離羣索居，無從侍坐質正耳。《易傳》復納三本去，告檢收。此迺附閩漕叔祖行，繼此讀書有所疑問，當皆附漕便，或遞足，可往來商榷也。向蒙教以矯厲氣質之偏，此誠要論。大抵根滓未盡，氣稟偏重處，不免時時露見，政當澄之又澄耳。《太極圖解》昨與張丈商量未定，而匆匆分散。少暇當理前說也。山間遊從者為誰？用工次第有可見教者，毋惜批諭。

與朱元晦書

向見論治道書尺，其間如欲倣井田之意，而科條州郡財賦之類。竊謂此固為治之具，然施之當有次第。今日先務，恐當啟迪主心，使有尊德樂道之誠，眾建正人以為輔助，待上下孚信之後，然後為治之具，以次而舉可也。倘人心未孚信，驟欲更張，則眾口譁然，終見沮格。雖成功，則天本，非君子之所計，然於本末先後之序為有憾焉，則不可不審也。今事雖已往，亦不得不講論過耳。

與朱元晦書

某丐祠兩請，而堂帖屢下，黽勉復為此來。昨日方條對，姑置①區區之心，政恐害理處多。稍定，當錄往求教矣。苟尚留此，暇日自可讀書。惟是同志者鮮，所鄉不相近者，又不敢輕拈出。塊然索居，殊以為懼。第當時於書尺中請益耳。

與朱元晦書

大人書前日已附便張丈。旬日前得京口書，想今已泝江矣。今歲善類凋喪特甚，王、芮、劉三公相繼下世，殊令人短氣。陽氣微茫如縷，其將奈何？從遊者亦有可望者否？根本不實者，所宜深察。往時固有得前輩謦欬言語以藉口，而行則不揜焉。媢嫉學問者，往往指摘此輩，以姍侮吾道，紹興之初是也。雖有教無類，然聖門固自有可語上、不可語上之辯。況今日此道單微，排毀者舉目皆是，恐尤須謹嚴也。

---

①「置」，影印文淵閣《四庫全書》本《東萊集》作「致」。

與朱元晦書

某黽勉復來供職已踰月，但少耦寡徒，為況殊索寞耳。示下《太極圖》《西銘解》，當朝夕玩繹。若猶有所未達，當一一請教，亦不敢以示人也。先入之說，非敢固執，但意有未安，要須反復講論，至釋然無疑而後止。如孔門之問仁智，至於再三往復。昔人為學，大抵皆然。蓋主於求益，而非立論也。論治之說，本末誠當備舉，但言之亦恐須有序。如孟子先以見牛啟發齊王之良心，至語意浹洽之後，乃條五畝、百畝之說。若未孚信之時，遽及施行古先制度，則或逆疑其迂，而吾說格而不得入矣。不識以為如何。《知言疑義》，亦竢後便。蓋七八日來孟享及誕節，奔走擾擾，思慮未能精詳耳。《對策》謹錄呈，未是處，因便乞批誨。

與朱元晦書

某官次粗遣。為學固不敢荒廢，第微言淵奧，世故崢嶸，益知進步之難。倘蒙時賜方藥，不勝幸願。

「曾子答孟敬子」一章，竊謂上蔡所解與二先生之意不異。其曰：「人之應事，不過顏色、容貌、辭氣三事，特繫所養如何耳。」此可見其平日涵養之功矣。其曰：「動也，正也，出也，君子自牧處。」此可見其臨事持守之力矣。語意頗似完備，恐難以臨事作主張斷之。惟「是遠自遠也」一語，不若二先生之言工夫細密耳。

《知言疑義》，比與張丈訂正者，既已附去。今復有欲商榷者，謹疏於後。來諭以「道生一為太極，太極動而生陽」。陽恐不可指為一，既曰「陽」，則有對矣，安得謂之一乎？「好惡性也」一章，誠如來諭所云。若前章「天理人欲同體而異用」者，卻似未失。蓋降衷秉彝，固純乎天理也。及為物所誘，人欲滋熾，天理若泯滅，而實未嘗相離也。同體異用，同行異情，在人識之爾。首章「成性」固可疑，然今所改定，乃兼性情而言，則與本文設問不相應。來諭以盡心為集大成者之始條理，則非不可以為聖人事。但胡子下「者也」兩字，卻似斷定耳。若云「六君子由盡其心，而能立天下之大本」，如何？釋氏直曰「吾見是性」，此述釋氏之詞耳，非許釋氏為見性也。若後章釋氏「見性而不盡性」之類，則誠有病。「夫婦之道」一章，雖指釋氏之病，然讀者或不察，當刪。孔子曰：「吾未見好德如好色者也。」蓋世之病在彼不在此。「氣感於物」一章，來諭謂不見平日涵養之意，竊謂涵養、致知為學者固當並進，然昔人立言亦各有所指。如《中庸》「不明乎善」一章，不可謂不見涵養之意也。《孟子》「拱把桐梓」一章，不可謂不見致知之意也。若此類不可槩舉。《知言》本文卻似無病。「大哉性乎」一章，所謂類指一理而言者，猶曰「一端」云耳，非理一而已之一也。但「理」字下得未穩。若謂一理之外別求天命之全，卻恐此章無此意也。「欲為仁，必先識仁之體。」仁體誠不可遽語，至於答「放心求心」之問，卻自是一說。蓋所謂「心操存舍亡，間不容息，知其放而求之，則心在是矣」。平居持養之功也。所謂「良心之苗裔，利欲之間而一見焉，操而存之」者，隨事體察之功也。二者要不可偏廢。苟以此章欠說涵養一段，「未見之間，此心遂成間斷，無復用功處」，是矣。若曰「於已放之心置不復問，乃俟其發於他處，而後從而操之」，語卻似太過。蓋「見牛而不忍殺」，乃此心之發見，非發見於他處也。又謂「所操者亦發用之一端」，胡子固曰「此良心之苗裔」，固欲人因苗裔而識本根，非徒認此發用之一端而已。「漢文顧命」章，說得太重，恐須刪改。凡此未知中否？望一一指教。

又竊觀所講諸章，有云「淺迫不安，汗漫無守」；有云「一何輕詆世儒之過而不自知其非」；有云「蓋不由涵養先要知識，故須至如此強探力取，方始窺見彷彿」。若此類，恐氣未和而語傷易。孟子說楊、墨、許行、陳相輩，皆直截道斷。至於論孟施捨、北宮黝，則曰：「二子之勇，未知其孰賢。」然而孟施捨守約也，所以委曲如此者，以其似曾子、子夏而已。若使正言聖門先達，其敢輕剖判乎？析理當極精微，雖毫釐不可放過。至於尊讓前輩之意，亦似不可不存也。

近事頗似有陽復之漸，但「出入無疾，朋來無咎」兩句，大索致意耳。

與朱元晦書

某官下粗遣，第索居無講論之益，恐日就湮廢，殊自懼耳。向承示以改定《太極圖論解》，比前本益覺精密。《西銘義》前人所未發處益多，其間亦尚有所未達。恐思之未精，不敢輕往求教。當更假以歲月，平心玩索，若猶疑滯，不免煩提耳之誨也。所先欲請問者，如《易傳序》「體用一源，顯微無間」，先體後用，先顯後微之說，恐當時未必有此意。又解剝圖義太了了，恐不善學者不復致思。《西銘》諸本皆作「體其愛而歸全」，今批示本以「愛」為「受」，於「歸全」之義甚協，但不知用何本改定？因便併望批教。

與朱元晦書

某二月四日試院中奉先人感疾之問，倉皇奔歸。七日未後至家，先人既以巳午間易簀。酷痛寃毒，貫徹肺腑，求死無所。去秋廬陵之歸，自處極安裕，齒發飲食皆勝往時，違侍旁未半年，遽至大故。一官拘縻，疾不奉藥餌，沒不聞理命，不孝之罪，上通於天矣。忍死營辦，以五月十六日敬終襄事。音容永隔，攀號摧裂，哀慕無窮，扶力布稟，執筆氣塞，不能多述。喪禮，鄉無恙時，屢戒飭令，一遵典制，毋參以慝禮，今不敢有違。祭禮，數年來尤勤催督，竟不及裁定。竢暑退，亦欲稍稍講訂。往時吾丈所定《條目》，便望早付下，或有暇更為參酌，令使可遵行尤幸。某自遭變故，窮苦危迫，粗有困而反，則意思頗知前此汗漫之非。但意緒荒塞，未能詳求誨益耳。憂居罕遇便，今復屬韓丈附達，遲速未可料，瞻望函丈，第深慘愴。

與朱元晦書

某哀苦日深，奄奄待盡，它無足言者。自罹禍變以來，困心衡慮，始知前此雖名為嗜學，而工夫汎濩，殊未精切。追味往年喜合惡離之誨，誠中其病。推原病根，蓋在徒恃資稟，觀書粗得味，即坐在此病處，不復精研，故看義理則汗漫而不別白，遇事接物則頹弛而少精神。今乃覺氣質粗厚，思慮粗少，元非主敬工夫。而聖賢之言，本末完具，意味無窮，尤不可望洋向若而不進也。但恨無繇親承誨語的實下手處，因便告詳指示。自度今必稍能信受奉行，非如疇昔草草領略也。《尹和靖錄》見令抄。冬深當專遣人往求教。所欲言者，非此能究。它祈為斯文葆衛。

與朱元晦書

某罪逆不死，復見改歲。攀號摧慕，無復生意，為學固不敢怠棄。但終少師友策厲之益。日用間，精明新鮮時節，嘗苦不續，而弛惰底滯意思，未免間雜，殊以自懼。主一無適，誠要切工夫。但整頓收斂，則易入於著力。從容涵泳，又多墮於悠悠。勿忘勿助長，信乎其難也！堅坐不出，觀時義誠當如此。若或督趣不置，則略為一起展盡。所欲言者，積養之久，若庶幾動悟，幸莫大焉。如其不然，則辭順意篤，發於忠愛，亦不慮於觸駭機也。《太極說》誒有高安便，當屬子澄收其板。《精義》此間卻不聞有欲再刊者。兩三日間訪問得的實，即當如來諭作沈漕書，蓋不欲虛發耳。別紙批問，謾以所見求是正，不安處望痛賜擿誨。今專遣人往候起居。凡有可砭飭，幸無細大疏示。近者論著及與學者問答，併詳賜錄下，使得日夕玩繹。蓋道遠私居，遣介頗費力故也。

與朱元晦書

近者人還，伏領教字，所以誘誨飭厲者甚備。玩復數四，如親坐隅。但歲前及販書人所附兩函，則猶未之領，不知其間別無他說否？即日春序過半，恭惟尊候動止萬福。某罪逆不死，奄經練祭，時序流邁，追慕摧殞，殊無生意也。示諭出處之際，讀之慨然。前書所以有請者，政謂向來諸人類皆自有可恨。若得培養厚、閱理熟、處心平者一出焉，庶或有濟耳。苟堂帖出於舉行前命，則其意誠。悠悠遷延許時而忽復出，於義誠無當也。或改命督趣，則是尊信之意加於前日矣。勉為一行，以致吾義焉。盡誠意而猶不合，卷而懷之，進退固有餘裕也。不識高明以為何如？別紙批諭，一一敬領。諸先生訓釋，自有先後得失之異。及漢儒訓詁不可輕，此眞至論。蓋差排牽合，輕議下視之病，學者每每有之，誠當深戒。獨《中庸》首句之注，非無來歷意思，猶竊意鄭氏特傳襲舊語，未必眞有所見耳。艮背之用，前說誠過高而未切。竊謂在學者用之，政當操存戒懼，實從事於夫子告顏子視聽言動之目，馴致不已，然後可造安止之地耳。《仁說》《克齋記》及長沙之往來論議，皆嘗詳閱。長沙之論，固疑其太寬。如來示，雖已明指其體，猶疑侵過用處分數稍多，更俟深思熟看，當以所未曉處往請教。以此便歸，速不能俟也。令嗣欲見過，甚幸。久不得親炙，若得親炙，因扣過庭所聞，其益良多。但裹十日糧，其它皆不須辦。蓋此間有同年潘景憲教授者，篤信力學，用工著實。兩弟意鄉，亦皆不凡近。渠兄弟素拳拳歸心於牆仞，前此累欲通書而未敢聞。令嗣欲來，欣然欲任館舍飲食種種之責。渠所居相去甚近，往來為便。而其家自有餘，亦非勉強。且為人介甚，與之處者，只有責善迫切之過，而無寬縱容養之病。潘頃歲執父喪，極毀瘠如禮。今免喪兩年，以母老，不復往調官。所以詳及之者，蓋欲吾丈知其實有慕用之誠，而初非內交要譽之徒耳。不然，不敢以拜聞也。《泛舟榜帖》幸檢至。義烏刊《精義》，初不曾下手也。所欲諮請者，皆俟後便。

與朱元晦書

某既拜書矣。義烏欲再刊《精義》者，兩日詢問得，方寫畢而未鋟板。已屬義烏相識審詢其實，而就止之。更數日須得耗也。然婺本例賈高，蓋紙籍之費重，非貧士所宜，勢必不能奪建本之售，政使其不肯止，亦不足慮。若令官司行下，卻恐有示不廣之嫌，更告斟酌一報，蓋此介往反不過半月，足可商量也。然尚有所疑者，君子之動靜語默，雖毫釐間有未到處，要當反求其所以然。蓋事雖有巨細大小，為根本之病則一也。來教所謂本不欲如此者，意其為心之正。既而以雕鏤之費，用度之乏，不得已而止之，或者漸近於自恕，而浸與初心不類乎？此非不識痛痒，蓋吾徒講學，政須於日用間就事上商量，似為親切，故欲以未達處請教耳。觀其生志未平之義，亦當深玩也。

與朱元晦書

某待盡倚廬，哀苦日劇，為學固不敢自怠。然塊處索居，無師友發明之益，殊自懼耳。《仁說》及往來議論，屢嘗玩繹，所謂愛之理，蓋猶曰動之端，生之道云耳，固非直以愛命仁也。然學者隨語生解，卻恐意思多侵過用。上舉其用而遺其體，立言者雖未有此病，而異時學者或不免此病矣。再答長沙書「因性有仁故情能愛」一段，剖判明白，而命辭卻無病。夫子罕言及言仁之方之意，願詳思之。薛士龍自湖歸溫，經從相聚半月甚欵。渠甚願承教而無繇也。今鬻書人告歸，略此附承起居。度其到，遲速未可前期，故不暇詳悉。《劉質夫墓誌》嘗有之否？或未有，告批示，當納上。《菴僧榜帖》久已納去，已到否？

與朱元晦書

某闔戶待盡，奄奄僅有餘息。但索居獨學，殊少講貫之益。日用間視向來稍不甚廢惰，收斂持養，雖未免有斷續，卻無蘄獲計功之病。每取聖賢書，平心玩誦，雖未甚得味，然漸覺少向來□□揣摩之失。儻蒙時賜教督，俾得警省，不勝厚幸。魏元履不起甚可傷，後事種種，想皆出調護。某有其子慰書，敢望附達。薛士龍歸涂道此留半月。向來喜事功之意頗銳，今經歷一番，卻甚知難。雖尚多當講畫處，然胸中坦易無機械，勇於為善，於世務二三條，如田賦、兵制、地形、水利，甚曾下工夫，眼前殊少見其比。渠亦甚有惓惓依鄉之意。義理不必深窮之說，亦嘗扣之，云初無是言也。長沙嘗得書否？近亦累月不聞問也。《通鑑》聞嘗有所是正，亦既鋟板果否？恨未得一見也。今因新興化潘守經從云專欲求見，匆匆附此起居。他祈厚為斯文護重。

與朱元晦書

某待盡倚廬，哀苦日深，它無足言者。示喻愛之理、動之端，兩字輕重不同，細思誠然。蓋愛者仁之發，仁者愛之理，體用未嘗相離，而亦未嘗相侵。所私竊慮者，此本講論形容之語，故欲指得分明，卻恐緣指出分明，學者便有容易領略之病，而少涵泳玩索之工。其原殆不可不謹也。長沙近得書，亦寄往，復論仁及新定《語》《孟》諸說來。論議比向來殊深穩平實，其間亦時有未達處，旦夕因便當往商榷也。令嗣猶未聞來音，不知今尚留膝下或已即路。若遂成此行，與眾中質美勤苦者遊處相夾持，想亦不無益。所謂《劉質夫墓誌》上內永嘉諸公遺事，當屬薛士龍訪求。士龍之歸，蓋以近郡多有難回互處，故不能安耳。

與朱元晦書

某哀苦待盡，它無足言者。引辭今有報否？格以近制，以事勢觀之，恐未必得伸。祠祿正協周之則受之義，獨改秩有當商量處。然前代於賢者不能致而就官之者，蓋多矣。竊謂少逡巡而受之可也。若確然不回，則名愈高而禮愈加，異時有難居者耳。君子之謀，始終皆舉之，要須審慮也。令嗣氣質甚淳，已令就潘叔度舍傍書室寢處。不在其家。同窗者乃叔度之弟景愈，字叔昌，年三十餘，甚有志趣，有意務實，相處當有益。叔昌亦自工于程試，足可商量。五六年前嘗為太學解魁。近三兩歲來，卻都放下舉業，專意為學。已立定課程，令嗣當自寄呈。唯每日到某處，則與叔度兄弟偕來，不許過它齋舍。雖到某處，亦不許獨來。蓋城市間不得不如此過防。又眾中人亦多端，恐志未定或遷易耳。自餘慮之所及，不敢不盡，幸少寬念也。別紙疏喻以不欲滯此介，未得詳稟。令嗣更留一兵在此，俟半月，諸事及課程見得次第，當遣歸，恐欲知其肄習居處之詳也。周教授《論語》方借看，併俟遣此兵時縷縷求教，此間方刊《橫渠集》，斷手，當首拜納。《說文》苦無善本，見令嗣說方讎校。昨見劉子澄，說贛州方欲刊，書自可徑送渠，令鋟木也。洙、泗言仁未合處，因便望錄示，亦欲得思索也。

與朱元晦書

某哀苦待盡，無足言者。日用間，比向來頗似不甚怠，而工夫亦知可向前，無銷沮徘徊之意。但索居獨學，殊少講貫，殊自懼耳。引辭曾得報否？不為已甚之義，恐亦須玩索耳。令嗣到此半月，諸事已定疊，朝夕潘叔度相與切磨，勢不容懶。某亦數數提督之，見令編書疏訓詁名數。蓋既治此經，須先從此歷過。飯後令看《左傳》。舉業已供兩課，亦非全無蹊徑，但不曾入眾，故文字間步驟規矩未如律令，久久自熟矣。凡百不須掛念慮。周教授《語解》看得平實有工夫，雖章句間時有所疑，要是有益後學。如所謂「譬如登高，勤勤積步，及升其極，咸在目中，無非實見」。凡此類樣轍，殊不差也。浙東諸郡秋旱，歲事甚可慮。閩中不知復何似？比聞五夫旁近料理補助已有端緒，不知其詳如何？頗聞豪右間有旅拒者，或不免封倉送郡之類。此於時位，頗似侵過，恐更須於「意必」兩字上點檢。伊川莊上散藥，謂只做得此等事。此意可玩也。耳目所接，疾痛凍餒，惻然動心，蓋仁之端。至於時位，則有所止，乃仁之義也。莫若擇其可告語者，至誠勸率之；其不可告語者，容養而使之自發足矣。就上增添，便成意必。自業知根，所當加澄治之工也。

與朱元晦書

某哀苦如昨。令嗣在此讀書，漸有緒。經書之類，卻頗能誦憶，但程文未入律。今且令破三兩月工夫，專整頓。蓋既欲赴試，悠悠則卒難見工也。此段既見涯涘，則當于經、史間作長久課程。大抵舉業，若能與流輩相追逐，則便可止。得失皆有命焉，不必數數然也。劉子澄已改官，部中以近郊祀不給假，尚留臨安。薛士龍七月後以疾不起，極可傷。其為人坦平堅決，其所學確實有用，春來相聚，比舊甚虛心。方欲廣諮博訪，不謂其止此也。撫州士人陸九齡子壽，篤實孝友，兄弟皆有立，舊所學稍偏，近過此相聚累日，亦甚有問道四方之意。每思學者所以徇於偏見，安於小成，皆是用工有不實。若實用工，則動靜語默日用間自有去不得處，必悚然不敢安也。

與朱元晦書

某哀苦待盡，它無足言者。示諭懇辭曲折，謹即作韓丈書，縷縷如來示，政恐諸公未必能相體察耳。《淵源錄》《外書》皆領。旦夕即遣人往汪丈處借書。永嘉事蹟，亦當屬陳君舉輩訪尋，當隨所得次第之。《淵源》序錄，本非晚輩所當涉筆。然既辱嚴誨，當試草具求教。但服制中未嘗作文字，須俟來春祥祭後，乃可措思也。《祭禮》聞久已裁定，因便望錄示幸甚。受之課程不輟，亦每督趣之，不敢自外也。

與朱元晦書

某罪逆不死，奄復祥除。追慕荼毒，益無生意。它不足勤齒記。懇辭不知曾有報否？政恐未必得通。然以目下時義論之，亦只得靜待順聽也。受之近一兩次作義，方有意思，更整頓數月，須見次第矣。士子登門者，想不乏亦有篤實可望者否？某竊謂學者氣質各有利鈍，工夫各有淺深，要是不可限以一律，政須隨根性識時節箴之，中其病發之，當其可，乃善。固有恐其無所向望而先示以蹊徑者，亦有必待其憤悱而後啟之者，全在斟酌也。又往來講論，一問一答，謂之無意嚮氣味則不可。然歇滅繼續，玩歲愒日，終難見功。須令專心致志，絕利源，凝聚停蓄方始收得上。某自看得頃年悠悠，政坐此病，故恐誨誘之際不可不知耳。向來所諭尤溪所刊一二種書，猶未拜賜，因便蒙付示為幸。

與朱元晦書

某釁逆餘喘，遂經除祥，荼毒殊鮮生意。今歲以韓丈來此，舊相聚士子頗多，恐其間或有門戶訴謁之類，自正初一例謝遣。掩關蕭然，無復他事，但與有志肯為學者數人過從，遂得專意讀書。入細點檢，欠闕鹵莽處甚多。向來悠悠，眞是為己不切耳。然既往者追計何益？繼自今當勉自鞭策，庶幾日用間不至虛過。惟望時賜箴警乃幸。比看胡文定《春秋傳》，多拈出《禮運》「天下為公」意思，「蠟賓」之歎，自昔前輩共疑之，以為非孔子語。蓋「不獨親其親、子其子」，而以堯、舜、禹、湯為少康，眞是老聃、墨氏之論。胡氏乃屢言《春秋》有意於「天下為公」

之世，此乃綱領本源，不容有差，不知嘗致思否？

與朱元晦書

某祥祭又復改月，追慕荼毒，無復生意。數日前攜受之及兩舍弟過墳旁十數里，至小菴中。在瀑泉之下，山水雄峻，人跡罕到，耳目清淨，殊可緬閱也。自春初謝遣生徒，應接既簡，遂得專意讀書，亦漸似靠實。但相遠未得質正諮請為恨耳。所喻致知、克己不可偏，甚善。前此多見友朋，每校量義理，而於踐履處少點檢，故發哀多益寡之論。然要如來喻迺完粹耳。吳林①老之說，就解《論語》上看則有味。原其所發，則渠平生坐在記誦考究處，故凡見何必讀書之類，辯之必力，其發亦自偏也。揀擇時文、雜文之類，向者特為舉子輩課試計耳。如去冬再擇四十篇，正是見作舉業者，明白則少曲折，輕快則欠典重，故各舉其一，使之類為耳，亦別無深意。今思稽其所敝，誠為至論。此等文字，自是以往，決不復再拈出，非特訒其出而已也。《禮運》誠是輾轉附益之差，但胡氏以此為綱領，則可疑耳。《學記》《中庸集解》及它石刻皆領。《學記》所論甚正，但序述縣尹語言，微似過重，若「深造自得」等語。雖曰文字之常，然聞石子重乃篤志於學者，吾人分上所以相期，正當損飾就實耳。大抵論義理，談治道，闢異端，則不當有一毫回避屈撓。至於説自己及著實朋友，只當一味斂縮。時義與工夫皆當然也。《集解序引》指出高奇等弊，極有益。但李翺似不足言，而「哀公問政」以下六章，雖載在《家語》，皆同時問答之言，然安知非子思裁取之以備《中

---

①「林」，影印文淵閣《四庫全書》本《東萊集》作「材」。

庸》之義乎？有未然處，望見教。

與朱元晦書

某荼毒不死，遂經吉祭。摧傷之餘，形神可想。初擬少定丐祠，今猶復宿留也。雖生業甚拙，然比來伏臘調度，損之又損，所求於世者益寡，若得免與之相聞，則大善耳。塊處為學，殊無進益。差自慰者，亹亹向學之意頗似勝前，而日用間甚知難，亦卻不至疑沮。自此庶幾箴誨不為虛辱。遊從間亦有三數人，志尚資稟甚可望，政坐譾薄無以發之。用力於平易明白，而時警策之，古法政如此。講論之際，不敢不推此意也。《外書》《淵源錄》亦稍稍裒集，得數十條，但永嘉文字殊未至，亦婁督之矣。《弟子職》《女戒》《溫公居家儀》，甚有補於世教。往在嚴陵刊《閫範》，亦是此意，但不若此書之徑直。所惠兩秩，皆《弟子職》，而《女戒》都未之領，不知亦有刪削否？如「和叔妹章句」語，蓋多有病也。

卷之六

與朱元晦書

呂成公

竊承遜牘再上，竟遂奉祠之請。雖易退之風足以興起薄俗，然善類為國長慮者，蓋莫不憮然自失也。某屏居，方幸藏拙，諸公竟不見置，眞所謂舍蘇合而取蛣蜣之轉者。但反覆思惟，終不可解之說，不免一往供職。往者臨安兩年，遇事接物，或躁率妄發而失於不思，或委曲求濟而失於不直。大抵誠意淺薄，將以動人悟物，而手忙腳亂，出位踰節處甚多。憂患以來，雖知稍自懲艾，而工夫緩慢，向來病痛猶十存四五。今復遽從事役，夙夜自懼，未知所措。素荷愛予教誨之厚，敢望痛加砭治，以警發不逮。至望！至望！受之相處累年，深愧無所裨益。某既往臨安，隨分有職事，恐講論闊疎，故不欲攜行。只今還過叔度書院，不知令且歸侍旁，唯復尚留婺，一聽財處也。某近嘗到會稽李伯諫數次聚話，祖述李周翰之說，不可復回。其所攻排伊、洛諸說，亦皆初無可疑者，自是渠考之不詳耳。報狀中見辭免，文字藹然，甚得告君之體。聞上意甚惓惓，且欲除職，卻是諸公不承領。兩日後復將上，則令少緩。當時此命若下，雖無可受之義，但人主尊鄉賢者，蓋盛德事，惜乎不使天下聞之耳。名高責深，重之主眷，此地位政未易居。惟覬深圖所以進德修業，慰答上下之望，某旦夕為之官，計度郊前可到輦下。迫行作此，留叔度處附達，他未暇及。

與朱元晦書

某到都輦已將兩旬，一番酬酢粗定。但《徽録》已逼進書，而其間當整頓處甚多。自此即屏置他事，專意料理。所幸院長及同僚皆無齟齬，但期限極迫，纔能訂正其是非，不至倒置而已，其它繁蕪舛誤，皆力所不及也。諸公蓋有區區之意，隨事補益亦時有之，第於清原正本處欠工夫，故每每倍費曲折，而左枝右梧之不暇耳。受之前書已嘗拜稟，不知且留叔度及舍弟處，或令歸侍旁，惟所裁處也。深居玩養，想日益精邃。有可發藥，望時賜誨示。

與朱元晦書

某供職亦既踰月，以史事期限迫促，殊無少暇，他亦不足言者。中間受之之歸，聞以尊嫂屬疾，其行頗速。後來詢訪自建寧至者，多云疾勢不輕。方作書問范伯崇，區區不能無憂，不知已有退證否？前此便中辱書賜，非忠告之深，何以及此！某自抵此，於當途諸公無所親疏，蓋鄙見偶與來教所慮政合。目前善類單寡，若又捸退，恐益孤危耳。今因黄丞行，略此，附拜起居。未繇會晤，敢乞厚為斯文護重。

與朱元晦書

歲前黄仲本行，既上狀矣。是時雖聞尊嫂音問不佳，而未得的報，故不敢拜慰。近舍弟轉致誨字，乃知所傳不虛，累日悵怏，不能自釋也。示諭明白勁正，誠中近歲諸人之病。蓋所謂委曲將護者，其實夾褋患失之病，豈能有所孚格！到此兩月，此等議論盈耳塞胸。忽聞至論，心目洗然為之開明也。某輪對初謂在三四月間，近乃知所謂閤門，舍人亦輪對，班序在下，如此則須迤邐至五六月也。鄭自明遷小著，亦可見主意未嘗以狂直為忤，第人自不肯展盡耳。陳君舉已到官。近來議論卻簡徑，無向來崎嶇周遮氣象，甚可喜也。

與朱元晦書

某官次粗遣。自前月進書後，頗有暇日。館中無事，亦可隨分讀書。但浮沈眾中，無能短長，每自愧耳。對班猶在七八月之間，雖不敢不自竭，政慮淺薄無以動寤耳。有可儆飭者，因便毋惜疏示，幸甚。見應仲說比來復有族媚之喪，亦費料理，而孺人葬地，猶有所未定。今莫皆就緒否？人事書問之類，亦莫有可簡省者否？精神氣力稟賦要有限，不可不厚為此道保惜也。匆匆作此，轉託張元善轉致。其遲速未可知，故所欲言者不能詳布。

與朱元晦書

某到官行且半載。雖職守所及，不敢不勉。然不過區區綴緝簡牘，外此無所關預。低徊隨眾，殊以自愧。對班猶在兩三月後。有可警誨者，毋惜詳悉批示，不勝願望。尊嫂想已得地，不知安厝有日否？陰陽家說要不足信，但得深密處足矣。日來書問人事亦少簡否？悼亡之後，氣血豈無耗損，聞尚茹蔬，此殊非便切，須稍肉食，以自輔養也。

史丞相來日渡江，將迎又一番擾擾也。日來可與晤語者益少，蓋在此風俗中立腳不牢者，往往波蕩。僅餘三數人，又皆力弱不足為軒輊耳。

與朱元晦書

某官次粗遣，無足言者。對班不出數十日間，愚慮之所及者，敢不展盡，政慮誠意淺薄，無以感動耳。回互覆藏，徒為崎嶇，決無所益，此病久已知之矣。史事以文籍不備，闕遺處極多，但是非邪正所繫，不敢草草也。李儀曹所論文格，竟為羣議所屈。大抵習俗移人之深，每事扞格類如此，殊可歎也。葬地已有定卜，安厝莫須有期，莫若隨分，蚤了為善。近事邸報中當得之。章辰州歸，偶值，政有一番出入犇走，無少暇。略此，附承起居。它祈以時厚為斯文護重。

與朱元晦書

某冗食三館，比又冒著作之命，益重愧畏。鉛槧事業，雖粗不廢，但此外無一毫補益耳。日來善士間有一二還班，列進對者亦時聞昌言，但力微質弱，終莫能有所軒輊。此憂國者之所深慮也。桂林以其子病甚殆，力請去，遂得湖漕，遂可出嶺，亦是一事。劉子澄近喪其兄，甚可念，亦嘗通問否？聞清湍度夏，想為況甚適。但或者傳著述探索過苦，要須放令閒暇從容為善。劉淳叟舊從二陸學，今釋褐還鄉，專往求教，敢望不倦誨誘。蓋往歲某為學官，與之遊處甚久，見其有志而質美，士人中不易得也。近有宣諭，付史館謹錄呈天語，眞王者之言，但對揚殊欠語言耳。告不必廣示人為幸。淳叟到，遲速未可必，故不及詳布。它祈厚為斯文護重。

與朱元晦書

某官次粗遣。邇來同舍例權郎，偶占禮曹。雖目前文書極簡省，然偶有討論，便繫禮典，責任實不輕也。長夏不知惕息何地？密庵去山大近，嵐霧①蒸薄，要非可久處之地。卻是寒泉平曠，於度暑為宜耳。比得桂林書，猶未聞移漕之命，計今當出嶺矣。書中具道所以箴戒儆厲之意，不勝感悚。去冬舍弟轉致教賜，一一深中膏肓之疾，朝夕玩省，不敢忘。獨所論永嘉文體一節，乃往年為學官時病痛，數年來深知其繳繞狹細，深害心術，故每與士子語，未嘗不以平正樸實為先。去夏與李仁甫議文體，政是要捄此弊，恐傳聞或不詳耳。前此拜答時，匆匆偶不及之，非敢忽忘也。人苦不自知，離羣索居，尤易得頹弛。惟覬繼此時賜砭治，不勝厚幸。石子重、袁機仲時相見。子重已請得般家假，七月初當可去此。機仲輪對，亦即在數月間。日來輪對者，亦間有正論。雖塵霧①未必能裨益，要且得氣脈不斷耳。

與朱元晦書

某館下碌碌，無足比數。但史程限過促，又《文海》未斷手，亦欲早送官，庶幾去就可以自如。以此窮日翻閱，它事皆廢。每思往歲所謂范淳夫看忙時書，未嘗不欣然獨笑也。目前益復不強人意，雖私竊懷嫠不卹緯之慮。在事者，蹤跡素疎，既無繇與之深語，從班一二公，又復力不迨心。滿懷愊塞，無所紓寫，徒以職在鉛槧，猶粗可藏拙，

① 「霧」，《四庫全書》之《東萊別集》卷八作「露」，上海古籍出版社一九八七年版，第一一五〇冊第二四七頁。

然要非所安耳。欽夫猶未得長沙書，近有兼知鄂渚之命。鄉云欲請祠，猶未見文字到。或傳已索迓吏，未知信否？今外郡猶可行志，苟其子葬畢，體力無它，且往之官，亦自無害也。燕居必甚安適，中間服餌小誤，雖知旋即平愈，調護莫已復舊否？石子重比方謁告，欲還天台，而有奉常之遷，又須竢一番禮數了，乃能就道也。

與朱元晦書

某冗食冊府已十閱月，空餐亡補，徒積愧負。對班不出此月下旬。雖愚慮所及，不敢留藏，但慮學識晻昧，誠意淺薄，不能有損益耳。聞纂述甚勤，竊謂憂傷之餘，且須休養舒適，使血氣完復，不宜使形神太勞。非特衛生之經應爾，以進道言之，亦須平衍寬暢，然後充大長梾也。靜江近復喪偶，甚可念。請祠已不允，若再三申請，恐可得也。

與朱元晦書

某冗食館下，行已及期。雖職業所及，勉自鞭策，粗不曠廢。但目前可告語者極尠，雖私懷嫠不卹緯之憂，無所展布，惟竊愧負耳。芮氏媚期在歲暮。長年甚覺勉強，但理不容已也。靜江時得書，喪偶後頗無況，求去見卻，勢須申前請耳。

與朱元晦書

近因便拜書，當既呈徹。恭審分符南康，雖未足大慰善類之望，然緼積之久，小見諸行事，亦吾道興起之漸所繫，政不輕也。去就想有定論。某竊謂起家為郡，乃前輩常事。而軍壘地望不高，無辭卑居尊之嫌。遠方事事自如，可以行志，非此間局促如轅下駒之比。前後除目，無如此穩貼可受。況吾丈平昔惓惓君民之念，至深至篤。今幡然一起，上可以承領朝家善意，下可以澤一方之民。而出處之義，考之聖賢，亦無不合。若謂今之州郡不可為，則朋友間隨其分量得行其志者，亦不少。況學力之深，德望之重，又在僻遠之地，亦何齟齬之慮耶！堂帖專納上，幸視。至秋清，不審尊體起居何似？亟遣書，未暇它及。劉樞之亡，可為天下痛惜。不知旅匵已至里中否？張欽夫亦候葬其子，即之官矣。它惟厚為道義自重。

南康見任人趙彥逾已赴召，張戒仲復殂，乃是見次諸公所以斟酌以小壘相處，政欲可受，切不須苦辭。若意猶不能已，只一辭足矣。觀察時義，非不可作郡之時。至於再，則似長往不來者之為，非中道也。

與朱元晦書

今早發南康堂帖，行方拜書矣。適右揆送勑令上納，且俾作書敦勉。竊謂前後除目，無如此除穩愜。蓋軍壘地望不高，無辭卑居尊之嫌。遠方自如，無掣肘牽制之患。吾丈平昔惓惓君民，志念未嘗少忘。幡然一起，既可以承領朝家美意，又可以澤及一方，使世少見儒者之效，所繫自不輕也。善類衰微，元氣漓薄，稍有萌動，政當扶接導養。雖如孔、孟，交際苟善，未有不應之者。若到官後，或有齟齬，則卷舒固在我也。目前相識，作郡粗能行志者不少，況學力之深，德望之積，上下自應孚信，亦何齟齬之慮耶！若意未能已，猶欲自列，須令其辭平穩。若不允，則便宜受命，不可至於再也。苟懇辭不已，紛紛者便以長往不來見處，甚者將有厭薄當世之譏，使上之人貪賢樂善之意由此少怠，亦可惜也。匆匆再此布稟。它惟厚為道義護重。

與朱元晦書

某冗食館下，秋毫無補，日惟愧慄。不允之命既下，又許徑之官。恩意既隆厚，而所以相處者，商量亦得曲盡。揆又云已自親作書相勉甚詳。竊謂仲尼不為已甚，恐須勉為一起，以承領上意。況今陳相為帥，丁子章、潘德夫皆素相慕用，王齊賢、顏魯子亦士類也。到郡想別無齟齬。若隨分，可少蘇疲瘵，使世見儒者之效，於斯文非小補也。苟確然不反，卻恐似長往不來一偏之行，而異意者轉益紛紛。切乞深入思慮為幸。近潘疊劾南康簽判遷延不發迓吏，并乞催趣赴任，皆得旨揮。今再以堂帖拜納。度此事勢，雖雅志倦於應接，恐須勉強到官。若果不可為，則引疾丐祠，卻是熟事，甚易為力。若或再辭，或道中俟命，則此間未必有相察者，轉見牢攘也。想高明必深悉此。程泰之《禹貢圖》如欲寫，當一面為抄。《文海》近方略成次序，止於南渡前，蓋不如此，則無限斷也。俟去取得當，即以目錄拜呈。以遞中略此拜稟，它祈為斯文護重。

與朱元晦書

《論語精義》近得本，日夕玩繹，類聚皆在目前，工夫生熟，歷然可見，與分看甚不同。此間學者多欲看而難得本，告諭販書者，令多發百餘本至此為佳。《序引》中說魏、晉及近世講解，此意尤好。但中間說横渠及伊川門人處，如伯夷、伊尹與顔、曾等語，却似筋骨太露耳。更潤色，令意微而顯，乃善。蔡子資質，在流輩中頗惇厚。對策病痛，前此固嘗面諭之矣。委曲之説，誠切於近日學者之病。計校避就，眞是私意。比看《易・無妄》傳云：「雖無邪心，苟不合正理，則妄也，乃邪心也。」益悚然自失。因思去歲給劄，當時本意，欲俟數月間得對，展盡底藴，故事事未欲説破。緣此回互，却多暗昧處，此政《易傳》之所謂「邪心」也。來教藏頭露影等十數語，句句的當，敢不虚心敬承。繼此如有舊病餘疾，切望不可一毫放過，痛加砭治乃幸。

與朱元晦書

「危論駭世，清風激時」，不記曾有此語，意與此相近亦不可知，恐聽傳或轉了語脈耳。然夫子所謂「危行言孫」與夫「孫以出之」，恐却須深留意。蓋隨時如此，則處之者如此，乃易直之理，與回互避就似不相干。不知是否？陳同甫近一二年來，却翻然盡知向來之非，有意為學，其心甚虚，而於門下鄉慕尤切。但渠目下以家事勢未能出，兩三年間必專往求益也。長沙却常得書，亦彼此時有所講論也。

與朱元晦書

近麻沙印一書，曰《五朝名臣言行録》，板様頗與《精義》相似。或傳吾丈所編定，果否？蓋其間頗多合考訂商量處。若信然，則續次往求教。或出於他人，則裸録行於世者固多，有所不暇辯也。

與朱元晦書

致知、力行，本交相發工夫，初不可偏。學者若有實心，則講貫玩索，固為進德之要。其間亦有一等後生，推求言句工夫常多，點檢日用工夫常少。雖便略見仿髴，然終非實有諸己也。默而成之，不言而信，存乎德行，訓誘之際，願常存此意。夫子教人，亦有可以語上、不可以語上之别。如堅確有志，實下工夫者，自當使之剖析毫芒，精講細論，不可留疑。如初基乍入者，似未可遽示之所見未到之理，卻恐其輕看了也。然亦非謂使之但力行而以致知為緩，但示之者當循循有序耳。

與朱元晦書

諧俗以自便，有此病痛者滔滔皆是。談空以為高，眼前卻不多見。蓋異教桀黠者皆盡，而士人多墮在苟且委靡，鮮有能自開戶牖者。今所患者，吾道之未明，而異端則未必如向時之熾然也。

與朱元晦書

《淵源録》事書，藁本復還納。此間所搜訪可附入者，併録呈。但永嘉文字屢往督趣，猶未送到。旦夕陳君舉來，當面督之也。《淵源録》，其間鄙意有欲商榷者，謹以求教。大抵此書，其出最不可早。與其速成而闊略，不若少待數年而粗完備也。汪丈説高抑崇有伊、洛文字頗多，皆其手澤，故子弟不肯借人。已許為宛轉假借。若得此，則所增補者必多。推此類言之，則毋惜更搜訪為善。只如《語孟精義》，當時出之亦太遽，後來如周伯忱《論語》、横渠《孟子》等書，皆以印板既定，不可復增。此前事之鑒也。《横渠集》續收者，本欲便刊，以近得張丈書，復尋得一二篇，俟其送至，乃下手。此亦開板太遽之失也。

與朱元晦書

某病體萎痺，雖無加損，卻無它撓，為況亦甚安適也。張五十丈，遂至於此，痛哉，痛哉！聞時適方飯，驚愕氣通，手足厥冷，幾至委頓。平生師友間可以信口而發，不須揀擇，只此一處爾。祭文謹録呈。雖病中語言無次序，然卻無一字粧點做造也。丐祠復不允，勢難再煎迫諸公。又目前亦無太齟齬，可決去就，莫若暫為小安計，整頓郡事為善。其詳口授舍弟拜稟。它乞厚為道義護重。

與朱元晦書

降付後省之説，必是虚傳，此間卻不聞也。尋常條陳利害文字，乃送後省看詳。若深於此者，有時或宣付宰執略看。

即復進入，少有付外者。似聞揆及新參，皆常於榻前調護。以近例觀之，縱使無人調護，亦不至有它甚不相諒者，不過以為好名耳。比得檢正舅氏書云「嘗得來教，微及有所建白」之意。如舅氏之靜密，固自無害。萬一於其他親舊書，亦復及之，則非密贊聰明，居以俟命之意。至於播揚招悔吝，尚所不論。繼此望深以為戒也。交印之後，既不過三季。若郡中別無大齟齬，不若安心為之，整頓郡計。俟終更還家，然後請祠，最為穩當。鄭景望自寧國歸，過此，渠亦是未滿。前年歲間，不曾通政，府書直至，細滿亦無問。此法自可用也。保養姦凶以擾善良，固君子之所恥，要當無忿疾之意乃善。《詩》云：「豈弟君子，民之父母。」須使人入境問俗，便覺此氣象。若霜雪勝雨露，則不可也。陸子靜近日聞其稍回。大抵人若不自欺，入細著實，點檢窒礙，作不行處，自應見得。渠兄弟在今士子中不易得，若整頓得周正，非細事也。受之所謂建家廟，初不能備廟制。但所居影堂，在堂之西邊，位置不當，又去人太近，不嚴肅。廳之東隅有隙地，前月下手，一間兩廈，頗高潔，秋初可斷手。作主只依前所示《祭儀》中制度。時祭及朔望薦新之類，亦隨力就其中撙節耳。宗法，春夏間嘗令諸弟讀《大傳》，頗欲略見之行事。其條目未堪傳。家間與叔位同居。向來先人以先叔久病之故，盡推祖業畀之。後來看得兩位藐然，卻無系屬處。今年商量，兩位隨力多少，椿辦一項錢，共祭祀賓客等用。令子弟一人主之。今方行得數月，須俟數年，行得有次序，條目始可定也。受之近日漸解事，性氣方亦減。同舍間及渠家上下皆稱之，殊可喜也。伊川、和靖墨蹟已刋。向聞刋康節詩，因便求一本。某近日看書甚少，每早飯後卻不復繙閱。如《詩》方整頓到《車攻》。蓋每日只理會一章或兩章，可見其少也。新簽聞是士龍宗族。往時卻不曾見士龍說及，不知其人如何？周子充入參，雖不能大有所正，度亦必時有微益。尋常病中不曾特作臨安書。俟渠或有書來，自當盡誠告之也。定叟以喪事請祠，差慰人意。因書望時有以啟告之。

父兄擔子雖不易承當，若隨分數勸得些少，於渠門戶非小補也。《王信伯集》，初謂印板所刊必多，此數篇則舊固見之矣，今復還去。

與朱元晦書

丐祠雖未愜雅志，然諸公不欲賢者家食，雖未必由衷，然亦善意也。但有畏不能容賢者之謗，比之全不分皂白者，亦有間矣。張荊州病中請祠，亦有苦勸當塗，令從其請者，亦以向來之嫌，畏人議論不能容之，遂堅不肯從。但作帥與小軍壘不同，但須內外至誠，相與首尾相應，乃不誤事。既非心相與，則自有首尾衡決處。如來教數條，皆是也。符節在身，不得擅去，此所以憂而至於病，病而至於死，每誦「量而後入，不入而後量」之語，為之泫然。至於南康，地既非要害，民又非浩穰，雖事之不如人意處固多，然無旦夕立至之憂，若且耐煩忍垢，拊摩疲民，苟稍成頭緒，子重繼之，必能遵守。使一方之民小小休息，亦不為無補也。今去終更纔半年餘耳，交印後身便自由，惟吾志所欲無不可者。或未終更，別有除改，半道引疾而歸，亦甚省力。陸子壽前日經過，留此二十餘日，幡然以鵝湖所見為非，甚欲著實看書講論，心平氣下，相識中甚難得也。近因荊州之赴，深思渠學識分曉周正如此，而從遊之士往往不得力。記得往年相聚時，雖未能盡領解渠說話，然覺得大段有益，不知其他。從遊者何故乃如此？蓋五十丈不能察人情虛實，必如某之專愚毋它，其教誨乃有所施耳。若胸中多端者，雖朝夕相處，未必能有益也。《中庸》論盡己之性，又繼之以盡人之性、盡物之性，工夫無窮如此。此豈追往事？亦要高明深勉之耳！五十丈所作《濂溪祠堂記》告粧褫一本送示，欲掛壁間觀省耳。親舊間多相勉撤去書冊，固知此理。但舊所偏嗜，未能頓去，近亦十減五六矣。如時文卻不曾與人看。受之在此作課，亦只是舍弟輩為之點檢也。

與朱元晦書

某病體，夏中粗無他，雖深風遠痹，非藥石所能料理，然神氣漸似完固，杜門養靜，亦殊有味也。奏封出於忠憤懇切，固不可遏。上容受讜言，亦不以為忤。但以鄙見言之，不若積此誠意，當其可而發，乃深厚有力爾。張五十丈祭文前月已見初本，今又復領後篇，精義至到，讀之令人泫然。不惟痛逝者之不可作，又竊以窺任道之志，屹然益堅，幸甚。願言勉之，使弘大平粹，則見諸行事，垂諸方冊，皆可以為後學模轍，吾道之幸也。大抵稟賦偏處，便使消磨得九分，觸事遇物，此一分，依前張王要須融化得盡，方可爾。來諭所謂未得力，恐只是用力猶未至耳。自己工夫緊切，則遊從者聽講論，觀儀容，所得亦莫不深實矣。不識高明以為如何？《白鹿洞記》摹刻精甚，但淺陋無所發明，秖增愧怍。它石刻皆已領。盛熱不能多作字，謹口授舍弟拜稟。他祈為斯文崇重。

與朱元晦書

稍不上記，政劇傾仰。伏辱手教并墨刻，不勝欣懌。旱勢甚廣，不知封內近得雨否？荒政措畫次第，無所不用其極。尋常小郡，患於叫喚不應，如南康今日事體，則不然。苟為民而屈，至誠懇惻無疑外，入細商榷，使彼可從，自應有濟。但恐辭氣勁厲，在事者便謂欲獨為君子，愈扞格不可入耳。其他皆高明所洞達，獨此說似可為獻也。再祭張五十丈文，本以告逝者，復何所嫌？第不必示不知者爾。前書拜稟，蓋謂世衰道微，正欠人擔荷此事，幸而有之，唯願其進德修業，日新又新，使學者有所矜式而已，非於此有所疑也。示諭自反深切，益令人歎服。「當仁不讓」、「檢身若不及」一兩句，初不相妨，堅任道之志，而致細察之工，乃區區所望也。新參非無惓惓之意，但病在力不足。往年相聚論之熟矣。比因答書，亦嘗詳告之，政恐未必能有益也。

與朱元晦書

受之日來儘解事，唯是志鄉，非它人所能與，每相見亦未嘗不盡區區也。某病體只如故，但無求痊望愈之心。度歲月，卻不覺費力。省思慮之戒，敢不佩服。尤延之說祭文極是，蓋當時傷感之意多自應迫切耳。《詩說》止為諸弟輩看，編得詁訓甚詳，其它多以《集傳》為據，只是寫出諸家姓名，令後生知出處。唯太不信《小序》一說，終思量未通也。其它受之當能道，已詳語之矣。餘乞為道毖重。

與朱元晦書

某病倦，稍不上狀，惓惓第有傾鄉。疚心荒政，聞極勞瘁。然到得措畫不行，求牧與芻而不獲，便有歸諸其人之義，不必耗損神氣，所繫殊不輕也。一月前，得原伯舅氏書，政府許求祠，已專奉報，想久已入文字。如不遂請，而郡中漸可枝柱，為饑民少留，亦君子之志也。但報狀中猶未見得請，何耶？某病體只如舊，但近嘗發痁，又加疲薾爾。昨日忽被堂帖還故官，病廢如此，尚未能出門戶，況仕宦乎？但虛煩除書為愧耳。聞臨安知舊皆知其不能就，特揆欲以示善意。一兩日自列乞依舊奉祠，計必見聽也。舊從學毛大方仲益往視其弟，因欲請見。此子和易，知自愛，却可與語也。匆匆未能他及。向寒，惟祈斯文毖重。

與朱元晦書

某稍不聞問，政此傾鄉。受之來，辱手教，且能道近況之詳，極以為慰。荒政既粗可枝梧，又諸公略相應副，自無辭求去，只得為民少屈，以須終更也。某店疾方安，尋被除目，不免親作數字懇政府，甚覺疲倦，所幸相諒，既見聽矣。但傳聞猶有參議官指揮，病中亦何緣赴得？又須費一番書劄也。陸子壽不起，可痛。篤學力行，深知舊習之非，求益不已，乃止於此，於後學極有所關繫也。痛，痛！張五十丈遺文，告趁郡中有筆力，早寫一本見示。極所渴見，不必待編定，亦不以示人。方其無恙時，謂相見之日長，都不曾抄錄。今乃知其可貴重也。言之涕下，手倦不能多及。向寒，惟為道義自重。

與朱元晦書

某方作書畢，劉平父轉教賜謹悉。尋常雖未嘗預此事，以吾丈之委屬，劉樞之賢，敢不盡力，但目前未有其人。年歲間倘見有可者，當關白也。近有建昌士人陳剛正已相訪，種種皆與人合，十年來所未見也。工夫淺深，自是渠事，大槩只是當耳。渠今冬來春為五夫之行。如此等人，方始不枉與說話也。

與朱元晦書

某手凍未及拜書。祠官幸已得請，自此遂可奠枕矣。解組不遠，至時趣子重來，合符而歸，最為上策。切不須求祠，恐諸公意不過別有除改，卻是自引惹也。

與朱元晦書

便中伏領教字，殊以慰懌。前日見邸報，江西之命，聞尚有兩政闕。足可優遊求志，想甚稱愜也。某病體萎痹，雖不可復料理，然意緒日日增勝，觀書亦粗有味。舊來寬弛昏惰之病，似漸刋落。今方可奉承誨藥，而疾病又錮而留之，徒鄉風浩歎而已。前歲問疾之諾，目下雖非其時，它年終覬踐言也。陸子靜留得幾日，講論必甚可樂。不知鵝湖意思已全轉否？若只就一節一目上受人琢磨，其益終不大也。大抵子靜病在看人而不看理。只如吾丈，所學十分是當，無可議者，所議者只是工夫未到耳。在吾丈分上卻是急先務，豈可見人工夫未到，遂幷與此理而疑之乎！某十年前初得五峯《知言》，見其間滲漏張皇處多，遂不細看。病中間取繙閱，所知終是端的。向來見其短而遂忽其長，政是識其小者耳。子靜許相訪，終當語之也。長沙之行須寄徑新治，不知不以為嫌否？定叟書漫納去，書中欲求五峯《皇王大紀》及《正蒙內篇》。若只遣人行，亦乞附行也。受之挈家歸五夫，匆匆上布。渠近來漸解事，性氣亦減，已是人家佳子弟。但志業未甚立，此乃擇師不審之咎，一味悚惻而已。它祈厚為道義毖重。

與朱元晦書

某比因南康人行拜狀，當既呈徹承。聞有令妹之戚，手足之重何以堪任？唯覬勉自開釋，至扣至扣。乍還田廬，釋簿領之勞，為況必甚安釋。病廢無由陪侍，猶恃問疾之約，賴以自寬耳。毛椽所附手教已領。此郎舊雖相從作舉業，不登門久矣。它祈為斯文毖重。

受之乍別，甚思念。辱書及竹紙皆收。《通鑑綱目》且錄兩漢以上送示，只要大字，注不須。字數亦不多也。

與朱元晦書

某不聞動止，惓惓第劇尊仰。代者必如期合符，計程當已達五夫。適此梅雨，跋涉亦不至勞頓否？某病體雖不復可料理，然自去秋，稍稍勉習執匕筯、繫衣帶。入夏來浸覺可牽強，衣服飲食遂不須人，亦病中一快也。心閑無事，讀書亦粗似有味。但塊然索居，無從質正。夢寐問疾之語，殆以日為歲耳。張五十丈遺文，想已抄錄，得付此介，甚幸。定叟書不知已附便否？匆匆布稟。它祈厚為斯文保重。

受之未及別書，近日不知作何工夫？《通鑑綱目》只欲傳大字。此便回，先錄戰國、西漢寄示，字數亦不多也。

與朱元晦書

某病體度暑粗安。前書所說著衣喫飯，不復仰人，其實仰人。但是勉強積習，僅能執捉，自病中言之，則稍自如耳。若比平人不為快便，蓋萎痹已成沈痼，非湯劑所能料理也。所幸閑中浸有趣，俯仰一室，極覺安適，度去死尚遠，未為師友憂。讀書雖略有課程，如《詩解》，多是因《集傳》，只寫出諸家姓名，縱有增補，亦秖堪曉童蒙耳。《大事記》，以不敢勞力索攷，有時取編過者看，百孔千瘡，不堪點檢，且欲住手，再整頓。若盡此歲以前，須稍見頭緒，是時當逐旋錄數段往求教也。鄭景望不起，亦可痛。善類凋落如此，奈何？詹體仁近亦送葵軒《論語》來，比癸巳本益復穩密。以此尤欲見晚年論述，刊定畢，倂與元稾送示為幸。受之近日肄習稍勤否？資質本明爽，向來在外舍深居罕出，所以悠悠。今擇勤苦有志之士，與之遊處，必須勉厲也。仙洲增勝，雖無由陪談賞，然年來屋後花竹成陰，隨分亦可自娛，猶覬杖屨一臨之也。《文鑑》以趣辦，去取不當，必多有大悖理處。因筆望條示，雖不可追改，猶得以警省爾。匆匆拜稟。他祈厚為斯文崇重。

答朱元晦太極圖義質疑

無聲無臭，而造化之樞紐、品彙之根柢系焉。

太極即造化之樞紐、品彙之根柢也，恐多「系焉」兩字。

所謂「一陰一陽之謂道」，誠者，聖人之本，物之終始，而命之道也。動而生陽，誠之通也，繼之者善，萬物之所資始也。靜而生陰，誠之復也，成之者性，萬物各正其性命也。

以動而生陽為繼之者善，靜而生陰為成之者性，恐有分截之病。《通書》正云：「一陰一陽之謂道，繼之者善也，成之者性也。元、亨，誠之通；利、貞，誠之復。」卻自渾全。

太極，道也。陰陽，器也。

此固非世儒精粗之論，然似有形容太過之病。

太極立，則陽動陰靜而兩儀分。

太極無未立之時，「立」之一字，語恐未瑩。

然五行之生，隨其氣質而所稟不同，所謂「各一其性」也。各一其性，則各具一太極。而氣質自為陰陽剛柔，又自為五行矣。

「五行之生，隨其氣質而所稟不同，所謂各一其性，已各具太極。」亦似未安。深詳立言之意，似謂物物無不完具渾全。竊意觀物者，當於完具之中識統宗會元之意。有無極二五，則妙合而凝。

二五之所以為二五者，即無極也。若「有無極二五」，則似各為一物。陰陽，五行之精，固可以云「妙合而凝」。至於無極之精，本未嘗離，非可以「合」言也。「妙合」云者，性為之主，而陰陽五行經緯乎其中。

陰陽五行，非離性而有也。有「為之主」者，又有「經緯錯綜乎其中」者，語意恐未安。

男女雖分然，實一太極而已。

分而言之，一物各具一太極也。

道，一而已，隨事著見，故有三才之別，其實一太極也。

此一段前後皆粹，中間一段似未安。

生生之體則仁也。

「體」字似未盡。

靜者，性之貞也。萬物之所以各正性命，而天下之大本所以立也，中與仁之謂也。蓋中則無不正，而仁則無不義也。

「中則無不正」、「仁則無不義」，此語甚善，但專指「中」與「仁」為靜，卻似未安。竊詳本文云「聖人定之以中正仁義，而主靜」。是靜者，用之源，而中正仁義之主也。五行順施，地道之所以立也。中正仁義，人道之所以立也。

「五行順施」，恐不可止以地道言之。「立人之道，曰仁與義」，亦似不必加「中正」字。立人之道，統而言之，仁義而已。自聖人所以立人極者言之，則曰「中正仁義」焉，文意不相襲。

☾者，陽之動也。〇之用所以行也。☽者，陰之靜也，〇之體所以立也。☽者，☾之根也。☾者，☽之根也。

無極二五，理一分殊。

「理一分殊」之語，恐不當用於此。

非中，則正無所取；非仁，則義無以行。未詳。

陽也，剛也，仁也，☾也，物之始也。陰也，柔也，義也，☽也，物之終也。

後章云：「太極之妙，陰中有陽，陽中有陰，動靜相涵，仁義不偏，未有截然不相入而各為一物者也。」此語甚善，似不必以陰陽、剛柔、仁義相配。

與朱元晦中庸集解質疑二則

自其天地之位而以「中」言之，自其萬物之育而以「和」言之，區別固未有害也。深觀其所從來，則天地之所以位，萬物之所以育，蓋有不可析者。子思曰：「致中和，天地位焉，萬物育焉。」龜山曰：「中，故天地位焉。和，故萬物育焉。」參觀二者之論，則氣象自可見矣。與孟子論始終條理似不類。

「至誠無息」，《解》云：「誠，自成也，非有假於物也。而其動以天，故無息。」前此蓋疑「而其動以天」一句。下文云：「無息者，誠之體也。不息，所以體誠也。」既曰「無息者誠之體」，則其動即天也。若下「一」字，則已是「不息所以體誠」矣。

答朱元晦所問

「修道之謂教」，「自明誠謂之教」，兩「教」字同否？其説如何？明道、伊川説「修道」自不同，吕、楊、游氏皆附明道説，古注亦然，但下文不相屬，又與「明誠」處不相貫，不知如何？

「修道之謂教」，設教者也。「自明誠謂之教」，由教以成者也。「教」字本同，但所從言之異耳。天下皆不失其性，則教不必設，道不必修，惟自誠明者，不能人人而然。故為此修道設教，然後人始得由此教，故自明而立於誠也。使道之不修，設教有所偏，則由教者亦必有所差，安能自明而至於誠乎？二程、諸家修道之説，或主乎設教，或主乎為此而設教。其歸趣則一而已。

「仁」字之義如何？周子以愛言之，程子以公言之，謝子以覺言之。三者孰近？程子言仁，性也；愛，情也。豈可專以愛為仁？又曰：「或謂訓人、訓覺者皆非也。」然則言愛、言覺者皆非耶？孟子曰：「仁，人心也。」前輩以為言仁之功無如此者。其説安在？且程子以為性，孟子以為心，其不同者又何如？

指其用則曰「愛」，指其理則曰「公」，指其端則曰「覺」。學者由此，皆可以知仁。若直以愛、以覺為仁，則不識仁之體，此所以非之。孟子曰：「仁，人心也。」此則仁之體也。程子以為性，非與孟子不同。蓋對情而言，情之所發，不可言心。程子之言，非指仁之體，特言仁屬乎性耳。

與朱元晦白鹿洞書院記 六年二月

淳熙六年，南康軍秋雨不時，高卬之田告病。郡守新安朱侯熹行眡陂塘，並廬山而東，得白鹿洞書院廢址，慨然顧其僚曰：「是蓋唐李渤之隱居，而太宗皇帝驛送《九經》，俾生徒肄業之地也。書院創於南唐，其事至鮮淺。太宗於汎掃區宇、日不暇給之際，獎勸封殖，如恐弗及，規摹遠矣。中興五十年，釋、老之宮圮於寇戎者，斧斤之聲相聞，各復其初，獨此地委於榛莽。過者太息，庸非吾徒之恥哉？郡雖貧薄，顧不能築屋數楹，上以宣布本朝崇建人文之大旨，下以續先賢之風聲於方來乎！」乃屬軍學教授揚君大法、星子縣令王君仲傑董其事。又以書命某記其成。

某竊嘗聞之諸公長者。國初，斯民新脱五季鋒鏑之阨，學者尚寡。海内向平，文風日起。儒先往往依山林、即閑曠以講授，大師多至數十百人。嵩陽、嶽麓、睢陽及是洞為尤著，天下所謂四書院者也。祖宗尊右儒術，分之官書，命之祿秩，錫之扁榜，所以寵綏之者甚備。當是時，士皆上質實，下新奇，敦行義而不偷，守訓故而不鑿。雖學問之淵源統紀，或未深究，然甘受和，白受采，既有進德之地矣。慶曆、嘉祐之間，豪傑並出，講治益精。至於河南程氏、横渠張氏，相與倡明正學，然後三代、孔、孟之教始終條理，於是乎可攷。熙寧初，明道先生在朝，建白學制，教養考察，賓興之法，綱條甚悉。不幸王氏之學方興，其議遂格，有志之士未嘗不歎息於斯也。建炎再造，典刑文憲浸還舊觀，關、洛緒言稍出於毀棄翦滅之餘。晚進小生驟聞其語，不知親師取友以講求用力之實，躐等陵節，忽近慕遠，未能窺程、張之門庭，而先有王氏高自賢聖之病。如是洞之所傳習，道之者或鮮矣。然則書院之復，豈苟云哉！此邦之士，盍相與揖先儒淳固慤實之餘風，服《大學》「離經辯志」之始教，由博而約，自下而高，以答揚熙陵開廸樂育之大德，則於賢侯之勸學斯無負矣。至於攷方志，紀人物，亦有土者所當謹。若李濬之之遺跡，固不得而畧也。

侯於是役，重民之勞，賦功已狹，率損其舊十七八，力不足而意則有餘矣。興廢始末，具於當塗郭祥正所記者，皆不書。

與陸子壽墓誌銘

陸氏，出嬀姓。陳公子敬仲適齊，別其氏為田。田氏有國，宣王封其少子通於平原陸鄉，又別其氏為陸。五代末，有占名數撫之金溪者曰德遷，蓋唐乾寧宰相希聲之孫也。德遷生有祥，有祥生演，演生戩。戩生居士賀，以學行為里人所宗，有子六人。

先生諱九齡，字子壽，於次為第五。幼明悟端重，十年喪母，哀毀如成人。少長，補郡博士弟子員。時秦丞相當國，

雖先生所以成德，其資取者非一端，然家庭追琢封植之功，與爲多焉。

休暇，則與子弟適場圃習射，曰：「是固男子之事也。」自是，里中士始不敢鄙弓矢爲武夫末藝。歲惡，多剽劫，或欲睥睨垣牆，曹耦必搖手相戒：「是家射多命中，毋取死。」故獨無犬吠之警。廬陵嘗有茶寇，聲搖旁郡，聚落皆入保，並舍民走郡，請先生主之。郡如其請，門人多不悅，先生曰：「古者比閭之長，即五兩之率也。士而恥此，則豪俠武斷者專之矣。今文移動以軍興從事，郡縣欲事之集，勢必假借主者。彼乘是取必於里閭，亦何所不至哉！」寇雖不入境，閑習屯禦，皆可爲後法。

其在興國，學廩名存實亡，簿書漫漶不可攷。先生爲覈實催理受輸之法，白郡，授有司行之。科條簡明，士得其養。凡經世之務，職分所當知者，未有聞而不講，講而不究。此一二條，特因事而見者耳。

先生和順不違物，而非意自不能干；簡直不徇人，而與居久益有味。四方學者，踵門請益。羣疑塞胸，糾纏轇轕，雖善辯者不能解，先生從容啟告，莫不渙然失其疑而退。非惟動悟乎格，固有所本，亦其用力於自治者既專且久。人之疢疾，皆嘗折肱，浮湛滑濇，適中其病，聽之者於其心有戚戚焉。至於扞格不入，必寬養以俟其可，未嘗無益而雜施之也。天下之治方術者多矣，囿於異端小道者，既不足與議。晚進新學，間有聞君子之餘論者，又多既其文而不既其實，摹規而畫圓，擬矩而作方，雖或似之，而卒非也。方先生勇於求道之時，憤悱直前，蓋有不由階序者矣。然其所志者大，所據者實。有肯綮之阻，雖積九仞之功不敢遂；有毫釐之偏，雖立萬夫之表不敢安。公聽並觀，卻立四顧，弗造於至平至粹之地弗措也。

屬纊之夕，與其昆弟語，猶以天下學術人才爲念。少焉，正臥，整衣衾，理鬚髯，恬然而終。所謂仁以爲己任，

場屋無道程氏學者。先生從故編得其說，獨委心焉。久之，新博士且至，聞其雅以魏、晉放逸自許，慨然歎曰：「此非吾所願學也。」賦詩徑歸，結茅舍傍講習，兼晨夜不怠。先生年猶未冠，於取舍向背已知所擇如此。

吏部郎襄陵許公忻，直道清節，在中朝名論甚高。屏居臨川，閉門少所賓接。一見先生，亟折輩行與深語，恨相遇之晚。他日，許公起守邵陽，思與先生游，先生亦樂從其招。凡治體之升降，舊章之損益，前聞人之律度軌轍，每亹亹為先生言不厭，所以屬之者厚矣。既歸，益大肆其力於學，廣攬博諮，深觀默養，如是者蓋十餘年，乃束書入太學。

太學知名士聞聲爭願交，始則樂其可親，久則知其可事，屏所挾北面而稱弟子者甚眾。祭酒、司業酌眾論，舉以為學錄。先之以身，正之以漸，行之以無事，雖跌宕見鐫譙者，退亦心服，不知怨之所在焉。

登乾道五年進士第，迪功郎、桂陽軍軍學教授，以母老道遠，改調興國軍軍學教授。地瀕大江，民寒嗇，罕游校官。先生不以職閒自佚，端槷韄，肅衣冠，如臨大眾，勸綏引翼。士方興於學，而先生以家難去官矣。服除，調全州州學教授，未上，以疾終於家。實淳熙七年九月戊寅，享年四十有九。母饒氏。繼母鄧氏，用光堯慶壽恩封太孺人。娶王氏，知通州璩之女，而元豐左丞之曾孫也。子艮之。女二人，皆幼。是歲十二月甲申，葬於鄉之萬石塘。

初居士潛德不試，采司馬氏冠昏喪祭儀行之家。至先生，又繹先志而修明之。晨昏伏臘，奉盥請袵，觴豆饎爨，閫門千指，男女以班，各共其職，儉而安，莊而舒，薄而均。禮俗既成，雋者不敢踔厲，樸者有所據依。順弟之風，被於鄉社，而聞於天下。其儀節品式，江西士大夫多能道之。至於先生忠敬樂易，優而柔之，曲而暢之，遂濟登茲者，則非言語形容之所及矣。先生兄弟，皆志古耆學，燕居從容，講論道義，誾誾衎衎，和而不同。伯仲之間，自為師友。

死而後已者，蓋於此見之。

荊州牧廣漢張公栻與先生不相識，晚歲還書，相與講學問大端，期以世道之重。無幾何而張公沒，又半歲而先生下世矣。豈道之顯晦，果有數存乎其間邪？雖然來者無窮，而義理之在人心者，不可泯也。先生之志，必有嗣之者矣。葬有日，其友呂某為銘二十九字識其窆，曰：自古皆有死，盡其道而終者幾希。是維宋陸先生之墓，百世之下尚永保之。

卷之七

與朱元晦書

陸文安公

黄、易二生歸，奉正月十四日書，備承改歲動息，慰浣之劇。不得嗣問，倏又經時，日深馳鄉。聞已赴闕奏事，何日對歇？伏想大攄素藴，為明主忠言，動悟淵衷，以幸天下。恨未得即聞緒餘，沃此傾渴。外間傳聞留中講讀，未知信否？誠得如此，豈勝慶幸！

鄉人彭世昌得一山，在信之西境，距敝廬兩舍而近，實龍虎山之宗。巨陵特起，豗然如象，名曰象山。山間自為原塢，良田清地①，無異平野。山澗合為瀑流，垂注數里。兩崖有蟠松怪石，卻略偃蹇，中為茂林。瓊瑶冰雪，傾倒激射，飛灑映帶於其間，春夏流壯，勢如奔雷。木石自為階梯，可沿以觀佳處。與玉淵卧龍，未易優劣。往歲彭子結一廬以相延，某亦自為精舍於其側。春間攜一侄二息，讀書其上。又得勝處為方丈以居，前挹閩山，奇峰萬疊，後帶二溪，下赴彭蠡。學子亦稍稍結茅其傍，相從講習，此理為之日明，舞雩詠歸，千載同樂。

某昔年兩得侍教，康廬之集，加欵於鵝湖，然猶莽鹵淺陋，未能成章，無以相發，甚自愧也。比日少進，甚

① 「地」，《四庫全書》之《象山集》卷十二作「池」，上海古籍出版社一九八七年版，第一一五六册第三六二頁。

思一侍函丈，當有啟助，以卒餘教。尚此未能，登高臨流，每用悵惘！往歲覽尊兄與梭山家兄書，嘗因南豐便人僭易致區區。蒙復書，許以卒請，不勝幸甚！古之聖賢，惟理是視。堯舜之聖，而詢於芻蕘。曾子之易簀，蓋得於執燭之童子。《蒙》九二曰：「納婦吉。」苟當於理，雖婦人孺子之言所不棄也。孟子曰：「盡信書，不如無書。」「吾於《武城》，取二三策而已矣。」或乖理致，雖出古書，不敢盡信也。智者千慮，或有一失；愚者千慮，或有一得。人言豈可忽哉？

梭山兄謂：「《太極圖說》與《通書》不類，疑非周子所為。不然，則或是其學未成時所作。不然，則或是傳他人之文，後人不辯也。蓋《通書·理性命章》，言中焉止矣。二氣五行，化生萬物，五殊二實，二本則一。曰一，曰中，即太極也，未嘗於其上加無極字。《動靜章》言五行、陰陽、太極，亦無無極之文。假令《太極圖說》是其所傳，或其少時所作，則作《通書》時，不言無極，蓋已知其說之非矣。」此言殆未可忽也。兄謂：「梭山急迫，看人文字，未能盡彼之情，而欲遽申己意，是以輕於立論，徒為多說，而未必果當於理。」《大學》曰：「無諸己而後非諸人。」人無古今、智愚、賢不肖，皆言也，皆文字也。觀兄與梭山之書，已不能酬斯言矣，尚何以責梭山哉？

尊兄向與梭山書云：「不言無極，則太極同於一物，而不足為萬化根本。不言太極，則無極淪於空寂，而不能為萬化根本。」夫太極者，實有是理，聖人從而發明之耳，非以空言立論，使後人簸弄於頰舌紙筆之間也。其為萬化根本固自素定，其足不足，能不能，豈以人言不言之故耶？《易大傳》曰：「《易》有太極。」聖人言有，今乃言無，何也？作《大傳》時不言無極，太極何嘗同於一物，而不足為萬化根本耶？《洪範》五皇極列在九疇之中，不言無極，太極亦何嘗同於一物，而不足為萬化根本耶？太極固自若也，尊兄只管言來言去，轉加糊塗，此真所謂輕於立論，徒為多說，而未必果當於理也。兄號句句而論，字字而議有年矣，宜益工益密，立言精確，足以悟疑辯惑，乃反疏脱如此，宜有以自反矣。

後書又謂「無極即是無形，太極即是有理。周先生恐學者錯認太極別為一物，故著無極二字以明之」。《易》之《大傳》曰「形而上者謂之道」，又曰「一陰一陽之謂道」。一陰一陽，已是形而上者，況太極乎？曉文義者舉知之矣。自有《大傳》，至今幾年，未聞有錯認太極別為一物者。設有愚謬至此，奚啻不能以三隅反，何足上煩老先生特地於太極上加無極二字以曉之乎？且「極」字亦不可以「形」字釋之。蓋極者，中也，言無極則是猶言無中也，是奚可哉？若懼學者泥於形器而申釋之，則宜如《詩》言「上天之載」，而於下贊之曰「無聲無臭」可也，豈宜以無極字加於太極之上？朱子發謂濂溪得《太極圖》於穆伯長，伯長之傳，出於陳希夷，其必有考。希夷之學，老氏之學也。「無極」二字，出於《老子·知其雄章》，吾聖人之書所無有也。《老子》首章言「無名天地之始，有名萬物之母」，而卒同之，此老氏宗旨也。「無極而太極」，即是此旨。老氏學之不正，見理不明，所蔽在此。兄於此學用力之深，為日之久，曾此之不能辯，何也？《通書》「中焉止矣」之言，與此昭然不類，而兄曾不之察，何也？《太極圖說》以「無極」二字冠首，而《通書》終篇未嘗一及「無極」字。二程言論文字至多，亦未嘗一及「無極」字。假令其初實有是圖，觀其後來未嘗一及「無極」字，可見其道之進，而不自以為是也。兄今考訂注釋，表顯尊信，如此其至，恐未得為善祖述者也。潘清逸詩文可見矣，彼豈能知濂溪者？明道、伊川親師承濂溪，當時名賢居潘右者亦復不少，濂溪之誌，卒屬於潘，可見其子孫之不能世其學也。兄何據之篤乎？梭山兄之言恐未宜忽也。

孟子與墨者夷之辯，則據其「愛無等差」之言；與許行辯，則據其「與民並耕」之言；與告子辯，則據其「義外」與「人性無分於善不善」之言，未嘗泛為料度之說。兄之論辯則異於是。如某今者所論，則皆據尊兄書中要語，不敢增損，或稍用尊兄泛辭以相繩糾者，亦差有證據，抑所謂夫民，今而後得反之也。

兄書令「梭山寬心游意，反復二家之言，必使於其所說，如出於吾之所為者，而無纖芥之疑，然後可以發言立論，而斷其可否，則其為辯也不煩，而理之所在無不得矣」。彼方深疑其說之非，則又安能使之如出於其所為者，而無纖芥之疑哉？若其如出於吾之所為者，而無纖芥之疑，則無不可矣，尚何論之可立，否之可斷哉？兄之此言，無乃亦少傷於急迫而未精耶？兄又謂：「一以急迫之意求之，則於察理已不能精，而於彼之情，又不詳盡，則徒為紛紛雖欲不差，不可得矣。」殆夫子自道也。

向在南康，論兄所解「告子不得於言勿求於心」一章非是，兄令某平心觀之。某嘗答曰：甲與乙辯，方各是其說，甲則曰願某乙平心也，乙亦曰願某甲平心也。平心之說，恐難明白，不若據事論理可也。今此「急迫」之說，「寬心游意」之說，正相類耳。論事理，不必以此等壓之，然後可明也。梭山氣稟寬緩，觀書未常草草，必優游諷詠，耐久紬繹。今以急迫指之，雖他人亦未喻也。夫辯是非，別邪正，決疑似，固貴於峻潔明白，若乃料度、羅織、文致之辭，願兄無易之也。

梭山兄所以不復致辯者，蓋以兄執己之意甚固，而視人之言甚忽，求勝不求益也。某則以為不然。尊兄平日惓惓於朋友，求箴規切磨之益，蓋亦甚至。獨羣雌孤雄，人非惟不敢以忠言進於左右，亦未有能為忠言者。言論之橫出，其勢然耳。向來相聚，每以不能副兄所期為愧。比者自謂少進，方將圖合并而承教。今兄為時所用，進退殊路，合并未可期也。又蒙許其吐露，輒寓此少見區區，尊意不以為然，幸不憚下教。

政遠，惟為國保愛，以需柄用，以澤天下。

伏自夏中拜書，尋聞得對，方深贊喜！冒疾遽興，重為駭歎！賢者進退，綽綽有裕，所甚惜者，為世道耳。承還里第，屢欲致書，每以冗奪，徒積傾馳。江德功人至，奉十一月八日書，備承作止之詳，慰浣良劇。比閱邸報，竊知召命，不容辭免，莫須更一出否？吾人進退，自有大義，豈直避嫌畏譏而已哉。前日面對，必不止於職守所及，恨不得與聞至言，後便儻可垂教否？

與朱元晦書二

前書條析所見，正以疇昔負兄所期，比日少進，方圖自贖耳。來書誨之諄複，不勝幸甚！愚心有所未安，義當展盡，不容但已，亦尊兄教之之本意也。近浙間一後生貽書見規，以為吾二人者，所習各已成熟，終不能以相為，莫若置之勿論，以俟天下後世之自擇。鄙哉言乎！此輩凡陋，沉溺俗學，悖戾如此，亦可憐也。人能弘道①，非道弘人。此理在宇宙間，固不以人之明不明、行不行而加損。然人之為人，則抑有其職矣。垂象而覆物者，天之職也。成形而載物者，地之職也。裁成天地之道，輔相天地之宜，以左右民者，人君之職也。孟子曰：「幼而學之，壯而欲行之。」所謂行之者，行其所學以格君心之非，引其君於當道，與其君論道經邦，燮理陰陽，使斯道達乎天下也。所謂學之者，從師親友，讀書考古，學問思辯，以明此道也。故少而學道，壯而行道者，士君子之職也。吾人皆

① 「弘」，原作「洪」，據《四庫全書》之《象山集》卷十二改，上海古籍出版社一九八七年版，第一一五六冊第三六五頁。

無常師，周旋於羣言淆亂之中，俯仰參求，雖自謂其理已明，安知非私見蔽說？若雷同相從，一唱百和，莫知其非，此所甚可懼也。何幸而有相疑不合，在同志之間，正宜各盡所懷，力相切磋，期歸於一是之地。大舜之所以為大者，善與人同，樂取諸人以為善，聞一善言，見一善行，若決江河，沛然莫之能御。吾人之志，當何求哉？惟其是已矣。疇昔明言善議，拳拳服膺而勿失，樂與天下共之者，以為是也。今一旦以切磋而知其非，則棄前日之所習，勢當如出陷穽，如避荆棘，惟新之念，若決江河，是得所欲而遂其志也。此豈小智之私、鄙陋之習、榮勝恥負者所能知哉？弗明弗措，古有明訓，敢悉布之。

尊兄平日論文，甚取曾南豐之嚴健。南康為别前一夕，讀尊兄之文，見其得意者，必簡健有力，每切敬服。嘗謂尊兄才力如此，故所取亦如此。今閲來書，但見文辭繳繞，氣象褊迫，其致辯處，類皆遷就牽合，甚費分疏，終不明白，無乃為「無極」所累，反困其才耶？不然，以尊兄之高明，自視其説亦當如白黑之易辯矣。尊兄嘗曉陳同父云：「欲賢者百尺竿頭，進取一步，將來不作三代以下人物，省得氣力為漢唐分疏，即更脱灑磊落。」今亦欲得尊兄進取一步，莫作孟子以下學術，省得氣力為「無極」二字分疏，亦更脱灑磊落。古人質實，不尚智巧，言論未詳，事實先著，知之為知之，不知為不知。所謂「先知覺後知，先覺覺後覺」者，以其事實覺其事實，故言即其事，事即其言，所謂「言顧行，行顧言」。周道之衰，文貌日勝，事實湮於意見，典訓蕪於辯説，揣量模寫之工，依放假借之似，其條畫足以自信，其習熟足以自安。以子貢之達，又得夫子而師承之，尚不免此多學而識之之見。非夫子叩之，彼固晏然而無疑。先行之訓，予欲無言之訓，所以覺之者屢矣，而終不悟。顔子既沒，其傳固在曾子，蓋可觀已。尊兄之才，未知其與子貢如何？今日之病，則有深於子貢者。尊兄誠未①能深知此病，則來書七條之説，當不待條析而自解矣。然相去數百里，脱或未能自克，淹回舊習，則不能無遺恨，請卒條之：

來書本是主張「無極」二字，而以明理為説，其要則曰：「於此有以灼然實見太極之真體。」某竊謂尊兄未曾實見太極，若實見太極，上面必不更加「無極」字，下面必不更著「真體」字。上面加「無極」字，正是疊床上之床，下面著真體字，正是架屋下之屋。虚見之與實見，其言固自不同也。又謂：「極者，正以其究竟至極，無名可名，故特謂之太極，猶曰舉天下之至極，無以加此云耳。」就令如此，又何必更於上面加「無極」字也？若謂欲言其無方所，無形狀，則前書固言，宜如《詩》言「上天之載」，而於其下贊之曰「無聲無臭」可也，豈宜以「無極」字加之太極之上？《繫辭》言「神無方矣」，豈可言無神；言「《易》無體矣」，豈可言無《易》。老氏以無為天地之始，以有為萬物之母，以常無觀妙，以常有觀竅，直將無字搭在上面，正是老氏之學，豈可語②也？惟其所蔽在此，故其流為任術數，為無忌憚。此理乃宇宙之所固有，豈可言無？若以為無，則君不君、臣不臣、父不父、子不子矣。楊、朱未遽無君，而孟子以為無君；墨翟未遽無父，而孟子以為無父，此其所以為知言也。極亦此理也，中亦此理也，五居九疇之中而曰皇極，豈非以其中而命之乎？民受天地之中以生，而《詩》言「立我烝民，莫匪爾極」，豈非以其中命之乎？《中庸》曰：「中也者，天下之大本也，和也者，天下之達道也，致中和，天地位焉，萬物育焉。」

---

①「未」，《四庫全書》之《象山集》卷十二無此字，上海古籍出版社一九八七年版，第一一五六册第三六六頁。

②「語」，《四庫全書》之《象山集》卷十二作「諱」，上海古籍出版社一九八七年版，第一一五六册第三六七頁。

此理至矣，外此豈更復有太極哉？

以極為「中」則為不明理，以極為「形」乃為明理乎？字義固有一字而數義者，用字則有專一義者，有兼數義者；而字之指歸，又有虛實，虛字則但當論字義，實字則當論所指之實。論其所指之實，則有非字義所能拘者。如元字有「始」義，有「長」義，有「大」義。《坤》五之元吉，《屯》之元亨，則是虛字，專為「大」義，不可復以他義參之。如《乾》元之元，則是實字。論其所指之實，則《文言》所謂善，所謂仁，皆元也，亦豈可以字義拘之哉？「極」字亦如此，太極、皇極，乃是實字，所指之實，豈容有二。充塞宇宙，無非此理，豈容以字義拘之乎？中即至理，何嘗不兼至義？《大學文言》皆言「知至」，所謂至者，即此理也。語讀《易》者，曰能知太極，即是知至。語讀《洪範》者，曰能知皇極，即是知至；夫豈不可？蓋同指此理。則曰極、曰中、曰至，其實一也。「一極備凶，一極無凶」，此兩極字，乃是虛字，專為至義。卻使得「極者，至極而已」，於此用「而已」字，方用得當。尊兄最號精通詁訓文義者，何為尚惑於此，無乃理有未明，正以太泥而反失之乎？

至如直以陰陽為形器而不得為道，此尤不敢聞命。《易》之為道，一陰一陽而已。先後、始終、動靜、晦明、上下、進退、往來、闔闢、盈虛、消長、尊卑、貴賤、表裏、隱顯、向背、順逆、存亡、得喪、出入、行藏，何適而非一陰一陽哉？奇耦相尋，變化無窮，故曰：「其為道也屢遷，變動不居，周流六虛，上下無常，剛柔相易，不可為典要，惟變所適。」《說卦》曰：「觀變於陰陽而立卦，發揮於剛柔而生爻，和順於道德而理於義，窮理盡性以至於命。」又曰：「昔者，聖人之作《易》也，將以順性命之理。是以立天之道，曰陰與陽；立地之道，曰柔與剛；立人之道，曰仁與義。」《下繫》亦曰：「《易》之為書也，廣大悉備：有天道焉，有人道焉，有地道焉。兼三才而兩之，故六。六者非他也，三才之道也。」今顧以陰陽為非道而直謂之形器，其孰為昧於道器之分哉？

辯難有要領，言辭有指歸，為辯而失要領，觀言而迷指歸，皆不明也。前書之辯，其要領在「無極」二字。尊兄確意主張，曲為飾說，既以無形釋之，又謂：「周子恐學者錯認太極別為一物，故著『無極』二字以明之。」某於此見得尊兄只是強說來由，恐無是事。故前書舉《大傳》「一陰一陽之謂道」、「形而上者謂之道」兩句，以見粗識文義者，亦知一陰一陽即是形而上者，必不至錯認太極別為一物，故曰「況太極乎」？此其指歸，本自明白，而兄曾不之察，乃必見誣以道上別有一物為太極。《通書》曰：「中者，和也，中節也，天下之達道也，聖人之事也，故聖人立教，俾人自易其惡，自至其中而止矣。」周子之言中如此，亦不輕矣，外此豈更別有道理，乃不得此①虛字乎？所舉《理性命章》五句，但欲見《通書》言中言一而不言無極耳。「中焉止矣」一句，不妨自是斷章，兄必見誣以屬之下文。兄之為辯，失其指歸，大率類此。「盡信書，不如無書」，某實深信孟子之言。前書釋此段，亦多援據古書，獨頗不信無極之說耳。兄遽坐以直絀古書為不足信，兄其深文矣哉！《大傳》《洪範》《毛詩》《周禮》與《太極圖說》孰古，以極為「形」，而謂不得為「中」；以一陰一陽為「器」，而謂不得為「道」。此無乃少絀古書為不足信，而微任胸臆之所裁乎？

來書謂：「若論無極二字，乃是周子灼見道體，迥出常情，不顧傍人是非，不計自己得失，勇往直前，說出

① 「此」，《四庫全書》之《象山集》卷十二作「比」，上海古籍出版社一九八七年版，第一一五六冊第三六八頁。

人不敢說底道理。」又謂：「周子所以謂之無極，正以其無方所，與[①]形狀。」誠令如此，不知人有甚不敢道處，但加之太極之上，則吾聖門正不肯如此道耳。夫《乾》確然示人易矣，夫《坤》隤然示人簡矣，太極亦曷嘗隱於人哉？尊兄兩下說無說有，不知漏洩得多少。如所謂太極真體不傳之秘，無物之前，陰陽之外，不屬有無，不落方體，逈出常情，超出方外等語，莫是曾學禪宗，所得如此。平時既私其說以自高[②]妙，及教學者，則又往往秘此，而多說文義，此漏洩之說所從出也。以實論之兩頭都無著實，彼此只是葛藤來[③]說。氣質不美者樂寄此以神其姦，不知繫絆多少好氣質底學者。既以病已，又以病人，殆非一言一行之過，兄其毋以久習於此而重自反也。

區區之忠，竭盡如此，流俗無知，必謂不遜。《書》曰：「有言逆於汝心，必求諸道。」諒在高明，正所樂聞，若猶有疑，願不憚下教。政遠，惟為國自愛。

與朱元晦書

往歲經筵之除，士類胥慶，延跂以俟吾道之行，乃復不究起賢之禮，使人重為慨歎。新天子即位，海内屬目，然罷行陞黜，率多人情之所未諭者，羣小駢肩而騁，氣息怫然，諒不能不重勤長者憂國之懷。某五月晦日拜荊門之命，

---

① 「高」，原無，據《四庫全書》之《象山集》卷十二補，上海古籍出版社一九八七年版，第一一五六冊第三六九頁。
② 「高」，原無，據《四庫全書》之《象山集》卷十二補，上海古籍出版社一九八七年版，第一一五六冊第三六九頁。
③ 「來」，《四庫全書》之《象山集》卷十二作「末」，上海古籍出版社一九八七年版，第一一五六冊第三六九頁。

命下之日，實三月二十八日，贊①黃元章闕，尚三年半，願有以教之。

首春借兵之還伏領賜報，備承改歲動息，慰沃之劇。惟其不度，稍獻愚忠，未蒙省察，反成唐突，謙抑非情，督過深矣，不勝皇恐！向蒙尊兄促其條析，且有「無若令兄遽斷來章」之戒，深以為幸。別紙所謂：「我日斯邁，而月斯征，各尊所聞，各行所知亦可矣，無復望其必同也。」不謂尊兄遽作此語，甚非所望。「君子之過也，如日月之食焉，過也，人皆見之，及其更也，人皆仰之。」通人之過，雖微箴藥，久當自悟，諒今尊兄必渙然於此矣。願於末光，以卒餘教。

與朱元晦書

外臺之除，豈所以處耆德，殆新政起賢之兆耳。當今輔石，平時亦有物望，不應徒呼唱於內庭外衢而已，豈抑自此有意推賢耶？

金陵虎踞江上，中原在目。朝廷不忘《春秋》之義，固當自此發跡。今得大賢，暫將使旨，則軺車何啻九鼎？中外倚重，當增高衡霍，斯人瞻仰為之一新矣。竊料辭免之章，必未俞允。願尊兄勉致醫藥，俯慰輿情。縱筋力未強，但力疾臥護，則精神折衝者，亦不細矣。若乃江東吏民，善良有養，奸惡知畏，而行縣之餘，或能檢校山房，一顧泉石，此尤區區之私願也。王順伯在淮間，宣力甚勤，然不能無莫助之患。倘得長者一炤映之，為益又不細矣。

① 「贊」，《四庫全書》之《象山集》卷十二作「替」，上海古籍出版社一九八七年版，第一一五六冊第三六九頁。

與呂伯恭書

竊惟執事聰明篤厚，人人自以為不及。樂教導人，樂成人之美，近世鮮見。如某疏愚，所聞於朋友間，乃辱知為最深。苟有所懷，義不容默。

天下事理，固有愚夫愚婦之所與知，而賢人①君子不能無蔽者。元獻晏公尹南京日，文正范公居母夫人憂。元獻屈致教導諸生，文正孳孳誨誘不倦，從之遊者多有聞於時。竊聞執事者儼然在憂服之中，而戶外之屨亦滿。伯夷、柳下惠，孟子雖言其聖，至所願學則孔子。文正雖近世大賢，至其居憂教授，豈大賢君子之所蔽乎？執事之所為標的者，宜不在此。執事天資之美，學問之博，此事之不安於心，未契於理，要不待煩說博引而後喻。竊聞凡在交游者，皆不為執事安，諒執事之心亦必不自安也。夫苟不安，何憚而不幡然改之乎？於此而改，其所以感發諸生，亦不細矣。舜聞善有決江河，沛然莫之能御。君子之過，及其更也，人皆仰之。伏願不憚改過，以全純孝之心。不勝至願！

① 「賢人」，《四庫全書》之《象山集》卷五作「大賢」，上海古籍出版社一九八七年版，第一一五六册第二九二頁。

祭呂伯恭文

玉在山輝，珠存川媚。邦家之光，繄人是寄。惟公之生，度越流輩。前作見之，靡不異待。外樸如愚，中敏鮮儷。晦嘗致侮，彰或招忌。纖芥不懷，惟以自治。侮者終敬，忌者終愧。遠識宏量，英才偉器。孤騫無朋，獨立誰配。屬思紆徐，摛辭綺麗。少日文章，固其餘事。顔曾其學，伊呂其志。久而益專，窮而益厲。約偏揉平，棄疵養粹。玩心黄中，處身白賁。停澄衍溢，不見涯涘。豈伊人豪，無乃國瑞。

往年之疾，人已愕眙。逮其向痊，全安是冀。詩傳之集，大事之記。先儒是裨，麟經是嗣。杜門養痾，素業不廢。訃音一馳，聞者隕涕。主盟斯文，在數君子。纍纍奪之，天乎何意？荊州云亡，吾兄既逝。曾未期年，公又棄世。死者何限，人有鉅細。斯人之亡，匪躬之瘁。嗚呼天乎，胡不是計。竭川夷陵，忍不少俟。辛卯之冬，行都幸會。僅一往復，揖讓而退。既而以公，將與考試。不獲朝夕，以吐肝肺。公素與我，不交一字。糊名謄書，幾千萬紙。一見吾文，知非他士。公之藻鏡，斯已奇矣。公遭大故，余忝末第。迫歸覲親，徒以書慰。甲午之夏，公尚居里。余自錢塘，遡江以詣。值公適衢，浹日至之。一見懽然，如獲大利。我坐狂愚，幅尺殊侈。言不知權，或以取戾。雖訟其非，每不自制。公賜良箴，始痛懲艾。問我如傾，告我如祕。教之以身，抑又有此。惟其不肖，往往失墜。竟勤公憂，抱以沒地。鵝湖之集，已後一歲。輒復妄發，宛爾故態。公雖未言，意已獨至。方將優遊，以受砭劑。潢池之兵，警及郡界。亟還親庭，志不克遂。

先兄復齋，比一二歲。兩獲從欸，言符心契。冉疾顔夭，古有是比。嗚呼天乎，胡啬於是！復[①]齋之葬，不可無紀。幽鐫之重，豈敢他委？道同志合，惟公不二。拜書乞銘，公即揮賜。琅琅之音，河奔岳峙。嗚呼斯文，何千萬祀。我固罷駑，重以奔踶。惟不自休，强勉希驥。比年以來，日覺少異。更嘗差多，觀省加細。追惟曩昔，麄心浮氣。徒致參辰，豈足酬義？期此秋冬，以親講肄。庶幾十駕，可以近理。有疑未決，有懷未既。訃音東來，心裂神碎。與二三子，慟哭蕭寺。即拜一書，以慰令弟。惟是窀穸，祈廁未殞。繼聞其期，不後日至。躡屩擔簦，宵不能寐。所痛其來，棺藏幃蔽。誰謂及門，紼翣已邁。足跡[②]塗泥，追之不逮。矯首蒼茫，涕零如霈。不敏不武，將以誰罪？及其既虞，幾筵進拜。觴酒豆肉，哀辭以載。聞乎不日[③]，神其如在。

全州教授陸先生行狀

先生名九齡，字子壽。其先嬀姓，田敬仲裔孫齊宣王少子通，封於平原般縣陸鄉，即陸終故地，因以為氏。

① 「復」，原作「後」，據《四庫全書》之《象山集》卷二十六改，上海古籍出版社一九八七年版，第一一五六册第四七七頁。
② 「跡」，《四庫全書》之《象山集》卷二十六作「跰」，上海古籍出版社一九八七年版，第一一五六册第四七八頁。
③ 「日」，《四庫全書》之《象山集》卷二十六作「聞」，上海古籍出版社一九八七年版，第一一五六册第四七八頁。

通曾孫烈，為吳令、豫章都尉。既卒，吳人思之，迎其喪葬於胥屏亭，子孫遂為吳都①吳縣人。自烈三十九世，至唐末為希聲，論著甚多。後仕不偶，去隱義興。晚歲相昭宗，未幾罷。邠、隴、華三叛兵犯京師，輿疾避難，卒，謚曰文。文公六子。次子崇，生德遷、德晟，以五代末，避地於撫之金谿，解橐中裝，買田治生，貲高閭里。德晟之後，散徙不復可知。德遷遂為金谿陸氏之祖，六子。高祖有程，為第四子，博學，於書無所不觀，三子。曾祖演為第三子，能世其業，寬厚有容，四子。祖戩為第四子，再從兄弟蓋四十人，先祖最幼。好釋老言，不治生產，四子。先考居士君賀為次子，生有異稟，端重不伐，究心典籍，見於躬行，酌先儒冠、昏、喪、祭之禮，行之家，家道之整，著聞州里，六子。

先生為第五子，生而穎悟，能步趍則容止有法。五歲入學，同學年長踰倍者所為，盡能為之。讀書因析義趣。十歲丁母憂，居喪哀毁如成人。十三應進士舉，為文優贍有理致，老成嘆異。年十六，遊郡庠，每課試必居上游。時方擯程氏學，先生獨尊其說。郡博士徐君嘉言，高年好修，留意學校，間日獨行訪諸齋。先生侍諸兄衣冠講論，未嘗懈弛，由是徐君雅相禮敬。明年徐君物故，又明年新博士將至。先生聞其嗜黃老言，脱略儀檢，慨嘆不樂，賦詩見志。歸葺茅齋，從父兄讀書講古，間出見故老先達，所諮叩皆不苟。時居士君欲悉傳家政，平日紀綱儀節，更加檃括，使後可久，先生多與裁評。

弱冠，造吏部外郎許公忻。許公居閒久，故知少，見先生如舊相識。明年，許公守邵陽，欲先生來，居士君亦

① 「都」，《四庫全書》之《象山集》卷二十七作「郡」，上海古籍出版社一九八七年版，第一一五六冊第四八二頁。

啟其四方之志，先生於是游湖湘，抵邵陽。久之而東至臨江，郡守鄧君予，延先生於學，臨江士人皆樂親之。居半歲，乃歸。越數年，郡博士苗君昌言復延先生於學，從遊者益衆。苗自謂平生所尊賞者不苟，至其所以禮先生者特異，人亦以是信之。其與先生啟有云：「文辭近古，有退之子厚之風；道學造微，得子思孟軻之旨。」推尊蓋如此。

先生覽書無滯礙，繙閱百家，晝夜無倦，於陰陽、星曆、五行、卜筮，靡不過曉。性周謹，不肯苟簡涉獵，所習必極精詳。歲在己卯，始與舉送。同郡官中都者，適有二人，皆先進知名士，閱貢籍見先生姓名，相顧喜曰：「吾州今乃可謂得人。」庚辰，春官試不利。辛巳，補入大學。故端明汪公實為司業，月試輒居上游。場屋之文，大抵追時好，拘程度，不復求至當。惟先生之文，據經明理，未嘗屈其意。嘗有先進以是病之，先生曰：「是不可改。」先生寬裕平直，人皆樂親，久愈敬愛，學校知名士，無不師尊之。明年，丁居士君憂。乙酉，升補内舍。丙戌，為學録。學校綱紀日肅，弊無巨細，皆次第革之，人不駭異。嘗有小戾規矩者，先生以正繩之，無假借。後或以先生問其人，顧①稱先生之德，不以為怨。丁亥，升補上舍。

戊子，館於婺女之張氏，先生授其子以《中庸》《大學》。其父老矣，每隅坐，拱手與聽講授，且曰：「不自意晚得聞此。」張君之死，其子喪以古禮，不用浮屠氏。

己丑，登進士第，授迪功郎、桂陽軍軍學教授。壬辰當赴，迓吏且至，時太孺人間親藥餌，先生以桂陽道遠，風物不類江鄉，難於迎侍，陳乞不赴。甲午，授興國軍軍學教授。

---

① 「顧」，原無，據《四庫全書》之《象山集》卷二十七補，上海古籍出版社一九八七年版，第一一五六册第四八三頁。

明年夏，湖之南有寇侵軼，將及郡境。先是建炎虜寇之至，先生族子謂，嘗起義應募。是後寇攘相次犯州境，謂皆被檄，保聚捍禦，往往能卻敵，州里賴焉。至是謂已死，舊部伍願先生主之，以請於郡。時先生適在信之鉛山，聞警報亟歸。抵家，請者已盈門，卻之不去，日益眾。先生與兄弟門人，論所以宜從之義甚悉。會郡符已下，先生將許之。或者不悅，謂先生曰：「先生海內儒宗，蹈履規矩，講授經術，一旦乃欲為武夫所為。衛靈公問陳於孔子，孔子不答，今先生欲身為之乎？」先生曰：「男子生以弧矢，長不能射，則辭以疾。文事武備，初不可析。古者有征討，公卿即為將帥，比閭之長，則伍兩之長也。衛靈公家國無道，三綱將淪。既見夫子，非哲人是尊，社稷是計，而猥至問陳，其顛荒甚矣，故夫子答以俎豆而遂行。夾谷之會，三都之墮，討齊之請，夫子豈不知兵者？其為委吏、乘田，則會計當，牛羊茁壯長，使靈公舍戰陣而問會計、牧養之事，則將遂言之乎？執此而謂夫子誠不知軍旅之事，則亦難與言理矣。」或者又曰：「禮別嫌疑，事有宜稱。使先生當方面，受邊寄，誰復敢議此？閭里猥事，何足以累先生？今鄉黨自好者不願尸此，尸此者必豪俠武斷者也。今先生尸之，人其謂何？」先生曰：「子之心，殆未廣也。使自好者不尸此，而豪俠武斷者卒尸此，是時之不幸也。子亦將願之乎？事之宜稱，當觀其實。假令寇終不至，郡縣防虞之計，亦不可已。是社之初，倉①卒應募，非有成法。令備禦文移，類以軍興從事，郡縣欲事之集，勢必假借主者，或非其人，乘是取必於閭里，何所不至？是其為慘，蓋不必寇之來也。有如寇至，是等皆不可用，無補守禦，因為剽刼，仁者忍視之哉？彼之所以必諉我者，為其有以易此也。吾固以許之為宜。」或者又曰：「曾子

---

①「倉」，原作「郡」，據《四庫全書》之《象山集》卷二十七改，上海古籍出版社一九八七年版，第一一五六册第四八四頁。

之在魯，寇至則先去，寇退則曰：『修我牆屋，我將反為其為師也。』今先生居於鄉，有師儒之素，命於朝，為師儒之官，而反欲尸此，無乃與曾子異乎？」先生曰：「吾居鄉講授，自窮約之分。吾求仕，為祿養。今之官，乃吏按銓格而與之耳，異乎曾子之為師也。今又遲次居鄉，老母年且八十，家累過百人。寇未至先去，固今郡縣所禁。比至而去，必不達，剽刼踐蹂、狼狽流離之禍，往往不可免。去固不可，藉令可去，扶八九十老者，從以千餘指，去將焉之？子欲使吾自附於分位不同之曾子，而甘家之禍，忍鄉之毒，縮手於所可得為之事，此奚啻嫂溺不援者哉？」或者乃謝不及。先生於是始報郡符許之。已而調度有方，備禦有實，寇雖不至，而郡縣倚以為重。

丙申夏四月，到任。先生於事無大小，處之未嘗不盡其誠；於人無眾寡，待之未嘗不盡其敬。富川單僻，絃誦希闊，士人在學校者無幾。先生蒞職，舉措謹重，規模雅正，誠意孚達，士人莫不感動興起。先生方將收拾茂異，而遠近願來親依者且眾。富川學廩素薄，而又負逋不輸，歲入僅六百石，而比年不輸者乃七八百石。民未必盡負，姦吏黠徒乾沒其間，簿書緣絕，莫不①稽證。先生為覈實催理受輸之法，甚簡而便，白郡行之。於是無文移之繁，無追督之擾，簿書以正，負者樂輸，儲廩充裕，士人至者日眾。不滿歲，丁太孺人憂，去職。在富川者，莫不惋惜！

己亥四月，服闋，冬末到選。庚子春，授全州州學教授。夏中得寒熱之疾，繼以脾泄，屢止屢作，竟不可療，九月二十有九日卒，享年四十有九。先生雖臥病，見賓客必衣冠，舉動纖悉皆有節法。卒之日，晨興，坐於牀，問

①「不」，《四庫全書》之《象山集》卷二十七作「可」，上海古籍出版社一九八七年版，第一一五六冊第四八五頁。

疾者必留與語，幼者人人有所訓誨，談笑歡如也。先生未嘗不以天下①學術人才為念，病中言語②，每每在此，是日言之尤詳。夜稍久，則正臥，整衣衾，理鬚髯，疊手腹間，不復言笑，又數刻而逝。先生道德之粹，擊天下之望，曾未及施，一疾不起，識與不識，莫不痛惜！

先生少有大志，而深純浩博，無涯涘可見。親之者無智愚賢否，皆不覺敬愛慰釋。稱其善者往往各以所見，未嘗同也。不區區撫摩，而藹然慈祥，愷悌之風，有以消爭融隙。不斷斷刻畫，而昭然修潔，清白之實，足以澄汙律慢。自趣尚高古，而能處俗，辯析精微，而能容愚。一行之善，一言之得，雖在巫醫卜祝，農圃臧獲，亦加重敬珍愛。自少以聖賢為師，其於釋老之學，辯之嚴矣，然其徒苟有一善，亦所不廢。故先生無棄人，而於先生亦鮮有不獲自盡者。與人言，未嘗迫遽，從容敷析，本末洞徹，質疑請益者，莫不得所欲而去。於人言行之失，度未可與語，則不發。或者疑之，先生曰：「人之惑，固有難以口舌爭者。言之激，適以固其意，少需之，未必不自悟也。扞格忤狠之氣，當消之，不當起之。責善，固朋友之道，聖人猶曰不可則止，況泛然之交者乎？又況有親愛之情者乎？雖朋友商確，至不可必通處，非大害義理，與其求伸而傷交道，不若姑待以全交道。且事有輕重小大，吾懼所益者小，所傷者大，所爭者輕，所喪者重故也。然有時而遽言之，盡言之，力言之者③，蓋權之以其事，權之以其人，權之以其時也。」

母饒氏，繼母鄧氏，淳熙三年，以慶壽恩封太孺人。娶王氏，魏公曾孫通州使君瑊之長女也。通州君亦以是

①「天下」，原無，據《四庫全書》之《象山集》卷二十七補，上海古籍出版社一九八七年版，第一一五六冊第四八五頁。
②「語」，《四庫全書》之《象山集》卷二十七作「論」，上海古籍出版社一九八七年版，第一一五六冊第四八五頁。
③「者」，原無，據《四庫全書》之《象山集》卷二十七補，上海古籍出版社一九八七年版，第一一五六冊第四八五頁。

年八月卒，先生臥病聞訃，制服成禮，逮遣祭，纖悉皆自經畫。子艮之，年十三，女□人①，皆幼。

先生未及著書，若場屋之文與朋友往來論學之書，則傳録者頗眾，其餘雜著、古律詩、墓誌、書啟、序跋等，門人方且編次。

將以十②二月乙酉，葬於鄉萬石塘，謹書其行實之大槩，以求志於當世之君子。淳熙七年十一月既望，弟某狀。

---

①「女」字下似脱一數字，原作「女人皆幼」，語句不通。

②「十」，原無，據《四庫全書》之《象山集》卷二十七補，上海古籍出版社一九八七年版，第一一五六册第四八六頁.

卷之八

朱子白鹿洞書院規

父子有親，君臣有義，夫婦有別，長幼有序，朋友有信。

右五教之目。堯舜使契為司徒，敬敷五教，即此是也。學者，學此而已。而其所以學之之序，亦有五焉，其別如左：

博學之，審問之，慎思之，明辯之，篤行之。

右為學之序。

學、問、思、辯，四者，所以窮理也。若夫篤行之事，則自修身以至於處事接物，亦各有要，其別如左：

言忠信，行篤敬，懲忿窒欲，遷善改過。

右修身之要。

正其誼，不謀其利。明其道，不計其功。

右處事之要。

己所不欲，勿施於人。行有不得，反求諸己。

右接物之要。

熹竊觀古昔聖賢所以教人為學之意，莫非使之講明義理，以修其身，然後推以及人。非徒欲其務記覽、為詞章，以釣聲名、取利祿而已也。今人之為學者，則既反是矣。然聖賢所以教人之法，具存於經。有志之士，固當熟讀深思而問辯之。苟知其理之當然，而責其身以必然，則夫規矩禁防之具，豈待他人設之而後有所持循哉！近世於學有規，其待學者為已淺矣，而其為法又未必古人之意也。故今不復以施於此堂，而特取凡聖賢所以教人為學之大端，條列如右而揭之楣間。諸君其相與講明遵守而責之於身焉，則夫思慮云為之際，其所以戒謹而恐懼者，必有嚴於彼者矣。其有不然，而或出於此言之所棄，則彼所為規者，必將取之，固不得而略也。諸君其亦念之哉！

朱子論定程董學則

程，名端蒙，字正思。董，名銖，字叔仲。俱江西德興人。

凡學於此者，必嚴朔望之儀

其日昧爽，值日一人主擊板。始擊，咸起，盥漱、總櫛、衣冠。再擊，皆著深衣或涼衫，升堂，師長率弟子詣先聖像前，再拜，焚香，訖。又再拜，退。師長西南嚮立，諸生之長者率以次東北嚮再拜，師長立而扶之。長者一人前致辭，訖。又再拜，師長入於室。諸生以次環立，再拜，退，各就案。

謹晨昏之令

常日，擊板如前。再擊，諸生升堂序立，俟師長出戶，立定皆揖。次分兩序，相揖而退。至夜，將寢，擊板會揖如朝禮。會講、會食、會茶亦擊板如前。朝揖、會講，以深衣或涼衫，餘以道服褙子。

居處必恭

居有常處，序坐以齒。凡坐，必直身正體，毋箕踞、傾倚、交脛、搖足。寢，必後長者，既寢勿言，當晝勿寢。

步立必正

行必徐，立必拱，必後長者。毋背所尊，毋踐閾，毋跛倚。

視聽必端

毋淫視，毋傾聽。

言語必謹

致詳審，重然諾。肅聲氣，毋輕，毋誕，毋戲謔喧嘩。毋論及鄉里人物長短及市井鄙俚無益之談。

容貌必莊

必端嚴凝重，毋輕易放肆。毋粗豪狠傲，毋輕有喜怒。

衣冠必整

毋為詭異華靡。毋致垢敝簡率。雖燕處，不得裸、袒、露頂。雖盛暑，不得輒去鞋襪。

飲食必節

毋求飽，毋貪味。食必以時，毋恥惡食。非節假及尊命，不得飲酒。飲，不過三爵，勿至醉。

出入必省

非尊長呼喚，師長使令及己有急幹，不得輒出學門。出，必告；反，必面。出，不易方；入，不逾期。

讀書必專一

必正心肅容。記遍數。遍數已足而未成誦，必須成誦。遍數未足，雖已成誦，必滿遍數。一書已熟，方讀一書。毋務泛觀，毋務強記。非聖賢之書勿讀，無益之文勿觀。

寫字必楷敬

勿草，勿欹傾。

幾案必整齊

位置有倫，簡帙不亂。書篋、衣笥必謹扃鑰。

堂室必潔淨

逐日值日，再擊板如前。以水灑堂上，良久，以帚掃去塵埃，以巾拭拭幾案。其餘悉令齋僕掃拭之。別有污穢，悉令掃除，不拘早晚。

相呼必以齒

年長倍者以丈，十年長者以兄，年相若以字，勿以爾汝。書問稱謂亦如之。

接見必有定

凡客請見師長，坐定，值日擊板，諸生如其服升堂、序揖、立侍。師長命之退，則退。若客於諸生中，有自欲相見者，則見師長畢，就其位見之。非其類者，勿與親狎。

修業有餘功，遊藝以適性

彈琴、習射、投壺，各有儀矩，非時勿弄。博奕鄙事，不宜親學。

使人莊以恕，而必專所聽

擇謹願勤力者，莊以臨之，恕以待之。有小過者，訶之。甚，則白於師長懲之。不悛，眾稟師長遣之。不許直行己意。

苟日從事於斯而不敢忽，則入德之方，庶乎其近之矣。

道不遠人，理不外事。故古人之教者，自其能食能言。而所以訓導整齊之者，莫不有法，而況家塾、黨庠、術序之間乎？彼學者所以入孝出弟，行謹言信，群居終日，德進業修，而暴慢放肆之氣不設於身體者，由此故也。番陽程端蒙與其友生董銖共為此書，將以教其鄉人子弟而作新之，蓋有古人小學之遺意矣。余以為，凡為庠序之師者，能以是而率其徒，則所謂成人有德、小子有造者將復見於今日矣。於以助成後王降德之意，豈不美哉！淳熙十四年丁未十一月甲子，新安朱熹書。

朱子讀書法

程端禮云聞之朱子曰：「為學之道，莫先於窮理。窮理之要，必在乎讀書。讀書之法，莫貴乎循序而致精。而致精之本，則又在於居敬而持志。」此不易之理也。其門人與私淑之徒，會萃朱子平日之訓，而節序其要，定為讀書法六條如左：

循序漸進

朱子曰：「以二書言之，則通一書而後及一書。以一書言之，篇、章、句、字，首尾次第，亦各有序而不可亂。量力所至而謹守之，字求其訓，句索其旨。未得乎前，不敢求乎後；未通乎此，不敢志乎彼。如是，則志定理明，而無疏易陵躐之患矣。若奔程趁限，一向趲著了，則看猶不看也。近方覺此病痛不是小事。元來道學不明，不是上面欠工夫，乃是下面無根腳。」其循序漸進之說如此。

熟讀精思

朱子曰：「荀子說誦數以貫之。見得古人誦書，亦記遍數。乃知横渠教人讀書必須成誦，真道學第一義。遍數已足，而未成誦，必欲成誦。遍數未足，雖已成誦，必滿遍數。但百遍時，自是强五十遍；二百遍時，自是强一百遍。今人所以記不得，説不去，心下若存若亡，皆是不精不熟。所以不如古人。學者觀書，讀得正文，記得注解，成誦精熟，注中訓釋文意、事物、名件、發明相穿紐處，一一認得，如自己做出底一般，方能玩味反覆，向上有通透處。」其熟讀精思之學如此。

虚心涵泳

朱子曰：「莊子説，吾與之虚而委蛇，既虚了，又要隨他曲折去。讀書須是虚心方得。聖賢説一字是一字，自家只平著心去秤停他，都使不得一豪杜撰。今人讀書，多是心下先有個意思，卻將聖賢言語來凑，有不合，便穿鑿之使合，如何能見得聖賢本意。」其虚心涵泳之説如此。

切己體察

朱子曰：「入道之門，是將自身入那道理中去，漸漸相親，與己為一。而今人道在這裏，自家在外，元不相干。學者讀書，須要將聖賢言語，體之於身。如克己復禮，如出門如見大賓等事，須就自家身上體覆。我實能克己復禮，主敬行恕否？件件如此，方有益。」其切己體察之説如此。

著緊用力

朱子曰：「寬著期限，緊著課程。為學要剛毅果決，悠悠不濟事。且如發憤忘食，樂以忘憂，是甚麼精神，甚麼筋骨！今之學者，全不曾發憤，直要抖擻精神，如救火治病然，如撑上水船，一篙不可放緩。」其著緊用力之説如此。

居敬持志

朱子曰：「程先生云：『涵養須用敬，進學則在致知。』此最精要。方無事時，敬以自持，心不可放入無何有之鄉，須是收斂在此。及應事時，敬於應事；讀書時，敬於讀書。便自然該貫動静，心無不在。今學者説書，多是捻合來説，卻不詳密活熟。此病不是説書上病，乃是心上病。蓋心不專静純一，故思慮不精明。須要養得虚明專静，使道理從里面流出方好。」其居敬持志之説如此。

朱子滄洲精舍諭學者

書不記，熟讀可記。義不精，細思可精。惟有志不立，直是無著力處。只如而今貪利祿而不貪道義，要作貴人而不要作好人，皆是志不立之病，直須反復思量，究見病痛起處，勇猛奮躍，不伏作此等人。一躍躍出，見得聖賢所說，千言萬語，都無一事不是實語，方始立得此志。就此積累工夫，迤邐向上去，大有事在，諸君勉旃，不是小事。

朱子童蒙須知

夫童蒙之學，始於衣服冠履，次及言語步趨，次及灑掃涓潔，次及讀書寫文字，及有雜細事宜，皆所當知。今逐目條列，名曰《童蒙須知》。若其修身、治心、事親、接物與夫窮理、盡性之要，自有聖賢典訓，昭然可考，當次第曉達，茲不復詳著云。

衣服冠履第一

大抵為人，先要身體端整。自冠巾、衣服、鞵襪，皆須收拾愛護，常令潔淨整齊。我先人常訓子弟云，男子有三緊，謂頭緊、腰緊、脚緊。頭，謂頭巾。未冠者，總髻。腰，謂以絛或帶束腰。脚，謂鞵襪。此三者，要緊束，不可寬慢。寬慢則身體放肆，不端嚴，為人所輕賤矣。

凡著衣服，必先提整衿領，結兩衽，紐帶不可令有闕落。飲食照管，勿令污壞；行路看顧，勿令泥漬。

凡脫衣服，必齊整折疊箱篋中，勿散亂頓放，則不為塵埃雜穢所污，仍易於尋取，不致散失。著衣既久，則不免垢膩，須要勤勤洗澣。破綻則補綴之。盡補綴無害，只要完潔。

凡盥面，必以巾帨遮護衣領，卷束兩袖，勿令有所濕。

凡就勞役，必去上籠衣服，只著短便，愛護勿使損污。

凡日中所著衣服，夜臥必更，則不藏蚤虱，不即敝壞。苟能如此，則不但威儀可法，又可不費衣服。晏子一狐裘三十年，雖意在以儉化俗，亦其愛惜有道也。此最飭身之要，毋忽。

語言步趨第二

凡為人子弟，須是常低聲下氣，語言詳緩，不可高言諠哄，浮言戲笑。父兄長上有所教督，但當低首聽受，不可妄大議論。長上檢責，或有過誤，不可便自分解，姑且隱默。久卻徐徐細意條陳云：此事恐是如此，向者當是偶爾遺忘。或曰：當是偶爾思省未至。若爾則無傷忤，事理自明。至於朋友分上，亦當如此。

凡聞人所為不善，下至婢僕違過，宜且包藏，不應便爾聲言。當相告語，使其知改。

凡行步趨蹌，須是端正，不可疾走跳躑。若父母長上有所喚召，卻當疾走而前，不可舒緩。

灑掃涓潔第三

凡為人子弟，當灑掃居處之地，拂拭几案，當令潔淨。文字筆硯，凡百器用，皆當嚴肅整齊，頓放有常處。取用既畢，復置元所。父兄長上坐起處，文字紙劄之屬，或有散亂，當加意整齊，不可輒自取用。凡借人文字，皆置簿鈔録主名，及時取還。牕壁、几案、文字間，不可書字。前輩云：壞筆污墨，瘝子弟職。書几書硯，自黥其面。此為最不雅潔，切宜深戒。

讀書寫文字第四

凡讀書，須整頓几案，令潔淨端正。將書冊整齊頓放，正身體，對書冊，詳緩看字，子細分明讀之。須要讀得字字響亮。不可誤一字，不可少一字，不可多一字，不可倒一字，不可牽強暗記。只是要多誦遍數，自然上口，久遠不忘。古人云：讀書千遍，其義自見。謂熟讀，則不待解說，自曉其義也。余嘗謂讀書有三到，謂心到、眼到、口到。心不在此，則眼不看子細。心眼既不專一，卻只漫浪誦讀，決不能記，記亦不能久也。三到之法，心到最急。心既到矣，眼口豈不到乎？

凡書冊須要愛護，不可損污縐摺。濟陽江祿，書讀未完，雖有急速，必待掩束整齊然後起，此最為可法。

凡寫文字，須高執墨錠，端正研磨，勿使墨汁污手。高執筆，雙鉤端楷書字，不得令手揩著豪。

凡寫字，未問寫得工拙如何，且要一筆一畫，嚴正分明，不可潦草。

凡寫文字，須要子細看本，不可差訛。

雜細事宜第五

凡子弟，須要早起晏眠。

凡諠閧爭鬬之處不可近，無益之事不可為。謂如賭博、籠養、打毬、踢毬、放風禽等事。

凡飲食有則食之，無則不可思索。但粥飯充饑，不可闕。

凡向火，勿迫近火旁。不惟舉止不佳，且防焚爇衣服。

凡相揖必折腰。

凡對父母、長上、朋友、必稱名。

凡稱呼長上不可以字，必云某丈。如弟行者，則云某姓某丈。按：《釋名》：弟訓第，謂相次第也。某丈者如云張丈李丈。某姓某丈者，如云張三丈李四丈。舊注云。

凡出外及歸，必於長上前作揖，雖暫出，亦然。

凡飲食於長上之前，必輕嚼緩咽，不可聞飲食之聲。

凡飲食之物，勿爭較多少美惡。

凡侍長者之側，必正立拱手。有所問，則必誠實對，言不可忘。

凡開門揭簾，須徐徐輕手，不可令震驚聲響。

凡眾坐必斂身，勿廣占坐席。

凡侍長上出行，必居路之右，住必居左。

凡飲酒，不可令至醉。

凡如廁，必去外衣，下必盥手。

凡夜行，必以燈燭，無燭則止。

凡待婢僕，必端嚴，勿得與之嬉笑。執器皿，必端嚴，惟恐有失。

凡危險不可近。

凡道路遇長者，必正立拱手，疾趨而揖。凡夜臥，必用枕，勿以寢衣覆首。

凡飲食，舉匙必置筯，舉筯必置匙。食已，則置匙筯於案。

雜細事宜，品目甚多。姑舉其略，然大槩具矣。

凡此五篇，若能遵守不違，自不失為謹愿之士。必又能讀聖賢之書，恢大此心，進德修業，入於大賢君子之域，無不可者。汝曹宜勉之。

呂東萊乾道四年九月規約

凡預此集者，以孝弟忠信為本。其不順於父母，不友於兄弟，不睦於宗族，不誠於朋友，言行相反，文過遂非者，不在此位。既預集而或犯，同志者規之；規之不可，責之；責之不可，告於眾而共勉之；終不悛者，除其籍。

凡預此集者，聞善相告，聞過相警，患難相恤。游居必以齒相呼，不以丈，不以爵，不以爾汝。

會講之容，端而肅。羣居之容，和而壯。箕踞、跛倚、諠嘩、擁併，謂之不肅。狎侮、戲謔，謂之不莊。

舊所從師，歲時往來，道路相遇，無廢舊禮。

毋得品藻長上優劣，訾毀外人文字。

郡邑政事，鄉閭人物，稱善不稱惡。

毋得干謁、投獻、請托。

毋得互相品題，高自標置，妄分清濁。

語毋褻、毋諛、毋妄、毋雜。妄語，非特以虛為實，如期約不信，出言不情，增加張大之類皆是。雜語，凡無益之談皆是。

毋狎非類。親戚故舊，或非士類，情禮自不可廢，但不當狎昵。

毋親鄙事。如賭博、鬭毆、蹴踘、籠養撲淳、酣飲酒肆、赴試代筆，及自投兩副卷、閱非僻文字之類，其餘自可類推。

呂東萊乾道五年規約

凡與此學者，以講求經旨、明理躬行為本。

肄業當有常，日紀所習于簿，多寡隨意。如遇有幹輟業，亦書于簿。一歲無過百日，過百日者，同志共擯之。

凡有所疑，專置冊記錄。同志異時相會，各出所習及所疑，互相商榷，仍手書名於冊後。

怠惰苟且，雖漫應課程，而全疎略無敘者，同志共擯之。

不修士檢，鄉論不齒者，同志共擯之。

同志遷居，移書相報。

又乾道五年十月關諸州在籍人

一在籍人將來通書正用一幅，不許用虛禮。謂如學際天人及即膺召用、台候、神相、百拜、過呼官職之類。

一通書不許用劄目，不許改名。

一通書止許商榷所疑，自敘實事。謂自敘出入行止之類。

一通書不許以幣帛玩物為信。玩謂圖畫及几案玩具，物謂研扇凡什物之類。

一在籍人將來相見不用名紙門狀。

一在籍人不幸有喪，仰同州同縣在籍人依規矩弔慰，仍具書，尋便報知堂上，道路雖遠，無過半年。

一在籍人如有不遵士檢，玷辱齋舍，同籍人規責不悛者，仰連名具書，報知堂上，當行除籍。如共為隱蔽，異時惡聲彰聞或冒犯刑法，同州同縣人並受隱蔽之罰。

右關諸州在籍人，各仰遞相傳報遵守。

年月日掌儀位關

陸象山白鹿洞講義

某雖少服父兄師友之訓，不敢自棄，而頑鈍疎拙，學不加進，每懷愧惕，恐卒負其初心。方將求針砭鐫磨於四方師友，冀獲開發，以免罪戾。比來得從郡侯秘書，至白鹿書堂，群賢畢集，瞻覩盛觀，竊自慶幸。秘書先生、教授先生不察其愚，令登講席，以吐所聞。顧惟庸虛，何敢當此？辭避再三，不得所請。取《論語》中一章，陳平日之所感，以應嘉命，亦幸有以教之！

子曰：「君子喻於義，小人喻於利。」

此章以義利判君子、小人，辭旨曉白。然讀之者，苟不切己觀省，亦恐未能有益也。某平日讀此，不無所感，竊謂學者於此，當辯其志。人之所喻由其所習，所習由其所志。志乎義，則所習者必在於義，所習在義，斯喻於義矣。志乎利，則所習者必在於利，所習在利，斯喻於利矣。故學者之志不可不辯也。

科舉取士久矣，名儒鉅公皆由此出。今為士者固不能免此，然場屋之得失，顧其技與有司好惡如何耳，非所以為君子、小人之辯也。而今世以此相尚，使汩沒於此而不能自拔，則終日從事者，雖曰聖賢之書，而要其志之所鄉，則有與聖賢背而馳者矣。推而上之，則又惟官資崇卑、祿廩厚薄是計，豈能悉心力於國事民隱，以無負於任使之者哉？從事其間，更歷之多，講習之熟，安得不有所喻？顧恐不在於義耳。誠能深思是身，不可使之為小人之歸，其於利欲之習，恒焉為之痛心疾首，專志乎義而日勉焉。博學、審問、謹思、明辯而篤行之。由是而進於場屋，其文必皆道其平日之學，胸中之蘊，而不詭於聖人。由是而仕，必皆共其職，勤其事，心乎國，心乎民，而不為身計。其得不謂之君子乎！

秘書先生起廢以新斯堂，其意篤矣。凡至斯堂者，必不殊志。願與諸君勉之，以毋負其志。

淳熙辛丑春二月，陸兄子靜來自金溪，其徒朱克家、陸麟之、周清叟、熊鑑、路謙亨、胥訓實從。十日丁亥，熹率寮友諸生，與俱至於白鹿書院，請得一言以警學者。子靜既不鄙而惠許之。至其所以發明敷暢，則又懇到明白，而皆有切中學者隱微深痼之病，蓋聽者莫不悚然動心焉。熹猶懼其久而或忘之也，復請子靜筆之於簡，而受藏之。凡我同志，於此反身而深察之，則庶乎其可不迷於入德之方矣。新安朱熹識。

卷之九

鵝湖詩説

雷鋐

乾隆八年七月，余返自江南，取道鉛山，將游武夷而歸。鉛山令韓江鄭君之僑，余門下士也；振興鵝湖書院，躬課諸生。余與俱至鵝湖，瞻仰聖祖宸翰，拜謁四賢畢，諸生環侍，鄭君請一言以示訓。余曰：講學之書，先儒備矣，唯在心體而身驗之，奚容贅？雖然，朱陸異同，聚訟至今，始於鵝湖之詩，試與諸生言之。

當日朱子送呂東萊先生至鵝湖。東萊約陸子壽、子靜二先生來會。子壽賦詩云：「孩提知愛長知欽，古聖相傳只此心。大抵有基方築室，未聞無址忽成岑。留情傳注翻榛塞，著意精微轉陸沉。珍重友朋勤切琢，須知至樂在于今。」孩提知愛，稍長知敬，此孟子指出人人本心所固有。使知察識而擴充，即如築室之有基，成岑之有址。子壽此詩，夫何間然。但以築室成岑，正有結構積累之功，非即以基為室，以址為岑也。聖經賢傳，辯別是非邪正，以開牖人心胸，正恐鹵莽涉獵，不得其精微之意耳。顧謂傳注可不留情，精微可不著意乎？當曰「溺情章句翻榛塞，著意虛空更陸沉」則得之。子靜和云：「墟墓興哀宗廟欽，斯人千古不磨心。涓流積至滄溟水，拳石崇成泰華岑。易簡功夫終久大，支離事業竟浮沉。欲知自下升高處，真僞先須辯只今。」子靜此詩首二句，即子壽引孟子之意。

子壽未説到功夫，子靜斡旋之，故曰：「涓流積至滄溟水，拳石崇成泰華岑。」今語人以一線之流可成滄海，一拳之石可作泰山，雖三尺童子，亦不信之。滄海不擇細流，泰山不辭土壤。多識前言往行，以蓄德集義，以生浩然之氣，正如是也。如謂自有易簡功夫，則孔子好古，敏以求之，博學、審問、慎思、明辯、篤行，亦為多事。殊不教人以易簡，何也。且易、簡二字，只可説道體，説不得功夫。乾以易知，坤以簡能，道體本如是。人不盡生安之質，不用致知力行，日積月累，如何信得萬理皆具于心，唯當曰「切實功夫終久大，支離事業竟浮沉」，則警切學者，為功不小。蓋朱子之學非支離，世之學者，徒務辭章，記誦口耳之學，實多支離。浮沉一生，枉費心力，真可惜也。若奮然立志，返求為己，則真偽之辯明，自下升高，非一蹴可至，正有多少功夫在。

朱子三年後，乃和詩以寄懷，云「德義風流夙所欽」，此指未會時言也。「別離三載更關心」，此指既別後言也。「偶扶藜杖過寒谷，又枉籃輿度遠岑」，此追憶當日相會時事也。「舊學商量加邃密，新知培養轉深沉」，此探問別後功夫也。因子壽脱離傳注，子靜自矜易簡，恐開蹈空之弊，故曰：「卻愁説到無言處，不信人間有古今。」厥後，朱子答項平甫書云：「近世學者，務反求者，以博觀為外馳；務博觀者，以内省為狹隘。左右佩劍，各主一偏，而道術分裂，不可復合，此學者之大病。」又云：「子靜所説專，是尊德性事。而某平日所論，卻是道問學上多了。今當反身，用力去短集長，庶幾不墮一偏。」朱子之心，虛公廣大，所以為萬世儒宗。子靜白鹿洞講「義利」，朱子深取之，謂其足以發學者隱微深錮之病。今若此關打不破，尚敢開口辯朱、陸之異同乎？且陸先生兄弟之學，固不可因鵝湖二詩定其生平。

朱子答呂東萊書云：「近兩得子壽兄弟書，卻自訟前日偏見之説。」東萊與朱子書云：「陸子壽前日經過，留此二十餘日，幡然以鵝湖所見為非。」又云：「陸子壽不起，可痛！篤學力行，深知舊習之非，求益不已。」朱子祭子壽文，尤深痛惜。謂其降心以從善，豈有一毫驕吝之私。子靜與曹挺之書云：「學者且當大綱，思省平時，雖號為士人，雖讀聖賢書，其實何曾篤志聖賢事業？往往從俗浮沉，與世俯仰，狥情縱欲，汩沒而不能以自振。日月逾邁，而有泯然草木俱腐之恥。到此能有愧懼，大決其志，乃求涵養磨勵之方。若有事役，未得讀書，未得親師，亦可隨處自家用力檢點。見善則遷，有過則改，所謂心誠求之，不中不遠。若事役有暇，便可親書冊。」此段每讀之，令人通身汗下。陸先生未嘗教人廢書冊，亦即此可見。今之主張陸學者，尚曰據依在心，豈靠書冊為，有無其弊，不至不立，語言文字，不入禪學不止，豈陸先生之教哉！即曰在人情、事勢、物理上做工夫，並非頓悟其不至，師心自用，臆見自逞者幾希。我聖祖仁皇帝頒賜鵝湖匾額，曰「窮理居敬」，示萬世學者，奉朱子為正宗。我輩惟在脫去俗學，如朱子所謂讀書則實究其理，行已則實踐其跡，念念向前，不輕自恕而已矣。

鄭君之為令，政行事舉，人皆信服。幸以此教諸生，使鵝湖山下，正學日興，人才日出，則豈特有功于是邑已哉！講論之餘，因書此貽鄭君，俾諸生互切磋焉。

朱陸異同論

鄭之僑

道學之聚訟，惟朱陸異同為始。五百年來，學者莫不傳為口實，不知聖人之道，其揆則一。而學聖人之道者，或從知入，或從行入，及其知之一，行之一，則無有異也。學者多言陸子尊德性，朱子道問學。夫尊德性道問學，一理而已矣。蓋德性者，仁義禮智之謂也。尊之云者，涵養擴充，精而擇之，一而守之，非學問曷由盡其功焉。故夫廣大而精微，高明而中庸，與夫故與新、厚與禮，皆德性之體也。致之盡之，極之道之，其溫其知，其敦其崇，皆問學以尊夫德性也。如此，則知與行合矣，擇與執合矣。戒慎恐懼，貫乎其間矣。夫舍德性而言問學，則失之支離；舍問學而言德性，則入於空寂。理無精粗，學無內外，又何有異同之可言。即陸子之學，以求放心為主，而云不廢學問之事。朱子言主敬，以立其本，窮理以致其知，返躬以踐其實。是朱子之學，未嘗失之支離；陸子之學，未嘗失之空寂。且正、心、誠、意四字，朱子自言生平得力在此，學者誠由此深思，其有以異乎？其無以異乎？或謂草廬一派，實是尊陸者也。金華一派，實是尊朱者也。兩家高弟，因而成之，後來各尊其師，遂至紛紛攻擊，不遺餘力。然陸子之學盛于姚江，朱子之學盛于薛敬軒、胡敬齋。敬軒、敬齋之學，以主忠信為主，以求放心為要，而以存誠主敬為歸。若姚江倡道于虔，自云從萬死一生中悟出子輿氏「良知」二字，可謂超然自信，獨往獨來，無所依傍，而不得其師說者，遂至流入禪宗，因歸咎於子靜之多偏。夫禪宗之說，棄人倫，遺物理，極其弊，必至流為天下國家害。苟陸子之學而果若是也，謂之禪可也。今觀陸子之說，謂同師堯、舜，而所學之端緒，與堯、舜不同，即是異端。又謂心有未明，安能明經，實見夫誠意正心，以至治家國平天下原本於致知，此正與孟子所謂「先立乎其大者」若合符節矣。而姚江之辯禪，又以其遺棄人倫之常，以求明其所謂吾心，而不知物理即吾心，有不可得而遺者。至敘《象山文集》曰：陸氏之學，孟子之學也，亦即「學問之道無他，求其放心」之言以證其心理合一之説而已矣。朱子云：「心者虚靈不昧，以具衆理，而應萬事。」朱子之學可知，陸氏之學亦可知，而紛紛以禪詆陸氏者何為？雖然姚江之致良知，祇是聰明作用，有目者所其非矣。試考陽明之年譜，謂其謫龍場也，日夜端居澄默，以求靜一。久之，胸中灑灑，因念聖人處此，更有何道。忽中夜大悟格物致知之旨，寤寐中若有人語之者，不覺呼躍，從者皆驚。是又未嘗不從念慮入也。及經宸濠之變，語人曰：「近來信得致良知三字，直聖門正法眼藏。往年尚疑未盡，自多事以來，只此良知，無不具足。」他日又曰：「當時尚有微動於氣所在，設今處之，更不同。」是又未嘗不從事為入也。《譜》又言：陽明始發悟時，以默記五經之言證之，無不脗合，因著《五經臆説》。且致知二字，揭自《大學》，良知二字，揭自《孟子》，是未嘗不從文字入也。一日，遇湛甘泉于京師，嘗為文作別，自言：「少不知學，已出入於釋老，久之，乃沿周程之説而求焉，岌岌乎僕而復興。晚得交甘泉，而後志益堅，毅然若不可遏。」由此觀之，其所商求印證，得之朋友之助發，當不少矣。是又未嘗不從講論入也。是則陽明之所致知，仍不外朱子之所以格物也。而陽明何詆毁朱子為？孔子曰：「中人以上，可以語上，中人以下，不可以語上。」顔子之四勿，曾子之忠恕，何嘗強人以頓語上哉？後之拈良知為宗倡者，常使聰明好高之士，每因此而輒希頓悟，是拈宗立教者之過也。今至執朱陸異同之説，呶呶置喙，至使理學之壇，劃為鴻溝，能善自得師者，又何忍過分門戶若此？且夫門戶之説，由堂奥而後名也，有堂而後有門，有門而後有戶，門戶不一，而光明正大之堂則一也。

聖賢之道，殆如堂然，而或以知入，或以行入，此即入堂之門戶也。得一門戶以入堂，雖有先後之異，勞逸之殊，而總足以窺見宗廟之美，百官之富。又何至如異端禪學，舍大道而旁趨曲徑，以至竄足荊榛，哭岐荒落哉？再於入堂之後，同得其道，或以澤及生民，或以教傳四方，其分出之門戶，又若一隨其人之所遇，一因其資稟之所領，而究之，仍是堂堂正正一脈，無分彼此。此即如聖門中，或以知悟一貫，或以行悟一貫，推之德行、言語、政事、文學，各隨諸賢材質，並聚一堂。使如後人肆三尺之喙，各相詆毀，不幾使子貢之穎悟，與曾子之篤信，固守其先，攻擊於杏壇之上哉？即陸子曾有言曰：「張敬夫似明道，朱晦菴似伊川。」明道伊川，兄弟也。一則德性寬大，一則氣力剛方，何嘗至如冰炭之不相入。而朱子又曰：「南度以來，八字著脚，做著實工夫者，唯予與陸子靜二人。予實敬其為人，未可輕議。」其互相推重如此。然則朱子、陸子，入德各異，而造道則同。朱子之學，徹上徹下之學也。陸子之學，非即主靜之謂乎？學者苟得其門而入，毋作聰明，毋執臆見，博文約禮，交致其功，斯為善學道者矣。孟子曰：「夫道一而已矣。」此言可定為朱陸異同論。

鵝湖學規説

鄭之僑

鵝湖書院，先儒講學之所也。登其堂者，慕其風而思其德，庶感發奮起而實學出焉。庚申歲，之僑集生徒肄業其間，勤勤懇懇日以實學，望諸生者，亦頗謂迫而切也。諸生索求學規於僑，以為讀書準則。僑曰：學規者，所以範其身乎？抑所以範其心乎？夫心者，身之主也，範其心而身可治。昔朱子《白鹿洞規條》，諸生聞之熟矣，僑又何敢贅及。但人生讀書全在體認，不在浮詞，全在當境力行，不在咿唔佔畢。若口誦而心不在，無論諸子百家，難以強記。即日誦四子書，口過心忘，於身心性命，終無一點裨益。如《志道》一章，諸生誰不讀過？試肯反身而體察之，則所謂學規者不在是乎！

一曰志於道

朱子云：心之所之之謂志道，則人倫日用之間所當行者是也。知此而心必之焉，則所適者正，而無他歧之惑矣。之僑謹按：端其志向，學人第一緊要關鍵。蓋人禽之分，賢不肖之别，儒釋之異途，道德功利之各出，全在念頭之初發。出於此即入于彼，差之毫釐，失之不啻千里也。昔孔子以「喻於義」者為君子，「喻于利」者為小人，聖凡之界判如霄淵。而陸子説，出人之所喻由其所習，所習由於所志。志乎義，則所習者必在義；志乎利，則所習必在利。聳心之論，直破後人之迷塞。學者先宜於自家心地上見得明白，打得乾淨，然後可與言聖賢之學。近見世之學者，初進書齋亦昂昂然，頗知向上。奈世途一染，功名念切，未免利慾薰心，不曰讀書效法聖賢，止曰讀書博求富貴。求富貴不得，則搔首怨天，噴氣尤人，多方營求，百般僥倖。此即得一官，受一爵，直以百姓之脂膏，償秀才時窮酸之債，行苛剝以肥己，謀聲氣以欺人，安得砥礪廉隅，端風俗而安民命？此自暴自棄，其禍可勝言哉！其志不殘壞而可惜哉。夫聖賢之道，原非高遠而難為。孟子曰：人皆可為堯舜。堯舜之道，孝悌而已矣。人不可學堯舜，獨不可學孝悌乎？誠能於綱常倫理，日用常行之事，前去身體力行，則胸次卓犖，識見高明。宇宙間第一好事，莫先於此；宇宙間第一人品，亦莫大於此。又何必區區專心科舉，與流俗相浮沉為？雖然，科舉之學今日不能廢，就講科舉之學，亦莫不依道學為表裏。蓋文所以載道也，體乎道而為文，則言皆有物。根之茂者其實遂，膏之沃者其光華。所謂仁義之人，其言藹如是也。欲學時藝者，倘有愛親敬長之真心，遇父兄在前，和其氣，婉其容，徐行後長，不慢不放。久之和順積中，乖戾之氣潛消。由是發為文章，有雍容大雅之風，無淩厲慘刻之習，太和元音即在此也。本此以事君，即為忠臣，持此以交友，即為良友。功業彌淪天地，仍是實行，端在一己。本實學為科舉，科舉亦何嘗累人，人自負科舉耳。諸生亦知取法乎上，僅得其中，取法於中，便為下民。伊尹致君于堯舜，試思其耕莘樂道者，是何胸次；諸葛孔明扶漢鼎于既傾，試思隆中抱膝長吟者，是何氣象。古人德業，何一不先於立志決之耶？南軒張子曰：學者當以立志為先，不為異端惑，不為文采眩，不為功利汩，庶幾可以言讀書矣。此即志於道之謂也。

一曰據於德

朱子云：據者執守之意，德則行道而有得於心者也。得之於心而守之不失，則始終惟一而有日新之功矣。

之僑謹按：綱常之地，德性所關，人生最樂之事，莫要於此。試思吾有君，吾能極其忠愛，不必論其在朝在野，為臣為民，而一團纏綿固結之意，恍然太平景象，樂乎？否耶？吾有父母，吾能極其孝敬，不必論其或富或貧，或貴或賤，而依依孺慕一堂，和順其樂，不可名言也。吾有兄弟，念同氣之親，敦手足之誼，由此而和宗睦族，饑寒相周，疾苦相恤，而刻薄寡恩可不設是念矣。夫婦風化之始，夫婦和則家道亨，夫婦乖則家道喪。吾能相敬如賓，不狎不慢，則情義正而德業成，俱見于此。至於朋友之在五倫，如五行之有土，相助處正不可少，總要從道義上推求，不伐同黨異，不依附聲勢，則在朝可以同寅協恭，在野亦可以相觀而善。由此視之，所謂躬行實得者，莫切於此而已矣。然躬行之道全要真實無妄。夫真實無妄者，誠也。而以守此真實無妄之誠者，敬也。世間讀書看誠、敬二字，為膚套不切之事，即或強攝，又未免有束縛拘抑之苦，不知人之一心，萬化所出。一念可欺，何事不欺？一念可放，何事不放？漸之，物欲牽引，邪雜紛擾，返之身心，全無實得，將從前所讀之書不幾一失而俱失耶。朱子曰：為小學者不由於此，固無以涵養本原而謹乎灑掃、應對、進退之節，與夫六藝之教。為大學者，不由乎此，亦無以開發聰明、進德、修業，而致乎明德新民之功也。然則存誠主敬，學者切要功夫。所謂誠者，止欲念，念皆實事，事皆真，不敢昧己以欺人，不欲為名以敗德。而所謂敬者，亦止是整齊嚴肅，收其放心，使起居語默以及酬酢應事不失此主，一無適之本體。蓋誠敬之道，修己治人，應事接物，莫不兼該聖學，所為徹始而徹終者此也。諸生於誠僞敬肆之間辯之，無不可體驗而有得矣。

朱子云：依者不違之謂，仁則私欲盡去。而心德之全也。功夫至此而無終食之違，則存養之熟無適，而非天理之流行矣。

一曰依於仁

之僑謹按：事物當然者謂之道，躬行此道於身心間者謂之德，全體此德於無間者謂之仁。仁者，統道德而立其體者也。生人之初，渾然無聯，而其一段藹然真摯處含有許多生意者，即謂之仁。從此而培養起來，便有妙用不窮。即如孩提之童，無不知愛其親，此自然而然，無待勉強。仁也，由是而一堂和順，同氣相關，做出綱常名教道理出來，非所謂道耶？德耶？再由此而推之，由一己之愛其親，亦欲使人之各愛其親，由人人之各愛其親，並欲使天下後世皆得其所，此充之四海難盡。此道德之量而要，何莫非藹然之仁所推暨也。今世之人，平旦之氣，誰是熄滅，但求道而懷自利之心，謀理而難勝狥欲之念。夫同一心也，無所為而為者公也，有所為而為者私也。有所為而為，則私意一萌，知有己而不知有人，即同堂親戚之人，亦且疏若胡越，豈非不仁之甚哉！昔孟子教人識仁體，而舉乍見孺子入井一事，指點人皆有側隱之心。可見，此心隨事而發見，隨時而觸動，隨人而體驗，不假強為，不外他求，即天地生物之心是也。蓋仁是生生之理，譬如桃仁、杏仁，一般方其結為種子，生意內含，充滿不露。此時人亦忽過，及加之以栽培，漸而甲折，漸而發生，再漸而開花結實，至結實後其仁猶是。且以一仁可得數千百仁，而是萬為一之道理，恍然可見，而仁不可勝用矣。諸生秉天地之心為性，即應體天地生物之心為心。隨其所做，皆有不容己於天下之事；隨其所遇，皆有不容已於天下之人，則南海北海同此心理。疲癃殘疾，各具生機。由仁民而愛物，而依仁之道，不在此乎？或者曰，依仁者存心養性之謂也。然吾儒存心養性，與禪家迥不相入，不可不辯。釋氏因空見性，不思善不思惡，只悟本來面目，自以為定中生慧，究之泯倫絕理，心性亦枯寂而無用，不曉得是麼道德，那認得是麼仁。若我儒則知我性中萬理備具，必戒懼慎獨，以養其性。戒慎愈加，性量愈充。充之不已，萬善出，萬化行。其道至於彌綸，天地曲成萬物。此可見合天地萬物以成其身者，其人乎？處天地萬物，而各當者其人之仁乎？而至論今日求仁之功，尤以強恕為切要。蓋仁天理也，天理全從人情上推勘。以己之心度人之心，而疾痛屙癢返身可見；以人之欲問己之欲，則安全周恤因心自然。此等心胸行之一人，即可行之數千萬人；行之一日，即可推之數千百世。聖人所謂萬物一體，先儒所謂滿腔皆惻隱之心，即可於依於仁驗之也。諸生其加意焉。

一曰游於藝

朱子云：遊者玩物適情之謂，藝則禮樂之文。射御書數之法，皆至理所寓，而日用之不可缺者。朝夕遊焉，以博其義理之趣，則應務有餘而心亦無所放矣。

之僑謹按：養性陶情，古人合一功夫。蓋古人德業文章根之於性，而後發之於情。當其未發，而天地萬物之理森然具備，而無聯兆可見者，性也，體也。及其既發，而天理萬物之理沛然形之於外者，情也，用也。情得其正，即為性之無偏，而取材千古，陶鑄百家，措之方州而咸宜，施之民物而皆當，此經世實學，有體有用者此也。乃近今學者，既不能養其性情，乃欲專工詩賦，博涉技藝，遂以為名家，此猶不務培養其根而欲枝葉之盛也，其可得乎？甚至佻達之輩，忘卻聖賢道理，一味遊山玩水，以為放曠不羈。而目之所接，口之所吟，無非一種淫詞艷曲，自謂玩物適情，不知此流蕩忘返，直是放其情，殘其性，其於綱常名教豈可問乎？又有一等過為拘牽，不省人事，終日閉門靜坐，不學得嘲風弄月，亦不曉得筭法書名。問以錢穀刑名，茫然不解，叩以人情世務，懵焉不識。此又是禪家之羈制其心，真趣俱滅絕了。而枯木死灰，究屬何用之物？昔胡安定設教，分經義、治事為二齋。而遊其門者皆能有所成就，此誠不失遊於藝之遺意也，諸生可不取法乎。蓋諸生生聖賢之後，當求為有本之學。根抵乎孝悌忠信，以端其本；講究儒先性理諸書，以驗其實；參考乎諸史百家，以疏其材；涉獵乎射御書數，以博其趣。夫如是胸次灑然，不染俗累，即或臨流賦詩，可悟出活水之源頭；登高作賦，花鳥禽魚仍是天人性命之借鑒，人情天理，到是一串，非有二事。即如今人逢場看戲，茍能會出忠孝節義，凜然如生處，則惻隱羞惡辭讓是非之心，勃發難已。其於讀書本領，未嘗無濟。奈世人不識，專欲於醉月偷花處尋卻意味，則情之溢者性必乖，其污人行止者豈淺小已哉。是以君子不貴無益之事，亦不貴無用之文。誠以治其情者，正以養其性。其為人心世道風俗計者，至深切也。諸生其知所尚哉。

朱子云：此章言人之為學當如是也。蓋學莫先於立志，志道則心存於正而不他據，德則道得於心而不失依，仁則德性常用而物欲不行，遊藝則小物不遺而動息有養。學者於此，有以不失其先後之序、輕重之倫焉，則本末兼該，內外交養，日用之間，無少間隙，而涵泳從容，忽不知其入於聖賢之域矣。

之僑謹按：古人讀書必以立品為要。而立品之道莫大於修身。欲修其身又必涵養德性，栽培仁心。夫如是，所學有得而又窮究於名物象數，以廣其識而練其材，則以聖賢道理處天下國家事，而沛然裕如矣。

今世學者，徒事口誦，與一己身上全無干涉，即沾沾學得八股文字，卻就功名迫身，孜孜然苟可以應主司之賞足矣。而於聖賢為學之根本，用功之次第，不以為空談，即以為迂論，此豈古人不可學哉，良以世俗浮沉，其志不立耳。茲就這章書與諸生玩索之。志于道句，端志向以正其趨也。據於德句，主誠敬以存其心也。依於仁句，密操存以養其性也。遊於藝句，博窮物理以盡應物之用也。先後不躐等，本末不偏廢。大學之道，即在於此。諸生誠能脫俗學之陋，以求聖賢之理，則四子書那一篇不是教人方法，那一句不是現身指點，何必虛求學規為。

辛酉戒諸生八則

鄭之僑

一戒因循

為學之蠹，莫大乎因循。蓋因循生乎苟安，苟安生乎怠惰也。曾子訓毋自欺，而云如惡惡臭，如好好色。朱子謂皆務決去而求必得之，以自快足於己，不可徒苟且以狥外而為人也。此可見為善去惡，古人何等勇猛，何等直截，正所謂持志如心痛，防過如貓捕鼠者。乃近今之士，口誦聖賢之書，並不知聖賢之力，緊做工夫處退縮，因仍日甚一日，照人則明，照己則昏，責人甚勇，責己甚怯，豈不可嘆。陸子曰：士人雖讀聖賢書，其實何嘗篤志聖賢，往往從俗浮沉，與時俯仰，狗情縱欲，汩沒而不能自振日月之邁，而有泯然與草木俱腐之恥。程子曰：言學便以道為志，言人便以聖為志，自為不能者是自賊者也。有志之士聞之能無省悟！

一戒嗜利

利之一字，其引人也最甘，其害人也最酷。至明之人，遇之而昏；至剛之人，遇之而餒。此一中乎利而心術世道日相沉溺而不可言者。夫人生在世，仰事俯育，利亦不能免。倘過矯焉，謂袁安可雪臥，范丹可甑塵，是亦不近人情之論。但《大易》曰：「利者，義之和也。」曾子曰：「以義為利。」此可見合義則利，不合義則不利之甚。朱子曰：「義如利刀相似，遇著事便劈斷。」學者打破此關頭，勿貪求，勿苟得，則砥礪廉隅。推而行之，以利濟蒼生者在是，以義正萬民者在是。諸生試看古人造利字，以刀立其旁，殆有深意。放而行者，多怨；專而有者，必爭象齒焚身，誠千古之龜鑑。

一戒妒忌

刻薄者，妒忌之謂也。妒忌者，忮求之所由生也。同此儔類視人如我，視我如人，在己之不足，何妨在人之有餘，借人之有餘，正以補我之不足，天地間至快至足，道理莫切于此。昔顏子有若無，實若虛；子路不忮不求，何用不臧，此心大而百物皆通，心公而萬物皆我一體矣。乃今世之人，聞人之善則妒之，見人之才則忌之，即不顯為妒忌，而外借忠厚之名，內挾攻詰之術，背後排擊，隱微摘伏，直至其善不成，其美不濟，而此心纔與之乾淨。此刻薄之道，狥己乃以害人，而害人亦適以害己。殘泯生機，忍害心理，總不肯少留地以自處者，將見于門内恩絕義乖，於鄉黨衆叛親離，不特不可入於聖賢之道，直流至為妨賢病國之小人而已矣，於一己亦何裨哉。諸生亟宜戒之。

一戒鑽營

窮通得失，有命在焉。俗語云，有意栽花花不秀，無心插柳柳成林。此雖淺人之言，其實便是安命之說也。乃世俗專尚鑽營，謂科名之得失，官資之崇卑，祿產之厚薄，必先依附權門而後彼此照應，諸事可以稱心。嗚呼！如此存心，則一心為勢利所役，其不至植黨行私盜竊名器也幾希。蓋性也，命也，二者合一道理。其求之而得也，乃命所固有。而多此一求，則我性已失光明正大之體。其求而仍不得，乃命所本無，而又多此一求，則性更以求而多乖。世之學者講求聲氣，潛通關節，及一旦敗露，而身名與之俱喪，亦獨何哉？其誠心誠不可解也。

一戒欺妄

忠信二字，學者入門之始，亦即學者造道之終。蓋聖賢道理，真真實實，莫非一段藹然懇切之處，不容欺，亦不容妄。乃近今學者，隨口譸張，總以誑人之聽聞。此有意欺人，而人終不能為我欺，則畢生所為，祇自成其虛偽而已。即使無意欺人，而捕風捉影，相尚滑稽，將心術日浮，德性日壞，而人心風俗亦日波靡而不可返。司馬溫公無事不可對人言，後語劉安世以立誠之要，則曰自不妄語始。此欺妄之戒，古人已於此兢兢也。諸生立定主宰，當無為不忠不信之小人也可。

一戒賭博

賭博賤行，乃市井無賴之所為。讀聖賢書以禮義自守，諒不至放僻邪侈，一同市儈。奈今日之士大夫輩，打馬吊鬬混江呼盧博奕，每每習之，而好好之而萬不可解。不知小賭博者，即是大賭博之漸也。偶一失足，廢時失事，廉恥喪而人品失，皆由於此矣。夫士君子，在一鄉一國，見夫輿夫賤隸間或有為於此者，尚為約束之，教化之，以正人心而厚風俗，奈何躬自蹈之，是殆委堂堂正正之身於輿夫賤隸之輩也。是可哀也。昔陶侃曰，樗蒲者，牧豬奴戲耳。願諸生絕不犯此事為幸。

一戒好訟

訟者，不得已而為之事也。學者讀書明理，必須平心養氣，方能責己恕人。大凡橫逆之來，正可急求改過以謝之。即不然，亦必深思省察，以求我所以致人不平之由，則無論事之大小，諒亦化為烏有矣。昔呂東萊讀《論語》至「躬自厚而薄責於人」，忽猛然有省，一時意氣皆平，自是終身無暴怒。朱子稱為能變化氣質。好訟者知此，則由忍耐以漸至於渾忘，便曉得寧我容人，毋人容我，包全許多體面，調養許多精神。夫子曰，吾未見能見其過而內自訟者也。能內自訟，則無暇訟人矣。此言可三思。

一戒肆談

便佞口給，聖門所憎。蓋人生各有難盡之職，自問且不可以告人，而徒憑一口舌，說人之是非，評人之短長，此不特己之行事有虧，而其設心先有不可問者矣。夫朋友之道，尚須忠告而善道之，況屬在外人。其閨門之隱，父子兄弟之事，以及謹密機務，此亦何必預及。即或觀人論事，亦必存一片平恕之心，以全公正之道，不為已甚之詞，昧失本心，不為過情之論大傷厚道。而乃空坐閒談，攻發人之陰私，指破人之丑行，造言生事，直至污人行止而後遏，此皆為人情所不堪，而禍患已生於眉睫矣。嗚呼，口舌之禍，慘于刀鋸也。

以上八則，皆切今時之弊，僑每用以自警。因為衍說，以告同堂，共相砥礪，庶俗情既遠而入道乃可有次第云。

壬戌示諸生十要

鄭之僑

入道之方，其綱著於《大學》，其旨暢於《中庸》。之僑寡陋無知，亦何能窺其萬一。但思四子書在，皆修身體道之要，一句有一句之益，一篇有一篇之益，學者身體而力行之，則成己成物之道備矣。姑就所見，覆衍數條，以示我同志。

一學以知本為要

讀書之道，全在明善復初。吾性中萬理具備，而總以孝悌為本。蓋天性之初發最為親切，從此培養起來，便有許多妙用。孔子曰：「愛親者不敢惡於人，敬親者不敢慢於人。」可見愛敬既積於中，自有藹然與萬物相關之處，將由親親而仁民，由仁民而愛物，次第推行，直至天下萬世，方足以竟其量。堯舜勳華事業，仍是孝悌做出，即其樣子也。試觀《論語》首章「學而時習之」，先論為學之全功，而次章即接以「其為人也孝悌」，可知明善復初之道，莫切乎此。此處若不吃緊認真，縱是終日誦詩讀書亦歸無益。何也？以其無本也。

一學以體認為要

世人讀書全是口耳之學，不肯反身體認。如「學而時習」一句，人誰不忽過，即訓詁家，亦每以誦讀溫習知行分貼了事。至問其如何致知，如何力行，是說古人致知，還是說自己去致知，是說古人力行，還是說自己去力行，無不茫然難解。不知注云：學之為言效也。人性皆善，而覺有先後。後覺者必效先覺之所為，乃所以明善而復其初也云云。可見吾性之初，萬理皆備。粹然至善，但氣稟容有或偏，物欲有時而蔽，必須克治其氣質之偏、物欲之蔽，使所知所行無太過，無不及，然後可以盡此身之理而全乎為學之本量。試觀顏子曰：「舜何人也，予何人也，有為者亦若是。」孟子曰：「乃所願則學孔子也。」周子曰：「士希賢，賢希聖，聖希天。」此正效法先覺之所為，以盡我性所固有者。學者從此體認之，則存心養性，讀書之大要在是矣。所謂開卷有益者此也。

一學以力行為要

職分內事，當一一盡之，使無遺闕，此便是學。蓋學所以學，即身而具之理也。夫即身而具之理，非力行不為功。朱子曰：「人於道理不能行，只是在我之道理有未盡耳。不當，咎其不可行，當，返而求盡其道。」夫道不遠乎？入聖賢此道，學聖賢者亦此道。《白鹿洞規條》，首列五倫之理，以為學者學此而已。學問思辯所以為篤行之地也，修身處事接物皆篤行事也。條件無多該括甚廣。知其理之所當然，即責以身之所必然。朱子所期於後學者，惟在於躬行而已矣。試思古聖賢之行事，何一非吾身之樣子，古聖賢之説話，何一非吾學之鑒觀。就如詩以理性情，書以道政事，禮以謹節文，皆切於日用行事之實。學者誠能借古人為榜樣，一一從自家身上理會，則修身齊家治國以一而貫，讀一經即得一經之實用。不然徒費講習之功，而無實踐之力。空言欺世，與身心漠不相涉，雖讀書亦奚以為。

一學以省察為要

聖狂賢不肖之別，只在天理人欲而已。天理存則人欲泯，人欲勝則天理亡。君子、小人無中立之勢，天理、人欲亦無共途之理。學者須於此省察之，使發念皆實，無一毫之寬假，無一毫之偽妄，則人欲從此而絕，天理從此而復矣。但方寸之內萌，每每發於不及，持此正人所不及知而已獨知之地耳。夫既為獨知，則真情發見，良心難昧，不啻天地鬼神之環視，父兄師保之臨於吾前。昔顏子克復之功，曾子無自欺之學，不過於此處加之意而已矣。

諸生欲體認天理，當問事之公不公。欲知事之公不公，當問心之安不安。從此內照，欲自欺而有所不能，況欺人乎？朱子曰：「涵養本原之功，誠易間斷，然纔覺間斷，便是相續處。」時時檢點，則所謂省察也。刑恕一日三點檢，程子以為可哀。是以君子必慎其獨，斯言誠可味也。

一學以存誠為要

聖賢之學，以存誠為第一事。真實無妄，已盡乎誠之義矣。世間學者，往往看誠字不親切，一似外面強捉來的，不勝其矯揉拘束之苦。是以視存誠工夫，一如釋氏閉目靜坐，空守一個念頭，虛無寂滅，於天下國家毫無干涉。不知所謂誠者，正欲把持一點，懇切真摯之心，以貫乎處事應物之際，念念皆實，事事皆實，不妄思亦不妄動。夫無妄思妄動者，敬也。敬者，所以涵養本原主一之謂也。一則進於誠矣，誠則無不敬矣。昔周子教人以誠，而程子教人以敬。誠以敬之與誠理本一貫，為一心之主宰，亦為萬事之根本。徹始徹終，無分內外。有志入道者，所當無時無處而不用其力也。朱子曰：「致知不以敬，則昏惑紛擾，無以察義理之歸；躬行不以敬，則怠惰放肆，無以致義理之實。」學者誠能收束其精神志慮，使視聽言動之際，無頃刻之惰馳，無絲毫之虛妄，則所謂居敬者在是，而所謂存誠者即在是矣。

一學以益友為要

師嚴道尊，此不必說矣。而相觀有善，相與有成者，則莫如朋友。蓋朋友之於我，意氣相投，凡是非曲直，緩急甘苦，在在可以心照。孔子曰：「友直，友諒，友多聞，益矣。」《易》之「隨」曰：「出門交，有功。」《禮》之「學記」曰：「獨學而無友，則孤陋而寡聞。」其於朋友何兢兢也。乃今學者，多以浮誇相尚，絕不以至誠相與。凡遇二三友朋飲酒征逐，親之而如兄弟。及至問其同甘共苦，卻視之若冰炭之不相入。即日用往來總是一片偏黨之私，遂至爭名奪利，各分門戶。不特不收朋友之益，且有各受其害於無窮者。不知讀聖賢書，只求為善無過而已，朋友有善相勸，有過相規，則成就我無窮之學問，表白我隱伏之愆尤，讀書本領莫大於此。諸生誠從綱常德義上細細體會，則責善規過，一日有一日之益；同寅協恭，終身有終身之益。彼此相關，有非泛言聲氣者所可道矣。《語》曰：「賢師不如益友。」諸生須宜留意。

一學以程課為要

學有一定之候，功有一定之節，時有一定之序，日有一定之程。然後按節而趨，依程而赴，循序而行，計候而進，歷之終身而不倦，工夫自然接續，時日自不至虛擲。今之學者不是姑待因循，即是進鋭退速，為學之功終歸於雜亂而廢弛。今宜量才質之敏鈍，以定所學之多寡。早間讀何書，午後讀何書，燈下讀何書，逐步檢點，逐步精進。如或本日有事，不得按刻完功，則宜於夜間補之。蓋夜氣之存，即清明之根。此時用功，智不鑿而神自清，所以息人心之動，而貽學人專功之地者，此也。昔袁了凡繪讀書圖，每扇編十二月，每月列三十日，每日畫一方格，方格內作三分。如清晨修業無曠，即用筆抹上一分，午間無曠，即抹中一分，薄暮無曠，即抹下一分。曠則空之。諸生誠仿其法而備置一簿，以為日記功課，則觸目警心，工夫之勤惰，各可自驗也。倘或本不用功而妄自填抹，是自欺以欺人也。其於設誠致行之志，安有存哉？豈不可惜，豈不可恥？

一學以讀史為要

十三經之傳也久矣，孔子删述後可信者惟六經。國家制科試以經藝，近來淹雅之士，固多通經矣。而至於史學，不特泛涉焉而少貫通，並且皓首而不解其何書。夫歷代帝王將相，各有經濟之猷。詳內而略外，非聖賢明體達用之學也。《中庸》言知所以修身，則知所以治天下國家矣。又曰，凡為天下國家有九經，可見治天下非徒一修己了事。而經世之術，濟變之方，實莫備於史。讀史者，驗古今治亂興亡得失之故，以長一己之材識，以擴一己之心胸。如看涑水《通鑑》以及紫陽《綱目》，看某帝畢，即須從頭檢點，記其大因革，大得失，宰相何人，幾人賢而忠，幾人奸而佞，閉目思之，如在目前，然後再看他帝。閱《二十一史》，如看某人本傳畢，亦須從頭檢點，某人何時出仕，做何功業，終於何官，歿於何年，統計一人之終始，如在眼前，而後再及他傳。如是識其是非，究其利弊，通其時勢。即不能熟記全史，而於善敗得失之規模，已可了然心目也。至於《御纂性理精義》，簡約精粹，尤足以佑啟後學。誠於濂、洛、關、閩諸書，身體而心驗之，則親切有味，俱從自己身上理會，覺性命精微之理與修身用世之學，又同條共貫者矣。他如《大學衍義》《大學衍義補》等書，昔人謂渾潔邃雅。置之案頭，於心氣甚有裨補。諸生當亦隨其才力之短長，以為誦讀之多寡也可。

一學以儀度為要

士子讀書樂道，澹泊寧靜，悃愊無華，亦何必修飾衣冠以至騖外而鮮實。然衣冠者所以攝其心志也。衣冠不肅，心志之惰慢可知矣。子貢曰：「夫子之文章，可得而聞也。」朱子注云：「文章、威儀，文辭皆是也。」可見一身威儀，動關德性，故威儀定命，傳所謂民受天地之中以生乎。試看孔子言仁，說到出門如見大賓，使民如承大祭。又曰：「居處恭，執事敬。」此中之齋莊嚴肅一心自收斂而不放，居敬之道在是，存心之道亦在是。諸生誠體察於此，以禮樂持身。凡一行步必安詳厚重，不至跳躍奔趨；一侍立必端莊靜定，不至跛倚顛倒；一衣履必潔清整齊，不至齷齪邋遢；一瞻視必靜正安閒，不至搖頭弄尾。如此動靜語默，無不端正而有體，平日所學，俱知深沉不露矣。《詩》云：「古訓是式，威儀是力。」此正所重相期者也。

一學以體裁為要

文章一道，隨風會為轉移。體格不同，要不外韓昌黎所謂惟其是而已。自制藝取士以來，傳者甚衆，而歷久不可磨滅者，總惟此理法之兼備。蓋文章如禮樂然，音無高下，中乎律，文無煩簡，中乎度。故理衷其是，雖肆而亦醇；法就其繩，雖變而亦正。王、唐、瞿、薛數公，固同是一燈相傳。即至天、崇五家，奇思雲湧，妙論泉生，總不一語寄人籬下，不一語剿襲前人，而字句意義，卻一一俱有來歷。此奇幻悲壯之中，仍寓光明正大之理，所以可貴也。今之為文，總不肯出自機杼。其淺者陳飯土羹，觸目生厭。其頗知自好者，又專讀冷稿，襲其近似之言，掉弄筆頭，故為險怪以欺人。此以艱深文其淺陋，致習舉業者，或指西江派為戒，豈不可惜。夫文章代聖賢立言，不獨理解宜根抵注疏，即取材亦宜原本經術。今日所作之文，即為異日拜獻之資。其勁達高邁者，心地之俊偉可知；其博大昌明也，其氣度之宏遠可知。昔王沂公賦梅花詩，識者謂此人安排作狀元宰相，後果光輔太平，功名與李文靖相埒，其明驗較著如此也。諸生涵養德性，蘄至古之立言者，得之心而書之紙，既和且平，上鳴國家之盛，僑于此深有厚望也夫。

之僑竊觀書院之設，原以教育英才，非以籠絡聲氣。諸生讀聖賢之書，自宜體聖賢之道。蓋古人之一言一行，皆為我而設，古人之所譏所刺，皆中我之疾痛也。試一邊讀書一邊體認，那一字一句不是與我相對照。故見賢思齊，見不賢而內自省，處處皆湊到身上來。僑過失叢滋，懼無以相長益，只舉目前之切近簡易者，日相勉勵。庶諸生皆知循理遏欲，不失鵝湖本來面目也已。

卷之十

詩

鵝湖書院朱陸韻　費宏

仰止鵝湖敢弗欽，來遊因悟聖賢心。一源活水通寒谷，幾片閑雲度遠岑。能向天機求動靜，肯于世路較升沉。
誠明兩字難偏廢，古訓傳流直至今。

遊鵝湖書院次先賢韻　雷鋐

學脈傳來只一欽，揭掀事業總根心。卻緣舍筏難航海，還是憑階乃陟岑。萬派源同流浩浩，三秋月朗夜沉沉。

古人往矣名山在，仰止長懷慰自今。

鵝湖書院和先賢原韻

鄭之僑

名儒風遠愈相欽，百轉徘徊望道心。除去荊榛通戶牖，賞來花鳥度雲岑。堂遙愛士成書癖，寺近逃禪免陸沉。不是千年宗一派，緣何俎豆到如今。

鵝湖和先賢原韻

楊人傑

敞開講席後人欽，須識先賢辯論心。鑑水有原涵太極，浮雲無意度遙岑。天機活潑鳶魚見，理境晶瑩隱怪沉。萬古光分長不夜，考亭一燭照于今。

前題

蔣垣

名賢事業後人欽，性學傳來只一心。看水有源終入海，尋階無地不登岑。草花堆徑香猶在，風雨敲窗響未沉。每過巍祠瞻道範，余懷渺渺到於今。

鵝湖書院次先賢韻

葛天申

道範千秋誰弗欽，過祠參謁慰余心。臺前細草高低級，門外青雲遠近岑。滿室香多花隱隱，半湖秋在月沉沉。自從晤對羹牆後，不盡尋思直到今。

鵝湖書院和先賢原韻

溫朝榮

講堂道脈代相欽，入院追尋慰素心。苔石繡開遺舊路，煙樓青散出遙岑。湖平春雨流無限，竹滴秋風響未沉。勝境盡隨人領略，山川良會古猶今。

鵝湖步先賢韻

劉祖年

書冊千言敢弗欽，還于靜處旨捫心。細蔓野草開幽徑，挺立孤松掛遠岑。子夜未分時息息，黃鐘初動韻沉沉。一從無極歸真宰，古樹寒鴉噪至今。

謁四賢祠感作三首

吳世良

風神冰骨遺祠古，曉陟春岡日破關。懇澗源涵沂泗水，板崖鎮擬岱宗山。夢揮理窟交羲旦，訣透心齋會孔顔。鹿洞嵩陽俱薜蘼，半生仰跡動凄潸。

又

靜界紅鵝去不回，悠悠千載白雲堆。壇留雁塔連宗嶽，院落龍章映上台。江國運回鄒魯脈，山齋勝擬麓嵩臺。臨風奠酒瞻遺像，庭草窻梅春露培。

又

飄蓬南國成絲鬢，登拜遺祠感興長。堂倚雲隈連鳳翥，院涼奎壁煥龍章。莓封斷徑經秋雨，松隱頹垣掛夕陽。千古溪山留勝會，幾回夢里論羲皇。

謁鵝湖書院　王翰

池近鵝湖二舍通，昔賢講道坐春風。遺容瞻拜丹青裏，故址荒涼煙雨中。水泛落花流古澗，山排翠闥聳層空。行行徧讀殘碑罷，滿樹蟬聲夕照紅。

謁鵝湖詩　夏正夫

紅鵝飛去碧湖空，積翠高巖在眼中。有木三間起書屋，無香一瓣寫愚衷。斯文下地未千載，元氣在天真數公。浩嘆出門乘去馬，蕭然林樹響悲風。

謁鵝湖書院

費宷

諸老高風迥莫攀，戀光蒼翠水潺湲。乾坤一會存吾道，祠宇千年重此山。碧草春深猶自好，紅鵝雲遠不知還。
摳衣莫問當時事，落落殘碑半蘚斑。

謁四賢書院

沈思永

仰止鵝湖謁四賢，千秋道貌尚巍然。春風化雨歸沂泗，魚躍鳶飛見性天。斷碣半藏若草字，餘香猶對御爐煙。
高樓更見龍章在，插起書籤紅日邊。

謁四賢祠　沈以寧

嶺抱山廻緑樹風，先賢祠宇仰宗工。登堂默認談經處，接武神遊講座中。功在注疏千聖合，理歸德性一源通。後人枉自分旗幟，朱陸於今豈異同。

謁四賢祠　鄭之僑

一代文宗百代傳，登堂猶見舊山川。淩空岫勢千層霧，到底湖心一片天。樓閣窻開紅日近，宫牆碑老繡苔緣。幾回尋取倡酬處，風雨瀟瀟古寺前。

謁四賢書院

溫朝榮

千岡萬壑赴門牆，相集名儒定有鄉。疏樹啼鶯朋友在，古湖寒雁弟兄行。餘來風氣花三徑，分得秋光月一堂。瞻仰巍祠今半載，故山回首路茫茫。

春日臨鵝湖書院

溫朝榮

蒼蒼水樹繞閒居，便到鵝湖興有餘。魚種萍池經雨密，竹移苔徑補花疏。曾催詩債寒谷內，又怯酒魔煖閣初。未識他年留此者，登堂一望更何如。

遊鵝湖書院感作

劉昔蕃

山行須另覓歸途，宿約原期謁大儒。行入荒祠餘鹿跡，謁①來峻嶺盡鵝湖。黃花未放看霜葉，白鳥群飛入畫圖。廢寺尚堪留客坐，輿人爭報日將晡。

鵝湖書院

張仲明

不到鵝湖又幾年，溪聲山色尚依然。捲簾淑景逢三月，入戶春風仰昔賢。盛世功名雙短鬢，平生心事片青天。無情花鳥如相戀，客裏行囊暫息肩。

① 「謁」，同治版《鉛山縣誌》作「詢」。

前題　高明

鉛山東路入鵝湖，絕巘淩空勢最孤。千載厚坤儲秀氣，一朝亨運集真儒。精專功到活潑地，往復書談太極圖。若使九原今可作，摳衣願為闢蓁蕪。

前題　費宏

一從無極分明後，荒徑鋤茅見講堂。自古乾坤惟此理，至今山水有餘光。庭空蔓草憑誰薙，澗滿香蘋欲自將。冠蓋追尋恨遲暮，卻愁猿鶴笑人忙。

過鵝湖書院

甘京

翠微山色點雲根，萬木驚霜落葉繁。俎豆古今崇聖學，瓣香朝暮愧禪門。一時持論多同異，千載斯文幾廢存。在昔趨庭嘗竊問，至今空谷與誰論。

鵝湖書院

丁道遠

義利分途幾最微，鵝湖濬導發天機。開窻納月花流影，滴露研硃柳染衣。茅草不除穿澗瘦，稻粱勤耔出田泥。山光照耀文光煥，塔頂懸燈接日輝。

擬鵝湖講學詩

詹如錫

為憶鵝湖舊講堂，四賢遺像尚餘芳。石頭似虎藏崖下，松檜如龍列道傍。性理淺深涵活水，心傳引躍現天光。
當年同異今猶耳，一道宗風萬古揚。

鵝湖疊嶂

龔敦

疊嶂雄開野水濱，白雲生處少風塵。丹崖翠壁偏宜晚，竹塢桃溪總是春。藹藹稻粱秋社節，陰陰桑柘晚歸人。
煙嵐草樹真如畫，一幅丹青萬古新。

鵝湖聳翠　李奎

鵝湖聳翠插蒼冥，曉日蒸霞映畫屏。樹色遠含千嶂碧，湖光倒浸數峰青。香生深谷幽蘭綻，聲度修林好鳥鳴。朱陸先賢曾會此，令人千載仰雄名。

鵝湖山　鄭日奎

一徑踏來幽意增，山嵐迎客快攀登。宛逢好友嗟遲暮，似讀奇書得未曾。溪浣落花仍片片，雲封古寺一層層。去留此際渾常事，相較余深愧老僧。

鵝湖懷古

費元象

崔嵬祠宇接天河，霜冷秋江落翠荷。勝地每因人倚重，名山從此亦稱鵝。月移松影穿簾入，風引濤聲繞座過。蘋藻千年興仰止，登臨已覺俗塵多。

鵝湖道中

蔡經

鵝湖山下春可憐，野梅舍雨柳生煙。遊絲細細駐林杪，浴鷺悠悠飛水田。物候催人如過客，朔雲回首忽經年。征衣尚拂紅塵路，悵望鄉關落照邊。

鵝湖野眺

薩天錫

十里蒼松對寺門，四圍翠滴路紛紛。湖心水滿通銀漢，山頂鵝峰化白雲。玉井芙蓉天上露，瑶池雪浪月中聞。石床茶竈如招隱，還許閒人一半分。

秋日費太僕招遊鵝湖

金光弼

平湖曲曲快登臨，況復秋風動客心。畫閣浮光盤鳥上，蒼山撲翠落波深。清霜未爛茨菰葉，暖日猶垂栝柏陰。幸有窮交公輩在，龜峰千載此幽尋。

瀑布泉　出鵝湖山　朱統銘

疋練飛懸鷲嶺迷，嵯峨勢自瀉前溪。長抛玉尺千尋下，一掛銀鈎百丈低。絕壁聲喧垂霰亂，遥空倒影落虹齊。我來應識潺流意，洗盡根塵任品題。

游石井　泉出鵝湖山下三首　朱子

一竇陰風萬斛泉，新秋會此弄清漣。人言湛碧深無底，只恐潛通小有天。

其二

聯倚君登泉上亭，黄塵雙眼想增明。藍輿獨向溪南路，惆悵不成同隊行。

其三

泉嵌側畔一川明，水石縈廻更有情。聞説近來疏葺好，想應仍是舊溪聲。

次韻擇之鉛山道中　朱子

幾月高堂闕問安，歸塗不管上天難。誦君兩疊思親句，也信從來取友端。

其二

行盡江湘萬疊山，家山猶在有無間。明朝漸喜登閩嶺，澗水分流響佩環。

次韻擇之發紫溪有作　朱子

明日振衣千仞岡，夜分起看月和霜。久知行路難如此，不用悲歌淚滿裳。

崇壽客舍夜聞子規得三絕句　朱子

空山初夜子規鳴，靜對琴書百慮清。喚得形神兩超越，不知底是斷腸聲。

其二

空山中夜子規啼，病怯餘寒覓故衣。不為明時堪眷戀，久知岐路不如歸。

其三

空山後夜子規號，門轉星移月尚高。夢里不知歸未得，已驅黃犢度寒臯。

鉛山立春　六言　朱子

雪擁山腰洞口，春回楚尾吳頭。欲問閩天何處，明朝嶺水南流。

其二

行盡風林雪徑，依然水館山村。卻是春風有腳，今朝先到柴門。

游石井和朱子韻

夏言

山下潛通一脈泉，幽花碧石映清漣。半巖深黑幾無底，知有神龍隱洞天。

和先賢石井詩三首

鄭之僑

湧出雲腴絡石泉，嵌空一竇響風漣。不從深處窺流注，又信龍藏古洞天。

又　井畔有亭

石角盤空一小亭，鵝峰倒影尚分明。誰人構此清幽趣，擬鳥山雲落澗行。

又　近井有古寺

水歸深院月池明，木石天然盡有情。為聽泉流登古寺，牧童笛過舊江聲。

石井和韻

葛天申

晝夜流聲山下泉，澄澄玉洞漾清漣。緣何深處空如月，石罅曾開一線天。

題鵝湖山　范巨卿

繚垣千尺秀峰環，臺殿參差杳靄間。更借西湖一千頃，為君題作小孤山。

鵝湖院　張濤

見說鵝湖昔未經，入門山色兢相迎。誰知布襪芒鞋底，只有青山不世情。

登鵝峯　鄭之僑

北上峯高舉日齊，境幽難畫又難題。回首城南十五里，萬綠如煙望已迷。

鵝峯

葛天申

群峯高下漫春蘿，雨後雲生石壁多。入到名山尋勝境，臨風不獨憶紅鵝。

前題

周廻四十餘里，晉龔氏家此，蓄鵝，峯故取名。

溫朝榮

漫天絕壁樹重重，六月寒生落翠峯。四十里山樵客路，群鵝下處白雲封。

荷湖橋

周道欽

光透雲根分半鏡，影涵波底結連環。千年鰲背堅逾老，百尺龍門夜不關。

荷湖　水面昔有荷生，後因紅鵝浴此，更曰鵝湖。　溫朝榮

誰向天邊開碧湖，碧湖秋水見花鬚。紅鵝浴處香猶在，負此荷風酒一壺。

濯纓橋　距寺數武，古碑勒名尚存。　溫朝榮

不是橋邊扣寺扉，客纓猶寄釣魚磯。科頭愈嘆風塵老，髮鬢絲絲澗底飛。

半嶺亭　在鵝湖山腰，去峯頂半里許。　溫朝榮

一岫徑過一岫雄，孤亭壁立翠微中。莫愁此去樵無路，半嶺停驂負老翁。

章巖 在鵝湖西北。 朱子

豁爾天開宇，谺然夜不扃。閑雲任棲宿，密雨斷飄零。破屋僧常住，高軒客屢經。古今題字處，一半蘚文青。

次韻擇之章巖 朱子

驅馬倦長道，投鞭憩此巖。來疑六鼇載，跡是五丁劖。泉脈流青潤，林梢擁碧巉。老禪深閉戶，客子且征衫。

題鵝湖 洪芻

萬松參嶺路，千畝勸春耕。不復紅鵝下，空遺碧澗横。佛扃傳縹緲，仙馭度崢嶸。道釋分殊境，藍輿許我行。

登鵝湖

王大卿

獨上最高處，幾經著力攀。邈哉千里地，俯矣萬重山。瞬息關河外，飛騰羽化間。層崖應可至，到此自優閒。

游鵝湖山

李夢陽

山到東南極，溪鄰閩越分。亂峰晴冒雪，交水暮蒸雲。石象空遺跡，湖鵝尚作群。古寺荊棘里，駐馬慟斯文。

游鵝湖書院

江皐

講席何年盛，風流紀勝遊。人傳南渡後，地枕北山邱。朗印孤峯月，疏櫺萬壑秋。前型猶未墜，憑弔倚岑樓。

和先賢章巖原韻　鄭之僑

古洞何須鑿，空門自不扃。巖深防雨密，徑老識秋零。冷石光搖鏡岩心有石鏡，濃陰濕上經。只緣山壓處，煙起一樓青。

和先賢章巖　楊人傑

剗巧天成谷，撑空戶不扃。長觀月皓潔，莫慮雨飄零。拭鏡開珠匣，磨崖刻石經。遠峰雲樹杪，數點佛頭青。

瀑布泉　溫朝榮

晴谷天如雨，層巒下碧湍。一痕煙霧散，半潤草花繁。風裏鳴弦急，石邊碎玉寒。何當孤院坐，寂聽客心酸。

賦

遊鵝湖山賦　以商量邃密培養深沉為韻

劉翎聯

丹鳳游兮朱鳥翔，白鸞燦兮繡鵠黃。一步百息兮山之岡，千廻萬轉兮見湖光。湖兮湖兮綠波揚，墜索萬緡兮恨不長。中多赤鵝兮排鴈行，自刷自搜兮輝天章。煙波雖闊兮限無糧，荷有龔仙兮餉飼良。朝尋芝草兮夜刈菖，菰米棗栗兮儲石倉。雛乳卵育兮意徜徉，上沖雲漢兮下滄浪。至今踪跡兮付微茫，招之不來兮誰與商。乃陟金微涉瀟湘，尋巫峽，泛天潢。問姮女，乞羲皇。覔當年之片羽，望湖水之空洋。輾轉求之而不可得，堅攻絶壁，徒默默以思量。乃為之魂欲斷，心如醉，混陰晴，割曉晦。鴈嘹嘹，鸞噦噦，松喬喬，竹翠翠。頂峯飛青，儕巒側鋭。雲觸石而透陰風，洞浮光而竇幽邃。至若嶺塞絶石，千尋屹立，無歧可尋，無隙可覔。倏焉而奇境天通，旋之而靈區地闢。左建星樓，右敞石室。架擁丹書，厨藏秘笈。仙人之奇篆難追，陰符之神工罔識。太古之渾噩不雕，至道之精微愈密。則有頓悟奇俠，語出齊諧。一嘯而千山響應，一咄而萬木聲哀。鶴和之而嘹唳，雲擁之而徘徊。小滄溟于一勺，大卷石于崔嵬。遊斯山也，為之擴千古之胸臆，築百壘之瓊瑰。又有沉潛性命，結自仙胎。心根月窟，足躡蓬萊。修眞有秘，作賦多才。綻頃刻之琪花，造逡巡之玉醅。翔步而蟄龍起舞，咳唾而飛瀑喧豗。遊斯山也，為之會天姥于霆霩，脱笠蹄于形骸。更有胸羅斗宿，掌握風雷。白虹日貫，赤幟風開。蕩湖波以習戰，聚陣石以成堆。前岡之雲横勢振，後岫之霧隱鋒埋。千峯戟豎，列王將軍之武庫；萬嶂圍合，崛漢諸葛之風臺。遊斯山也，為之仰青天之澗瀁，種白榆以栽培。若夫四賢一堂，九野別壤；書田豐腴，心地平廣。緑溽旋繞以爭鳴，蒼巒排立以聽講。紙鎖青蛙之聲，夢斷野狐之想。勤問學以周行，陶德性以涵養。其存心也，活活潑潑，而融古今，懇懇切切，而闡幽深。山之高兮道範嶙峋，湖之青兮性海靈明。冰雪以淨，雷霆走精。躋尼山之絶巘兮，自是遊人之不登臨。因而重之曰：赤鵝飛去入青冥，石貌猙獰似老人。手攜藤杖摘星辰，少微移在紫微庭。百丈光鋋焕帝京，禪封五嶽固邦寧。萬世河山抵掌平，雅調賡歌誰與聽，虞絃一曲韻沉沉。

卷之十一

記

會元堂記　淳祐庚戌賜名「文宗書院」，皇慶二年又建為「會元堂」。　詹載采

書院舊創於鵝湖山，四先生講道所也。混一後，假道入閩，過其山，風泉逸響，如寄寥闃，不能不以之興懷。會惟齋趙令尹獲聞大概，謂舊講堂廢，今遷之縣治西北隅，謂曰：韓文公嘗守潮陽，郡人思之，廟于刺史堂後。元祐五年，徙于城南七里，子瞻作記，謂公之神，猶水之在地中，無往不在。然則堂之創，要不過以記後人之遐思耳。蓋學無常師，以道為宗。道無定體，以心為主。仰高鑽堅，瞻前忽後，何莫非道之所存，而可以其地間之乎！先是鄰于僧，遠于市，東有書樓，鵝湖對峙，煙霞蒼翠，在窻几間，高山仰止，流風宛然。皇慶元年，太守竇公下車之初，恭先謁奠。登斯堂也，顧瞻徬徨，大懼弗稱，鋭意新之。時樂平黃謙為此山長，偕直學吳先生師道承侯之志，鳩工庀材，不兩月而堂遂成。危樓兩廡，輪奐翬飛。高明爽塏，視昔有加，不擾而辦。堂有薌溪地租，為豪猾所據。侯檄黃長相視，歲入倍增。外有一都等處田四百畝，歲止收租百四石。侯核實而增之，比常歲之所輸又益四十石焉。繼自今，來遊來歌之士，亦孔之厚矣。侯諱汝舟，燕山後保定人也。

修鵝湖書院記 節略

劉曰寧

余行鵝湖山下，拜謁四先生祠，見祠宇傾圮，以告邑侯唐公，相與捐俸創修，祀春秋焉。既竣，慨然曰：斯非朱陸之葵邱耶？《年譜》志唱和詩與論卦序，無甚相左，唯是尊德性、道問學兩語，若不相下，後人遂以為壁壘，過矣。夫紫陽未嘗離德性，平居踐履，學固無弊也。金溪傳注之說，似公子提臥內符入魏軍，一何勁直。然而古者爻象不四更，韋編不三絕耶。且夫人之能問能學者，又屬何物？照非日噫？非風邪？即金溪未嘗廢學問也。平居討論，學固無弊也。紫陽九經諸疏，學者以為津梁、為扃鑰。過耶？功耶？晚年論定，豈不廓然見平生乎！謂金溪取徑蔥嶺，不無稱枉者，譬赤水有元珠至杳冥矣，世有駭而去之爾。兩人相與治舟楫，泝江漢，櫝而出之，一人循循無忘舟楫，一人若不知有舟楫。嗟嗟驪龍之頷，赤水之藏，千百年來無人探取此兩人者，功相埒也。《年譜》志門人諸說，不足深信，此與東西諸侯不帝齊秦者何異？呂氏于朱陸在隴蜀，幾為調停。夫道何異耶？在易有之，不謀不介，緣有天符，不同之同，所以大同。自此義不明，致廓然共由之路，劃為鴻溝，不歸孟子道一之旨，辯之不可不早辯也。唐侯諱應詔，少有志學問，仁明廉幹，三年鉛山大治。萬曆庚寅記。

文宗書院記

汪偉

文宗書院者，以祀晦翁朱氏、東萊呂氏，復齋、象山二陸氏者也。宋淳熙間，四君子嘗約講學于鵝湖山，皆不遠數百里至止。相與極論，不合罷去。而繼以書劄，往復辯難，動盈卷帙。後之人重四君子之道而仰其平生，因即其地祀事焉。皇慶、淳祐間，請于朝，賜名「文宗」。迄今中間，廢興遷徙不一，最後移于山之絕頂。正德辛未冬十有一月，提學副使關西李夢陽按縣，摳衣登謁，欹險危峻，人跡殆絕，屋且壞，乃下尋故址，則已鞠為荊榛久矣。慨然興懷，顧縣尹秦禮曰：「先哲遺躅在是，奈何去之，而以奇險為哉？吾欲復舊觀，何如？」秦侯曰：「此禮夙心也。」乃畚去毀礫，剪除宿穢，為屋若干楹，仍匾曰「文宗書院」。落成舍奠，如親覩四君子周旋一堂而聆其聲欬。使來求記，愚惟晦庵倡明道學，而上承伊洛，東萊和之。獨陸氏兄弟若自立門戶，有終不能同者。古人非好為是紛紛也，不肯苟同，以求公是而已。今晦庵之書，列于學宮，固家藏而人誦之。而陸氏遺言微旨，亦並傳於世，讀者以為如聞震雷驚霆焉。則其所自得而自信，要有不可泯沒者。晦庵嘗稱陸氏學者，多持守可觀，而欲棄短集長以自立。則夫同異得失之際，豈末學所敢輕議哉！其合而祀之，久而不能廢者，固亦人心之公也。李公以節行文學表見于時，其督學江右，專以存心窮理，為教化首務，而不拘拘文字尺度間，於先哲過化之地，表章尤力，所以開導風，示後進意甚盛。上之所好，下必有甚者焉。斯道其將復明乎？敢敬記之，以告登斯堂者。秦侯舊有惠愛在民，及再至，益修前政。是役也，成于軍興詰盜之遺。咄嗟而辦，民不知費，其亦知急先務者歟？

重建鵝湖書院記

李奎

大江以西，古稱文獻之邦，書院之建，不知有幾？惟鵝湖之名與白鹿並傳於天下。自宋迄今，彰彰如一日。由道學之在人，誦習景仰，自不能一日而或廢也。夫朱、陸之在當時，皆以性理為學。然陸氏重在存心，以簡易自高；朱子則先致知，而後存心。鵝湖之會，反復講論，終不能絜而合之，無極太極之辯，尤不免後世之公論。厥後，集諸儒之大成，繼列聖之道統，有功萬世者朱子也。陸①氏得四明楊文元公、袁正獻公推崇獎翼，其學亦光大高明，與朱子異趨而並立，以西江二陸比河南二程。東萊承中原文獻之懿，親友朱子，往來講辯，造詣益深，著述博議，發明春秋嚴謹之旨，殆無餘蘊，蓋以聖賢之學自任，有志于道統之重也。然書院廢於宋季兵燹。寥廖三百載間，寒鵶古木，荒蘚殘煙，過客興嘆，莫有能創而新之，詎不有待乎？

景泰四年春，郡守四明姚公堂，按行屬邑，道經鵝湖，尋訪舊址，惟見朽柱一楹，屹立叢棘中，顧瞻慨嘆，亟欲興復。適都憲姑蘇韓公巡撫至，郡首以為請。公曰：「此盛舉也。崇教尚賢，有司之首務，容可緩乎？」遂授以成算，涓吉興工，創以祠堂，後為寢室，兩傍翼以廊廡，中肖四先生像，前構樓，又前鑿泮池。不逾月，靡不奕然以新。

① 「陸」，原作「待」，據明嘉靖四年刻本費寀纂修《鉛山縣志》卷五改。

仍以「鵝湖書院」揭其匾，示不忘舊也。

鵝湖書院記

胡夢泰

天生人以形，即賦人以性，而四德具焉。學問者，所由復性之路也。有徑捷之學焉，則直從德性以入。有積累之學焉，則謂隨事隨地，不可輟功。大人者，不失其赤子之心者也。有赤子之大人，有大人之赤子。赤子始之，大人終之。如繇啼笑，而後有言辭。有舞蹈，而後有拜跪。即此口體，不即此啼笑舞蹈。此朱陸之學未始不一，而實互相為用。今讀其詩曰：「墟墓興哀宗廟欽」，是哀敬不自廟墓有也，則德性之說也。若竟將問學撇卻，則是臨墓可不哀，入廟可不敬矣。今鵝湖書院，目擊頹燬，而置之不修，毋乃類於臨墓不哀，入廟不敬與？殆甚！

憶天啟年間，閹婆孕子，盡任冠帶。時怒臂與之角者無他人，東林講學諸君子也。閹怒諸君子力，竊詔毀天下書院，鵝湖書院亦在毀中。吾鉛諸多士憤然群起而爭之，曰：「有四先生，而夫子之道大明。毀書院，撤宮牆之藩也。是將驅天下士入蠶室，有死不可。」時邑父母屈於多士之議，祠得不毀，四先生之像巍然。今見此，則諸生之德性常存，而其從事於學問之功不可誣也。思乾坤之所以久者，德性為之維也。德性所以尊者，學問為之維也。入四先生之祠，瞻四先生之像，討四先生之說，思四先生之功，恍然見德性焉。修之與毁，所系豈渺！

二月初，不孝泰由唐縣行取至都門，纔二日，即聞先子之變，扶服奔歸，水陸梗阻，五月末始得抵里。八月，吾師機部楊先生訪泰鵝湖山下，瞻拜四先生像，見階鞠茂草，屋為爨薪，愴然久之，曰：「曠安宅而不居，舍正路而不由，哀哉！魯多君子，吾昔稔聞捍衛四先生，士之盛，勇之甚。豈不毁於讐，而毁於怠？」泰愧謝曰：「幸生四先生講道之地，不能討論體行於日用之間，顧此茅塞不除，剝以風雨，令入廟者同墟墓哀，誠不可廁身名教。」歸而謀諸邑父母，邑父母亦以為義之不可已，但蹙額於費之無從出也。邇來軍興賦棘，里胥疲於催科，祠中故有祠田六十畝，大半皆石田棘壤。里中奸黠者，復以虛糧暗入其內，自輪賦外，不足供歲胙。求諸庫鏹，又上下出入不可問，乃與同邑文學張子公、仇遠心二難往謀，學之三先生皆樂從，若問梅余先生尤亟從。更曰：「此吾夙志也，而此有夙緣。吾先司鐸於湖，則君家安定先生之舊臯比也。今再任鵝麓，為四先生祠下。韓氏曰：道之所存，師之所存也。此實吾事，敢不率先多士共襄此舉。」昔者武城弦歌之聲達乎四境，蓋有言偃之為宰。抑其時，正當曾子為之師，而且有澹臺滅明為之士也。聞之子羽賫千金之璧渡河。河伯欲璧，二蛟夾舟。子羽怒，斬蛟沉璧，三沈而河伯懼，受以璧，子羽毁璧而去。可見古人於義之所在，貨非所惜也。始也劫以威，不可得。既也服其義，棄如擲。而況於夾介先賢，榮衛道脈，諸多士之義，當不後子羽可知也。捐貲不期多寡，視其貲之所有，其於高山仰止之心則一也。猶之入道不期頓漸，惟其賢之所近，其於證道復性之歸則一也。

然則豈徒是哉？將與多士循牆造門，升堂入室，相為質疑、辯難，切磋、琢磨。求所以尊德性者，一念之間，一事之微，懼流入於污下而不可返也。求所以道問學者，一念之間，一事之微，懼趨夫邪徑，就夫榛塞，而不自覺也。

行見性體湛然，道力堅定，原始要終，不岐天人。知行之旨，出明處貞，不迷利害邪正之關。諸多士賴有四先生與？四先生賴有諸多士與？

蔡士英重建書院記

安煥

鵝湖一山自閩東走，逆下三百餘里，為鉛邑巨靈，東望懷玉，西瞰象山，北挾靈岫，秀餐翠積，蕩浴冰溪，宇內之所推宗，不僅甲西江也。昔賢呂東萊，當宋學龐時，首與朱晦翁、陸復齋、象山四先生會講於茲，參同訂異，往復辯難，不一卷而足。後儒席其風流，景仰道止，爰為四賢堂以祀之。然遞廢遞興，時不一代，代不一人。總之，古聖薪傳，先儒道脈，必有賢人君子維持系屬其間，如日月麗天，江河亙地，經剝復，歷晦明，越終古而常存也。混一兵興，荅殘人謝，故院鞠在荊榛間。

部臺蔡公以皇上定鼎之四年，假道入閩，過其山，風泉逸響，如聆昔賢謦欬之聲，愾然以修復興舉為念。會九年，公節鉞豫章，討叛服逆，興憲考，度雅歌，被服之餘，亟命吏庀治鳩工，為四先生重修壇宇焉。凡書院租田清復捐創之計，不遺餘力。于以瞻歲祀，資後學，悉如舊憲而更增之，其為繼往開來，興賢育德，至不淺矣。

顧昔人謂，晦翁昌明道學，上承伊洛，而東萊翼之。陸氏兄弟不自苟同，以求至是。故其微言遺旨，並傳於世，學者以為震雷驚霆焉。則夫異同得失之際，古聖相傳，唯此靈光不掩耳。今公以從龍之彥，起自東北，結髮從征，攻城掠地，奕奕豐功，固已勒旗常鏤金策。而敦詩說禮，造次必於儒者，雖倥傯手未釋卷，其篤學力行，純忠至孝，與朱呂正心誠意，致知存心之學，若合符節。而光明洞達，宕懿易簡，則又陳同甫所為。推倒一世之智勇，擴開萬古之心胸，非耶？先儒未同之論，公殆將兼之，宜其亟起，而修明表章，惟恐後也。

予繆綰東樞，悔來之晚，然猶見鼎新之始，嘉與屬邑諸員，助成盛舉，鐫之金石，垂不朽焉。異時竹帛椒漿，禮讓後先於其堂，仰四先生之道誼，挹四先生之容止，將公之俎豆千祀，教鐸靡窮者，固已登濂洛之庭，入聖賢之域矣。昔人云：有世道之責者，本其有聖賢之心，有聖賢之心者，宜先存諸士子之養。若公者，可不謂之有世道人心之責者歟！是為記。

文宗書院記

李光地

鵝湖書院者，考亭朱子、象山陸子講道處也。昔東萊呂氏與朱子交善，又于陸子有埸屋之知，見二君子平日操論有不同者，故約為鵝湖之會，而朱子及陸子兄弟皆赴焉。後人就其地立為書院，以祠四賢。起於宋淳祐間，賜額「文宗」，延及前代，屢有修舉。

或曰朱陸之異同，五百年來以為口實，今同堂而祀，千古者配祔之義何居？余曰不然，二子之相崇重者至矣。朱門誨學者以持守，每推服象山為不可及，白鹿延講，朱子為之避席稱善。陸之於朱，則有泰山喬嶽之嘆。故朱子有言：南渡以來，理會切實工夫者，吾與子靜兩人而已。原其講辯往復之旨，一則慮玩心高明之失實，一則恐著意精微之離真，二者於末學誠皆有弊焉。雖朱子亦謂宜舍短集長，庶無墮於一偏也。昔游、夏同師夫子，而本末之論互為訾嗸。二程、張、邵相與切劘者數十年，然其說流弊，程子猶有微詞。今語高第弟子，則文學之科同配聖師。朱子敘道統淵源，並以周、程、張、邵釋奠精舍，未嘗以其小不同者為病。然則朱陸之共俎豆於一堂也，而又何猜乎？

今天子衡量道術，一以朱子為宗，聖人有作，萬世論定矣。在學者，誠宜稟皇極之彝訓，奉一先生之言，以講、以思、以服、以行，庶幾沿河入海，而無斷潢絕港之差也。而又當知張、邵及陸之於程、朱，其學雖微有異同，而實相成，非若水火冰炭之不可入。毋陷於膚末者吠聲之習，以長夫晚出橫議之風，是之謂能自得師矣。

曩歲逆藩變亂，西江適在其衝，兵燹之餘，舊宇堙圮。康熙癸亥，前令潘君士瑞曾一修之，今又頹廢。桐鄉施君德涵，以名進士來尹是邦，政修人和，百廢具舉，倦懷名跡，力為更新。會諸上憲皆留意文事，故請上輒報，加以慰獎。規撫既備，落成有期。適余以丐歸經過，侯與邑之人士邀請瞻謁，而以祠記相屬。余惟為政者首訪邦之明祀勝跡，繼而修之。古之君子皆然，況夫群哲論道之區，學術源流，移風百代，而可以翳諸荒榛乎。且夫書院之建，實與國家學校相為表裏。李渤高士爾，講院之廢，朱子猶惓惓焉。今使先賢遺址，煥然崇修，江右故理學地，必有遊於斯而奮乎興起，以紹前緒者。昌明者之功，於是為大，故不可以無書。

是役也，施侯倡率，任其勞費。同力敦事，則有舉人劉懋煒，貢監生鐘如珏、張宗鎬、詹志魁，生員潘掄、查士鵬、韓心琦、詹洪、程遠、許士龍、張宗銓等，例得並書。故為記。

鵝湖書院恭記

白潢

康熙五十六年秋七月，潢奉命填撫西江。陛辭日，特賜御書鵝湖書院匾額一面，楹對一聯。額曰「窮理居敬」，聯曰：「章巖月朗中天鏡，石井波分太極泉。」潢以九月蒞洪州，越明年夏四月，賫至書院懸掛訖。衣冠士庶，扶攜來觀。鳳翥鸞翔，光騰霄漢，西江之士，請為文，以紀其盛。

潢竊惟宸藻輝煌，有目者共覩，而「窮理居敬」一言，尤學者所宜詳玩也。蓋「理」無形而著於事，事至賾而統於理。大而君臣、父子、兄弟、夫婦、朋友，小而食息起居，顯而禮樂兵刑，微而鬼神性命，莫不各有其理。學者於凡事之來，隨其大小微顯，究其所當然，更窮其所以然。河南夫子所謂或讀書以講明義理，或尚友以鑑別是非，或應事接物以審量當否，皆格物以窮理之事也。敬者，學之所以成始而成終也。敬，德之聚也。君子莊敬日強，安肆日偷。靜時不敬，則昏迷紛擾，無以立天下之大本；動時不敬，則懈慢放肆，無以行天下之達道。故學以居敬為基。

作室無基，則棟樑何寄？為學無基，則身心何依？敬之不可須臾離也。新安夫子所謂「持其志，則氣自清明」，學者常提醒此心，則群邪自息也。

大哉王言，以四子統學術之全，學者於此盡心焉。士希賢，賢希聖，聖希天，參贊化育，無難矣。夫太平興國二年，驛致九經於白鹿洞，考亭、東萊亟稱之，以為德意良美，惟恐墜失。況於我皇上親灑宸翰，揭為學之要，昭示學者，其敦化育材之意，固有什伯於太平興國者乎？此邦之士，相與博窮事理，以盡致知之方；朝乾夕惕，以端力學之基；由博而約，自下而高，以答揚聖天子樂育之德，則無負於學矣。潢幸躬際其隆，爰因邦人士之請，謹拜手稽首而紀之。

序

鵝湖書院六經圖序

雷鋐

窮經將以致用，而其本則具於一心。自其辯析精切，博通淹貫之後，融而會之，萬事萬物之理，豈有出於一心之外哉？然日用飲食、宮室車服之器數，歷代帝王治亂興亡之事蹟，以暨乎天地日月之行度，星辰之次舍，山川形勢之險易，雖在上智，豈能憑虚而索，冥坐而悟。此古人左圖右書，為格物窮理之實學。朱子所謂衆物之表裏精粗無不到，吾心之全體大用無不明。蓋徹内外，貫始終，而究極言之也。知行並切，如目視足履，交致其功。或者乃疑，一旦豁然貫通，而後誠意正心，將終身無誠正之日，可謂刻舟求劍，拘墟之至矣。顧後世類以記誦辭章，誇多鬬靡為事，即講究經世之務，而身心性命或反置諸膜外。用心於内者，遂矯枉而過正，謂萬事萬物之理，取之一心而自足，將率天下而為師心自用之人，此學術之大弊也。廣信學宫原有六經圖石刻，備學者窮經稽古之資。吾門鄭君東里宰鉛山，每至鵝湖書院，與諸生講論經學，按圖指劃，患其校訂未精，訛舛間出，爰細加考正。凡易象、天文、列國疆域，一字稍差，即陰陽異位，南北殊方，莫不釐然各歸其所。明堂之制，禘祫之禮，積為聚訟，悉纂先儒成書，折衷定論。更融會六經之源流，漢唐以來之著述，示學者以各經之大旨。石碑體制難於展閲，易以梨棗，剞劂精工。東里之用心，有益於經學，厥功鉅矣。今之為令者，簿書錢穀，日無暇晷。東里之治鉛山，政通人和，成效丕著，復有餘力研奧剖賾，汲汲如諸生時宜乎！榕門陳中丞稱之為西江第一賢令也。東里以是書刊竣久，屬以序。余識見諫鹵，不敢援心學以自遁，願學者由經以求道，禮立而用行，庶天下有真儒，學術無岐趨也。爰書所見，與天下學者其質之。

鵝湖書院六經圖序

鄭之僑

六經皆經世之書也，而實治性之書，蓋治性體也，經世用也。大體立而後大用行。《易》兼四聖，《書》備六王，《禮》兼三代，《詩》列四始，《春秋》明三綱九法，聖人之精蘊盡，聖人之真性出矣。見聖於經，何如求經於性。厥後莊、列、申、韓之徒，異喙爭鳴而偽者奪真矣。由漢及唐，劉向、馬融、陸德明輩，解詮博引，亦未免附會支離。千百年來，泯泯棼棼，六經之傳微，而性道不幾幾乎熄乎？迨宋中葉，周、程開其宗，朱子集其成，明體達用，而六經始大明於天下。此後世六經源流，羣歸朱子者，謂其明善治性，自有真也。我聖朝右文敷教，經學大備，訓飭士子，學務為己，由聖賢之言，以體聖賢之心。之僑仰承休明，而致知格物之功，不知所以用力，遽出而治鉛，士民昏昧益甚。辛酉春，尋恢鵝湖遺址，道範峩然，始覺異同之辯，後人自紛意見，而治性之功，宗旨若合符節。並悟「六經皆我注腳」一語，親切有味。僑因以朱、陸之同白諸生也，諸生若信若疑，間出所藏六經圖對叩，其系摹石於信州學舍，披閲梗概，編次工密，位置井然，先儒表章聖經，厥功鉅哉。乃細按其奇偶之分、日星之度、疆域廟堂之制、車服禮器甲兵之隆殺，以迄鳥獸草木之名，舛錯頗多。不知者竟以雜僞誣其真本，是誣賢以誣經也。嗚呼，僞之誣真，漸可長哉！夫禪家之空心滅性，儒者之存心盡性，是真是僞，辯之宜早。儒者端嚴敬慎，隨事精察，不敢漫為，則心存而理得。禪家寂滅無理，屏絶其思慮，使心不得出，以致虚靜而已。及羈制久，而此心慣熟，亦不走作。夫心具萬理，應萬事，渾然皆備者，性也。反羈制如此，此其所以歸於空寂，不識陰陽生成之義，不曉人心道心之別，情性枯而不摯，儀威乖而失常。至於微言大義，又以為非慈悲妙門，其心死矣，性滅矣。而且以禪學僞妄，誘絶天下後世之真性。噫！差之毫釐，謬之千里。僑為心性憂，僑何得不為經學憂乎？

爰公餘挑燈，按規求矩，手自摹畫，於碑碣之訛者正之，其殘缺者補之，參益諸儒集説，歷數寒暑而圖成。以質諸生，諸生以為有裨初學，請付開雕。僑愧一物不知，一器莫名，何敢以浮夸者為心性害？而諸生曰：「莠之亂苗，紫之奪朱，以其相似也。舊圖久傳訛於世，亟正之以醒人心目。況左有圖，右有書，古人遺意，記曰禮器，是故大備。大備盛德也。是圖形制班然，詮解詳博，於奇偶見陰陽之道焉，於日星見天文之象焉，於疆域見王制之均焉，於廟堂見君臣之位焉，於服飾見文物之盛焉，於車旗見三軍之勇焉，於氏族見爵賞之施焉，於鳥獸草木見育物之仁焉。」請之至再，因鋟木以公同人，唯相與因圖考象，其曉然於本真之不可僞為耳。抑僑更有進者焉，陸子謂「六經皆我注腳」，而僑謂《學》《庸》《論》《孟》，又為六經注腳。學者因《學》《庸》《論》《孟》，以明夫天地鬼神之微，禮樂教化之原，人情風俗何以不敝，是非邪正何以不死，依象數而入之徹，神髓而出之性之既洽，雖不言六經可也，雖勿圖六經亦可。《語》曰：「得意忘言，得言忘象。」僑可與其勗也。又曰：「治民之術，無踰六經。」僑又可以自勗也。是為序。

鵝湖書院課文序

鄭之僑

文載乎道，古今之離道者，亦文質之亡也。文斯外騖而已，苟從乎內，英華卽篤實之流。唐虞三代時，淡不以文名者，深於其道心之聲處，皆文也。自漢迄唐、宋，掾瓢家，馳驟變化，跉踔百代，獨董仲舒、王通、韓愈、歐陽修輩人，以道歸之，惟其質也。至濂、洛、關、閩諸大儒，其文粹然出於至正。周似經，程張似子，朱集其成，皆後人相窺本原之論。說者謂道不文，不著毛嬙之妓，脂澤而容，亦詎有豔妝濡其質者哉？僑奉命宰鉛四載，挹其人文風氣，明宋之遺未墜。蒙金以沙，固玉以璞，藏珠以淵，意其有先焉者。金得發見於世，而珠玉亦永庸於時矣乎。鵝湖四賢祠，宋代坊以文宗，夫豈獨為文也坊者？簿書之暇，間與邑之紳士講求斯道，諸生膏火擴採義田不足，仍捐葱韭餘俸貲之。時時躬任督課，蓋儲異人之質者，大異人之文，立言定有本也。夫不朽其傳者道，文不必其盡傳。必傳不朽之謂文，則月賦有嘲《岳陽樓記》，非之在後，又何能一乎人心者？否則染翰腐毛，何地無文？矧西江風骨遒上目之，而焚筆硯者累累哉。文之體式不一，其品尚整齊，氣任翔躍，神色淡遠陸離，索韻尋香，剪紅刻翠，初未可一格准者。要有道衡其中，腋聚千狐，絲綜萬繭，期乎達意而止。劌心怵目，島瘦郊寒，亦不以空疎俚鄙，乖乎體制。學者泚筆，業業乎根董、王、韓、歐，洎周、程、張、朱，相闡之道，文亦與傳也。僑素有文癖，墨庄苦吟，半疎之政務，迺心則何能刻置也。爰於諸生之文，評閱付梓，非敢必不朽，祇冀多士存心本質，不離乎道，他年沆瀣相投，上佐絲綸，胥有實學，以光邦國，其將為一鳴之先聲也夫。是為序。

卷之十二

鵝湖書田志

《鵝湖講學會編》，悉先賢修身體道之書，而附以田畝租數，得毋其類不倫乎？非也！書院既設，而無歲租以贍之，育士之意何？此其義可知也，其類不可忽也。額租四百餘石，久侵沒於豪民浪僧，欲驟而奪其所有，恐積久者殆不可復乎。僑寒儉無力，不能捐清俸置學田，惟時存此作養人材之至意。於爭墾不休者置於官，於好義樂施者賞於官。增以新產，可計二頃有奇。統合康熙五十一年以後，大約得歲穀肆百肆十餘石，運貯官倉。一以給本齋山長俸錢，一以資諸生膏火。自是講學行禮，多士日奮興也。雖然，世遠則易忘，法久則弊生，後之視今，不亦如今之視昔耶！爰附於講學之後，俾知都啚有別者，按籍可稽也。東西南北有界者，慮豪強兼併也。載以佃戶姓名穀數者，後人查察不至有名無實也，後世有力君子能纘承而光大之，庶斯文厚幸，之僑之厚幸也已。

田租

一　田坐落四都一啚，共四十八畝五分。其土名有九，一曰井亭塢。南止路，北止江姓山，東止查姓山，西止詹姓山。計坵共一百有九，計畝一十六畝三分。佃人郭隆認耕，歲交租八石二斗五升。一曰祠門前。一塅共十坵，東止祠牆，西止塔地，南止祠山，北止祠路。計官三畝四分，帶租一石有五斗。一曰寺門前。大小十二坵，東止水圳，西止僧田，南止路，北止鐘李二姓田，中有水圳，帶租五石。一曰鵝湖坪。共十二坵，南止張姓田，北止蕭姓田，東止路，西止張姓田。計官九畝七分，帶租七石五斗，俱佃人郭隆耕納也。一土名曰大湖庄。一坵南北與西俱止鐘姓田，而東則止暨姓田。計官二畝，佃人鄭四九耕，歲交租穀一石二斗五升。一曰諸家門前。分二塅，共九坵。其上塅東止鐘姓田，西止港，南止港，北止陳姓田。其下塅東止鐘姓田，西止港，南止祠地，北止水圳。原額計官一十一畝四分，內被水沖塞，僅存一畝一分，佃人暨光正耕種，交租止一石五斗。又一名諸家門前。一塅大小十三坵，東南止港，而北則止陳姓田，西則止查姓田。原額計官五畝九分，被水壅塞成地，佃人董光鳳種蔴，交地租銀八錢五分，此易穀以稅也。又一名曰潘家山底。原田三畝九分，被水推塞成地，東止港及路，西止祠田，南止港，北止陳姓軍田，僅可種蔴。又一名四賢祠。地計官一頃四畝一分，內二塘，計官六畝。南止山，北止路，東止寺，西止塔，俱佃人姜如珍認納，歲交地租銀三錢。除納銀外，統計歲穀所入，共三十五石。此自康熙五十一年僧民互訟，斷歸書院，以平其爭也。

一　田六十一畝五分，坐落六都。分黃泥灣、社公背、周家隴、楊凹嶺、牛崗塢、檑石嶺、荒田塢、塘邊、塘口、黃竹塹、割茆塢十一處。而黃竹塹又析分為五，割茆塢析分為二。承種之者，則佃戶邱萬生、楊正發、辛必賢三人也。邱萬生名下耕到黃竹塹田共一塅，大小六坵，南止路，北止楊姓山，東止祠田，西止僧塘，計官一畝五分。又耕到黃竹塹田共一塅，大小一十六坵，南止彭姓山，北止張姓田，東止劉姓田，西止本祠田，計官三畝。又耕到割茆塢田一塅，大小共二十四坵，南止虞姓山，北止楊姓山，東止魏姓田，西止本祠田，計官三畝，共交歲租七石九斗。楊正發名下，一耕到荒田塢田一塅，大小二十四坵，東南西俱止費姓山，而北則止彭姓田，計官四畝五分。一耕到塘邊田一塅，大小一十一坵，東止楊姓山，西止塘，南止山，北止路，計官一畝五分。一耕到黃竹塹田一大塅，大小一百有七坵，東止僧塘，西止張姓山，南止張姓山，北止楊姓山，計官一十七畝五分。一耕到檑石嶺田一大塅，大小共五十三坵，東止陳姓山，西止大路，南止周姓田，北止魏姓田，計官三畝七分。一耕到牛蘭塢田一塅，大小十二坵，東西南北俱止虞姓山為界，計官一畝五分。又耕到社公底田七坵，東南俱止張姓田，西北止周姓田及大路。黃泥灣田三坵，東止路，西止魏姓田，南止詹姓田，北亦止魏姓田。黃竹塹田二十七坵，東南與西俱止本祠田，而北止楊姓山，共計官一十三畝三分，歲交租穀共四十二石也。辛必賢名下耕到黃竹塹田一塅共四坵，南止路，北止本祠田，而東西如之，計官一畝二分。又耕到周家壠田一塅共四坵，東南止僧田，西北止程姓田，計官一畝五分。又一耕到塘口田一塅二坵，東止僧塘，西止周姓田，南止周姓田，北止邱姓山，計官三分。又一耕到割茆塢田一大塅，大小共三十二坵，東止虞姓山，西止周姓田，南止周姓山，北及劉姓田及本祠田，計官六畝。又一耕楊凹嶺田一塅，大小二十四坵，南止塘，北止嶺，東止拱姓山，西止彭姓山，計官三畝，歲交租穀共一十二石。合三佃共租六十一石九斗，此康熙五十五年蠹吏假官誆田，其田仍歸官也。

又一公置田坐落七都，計官一十三畝五分，土名有三：一曰翁家壠，南止秦姓田，北止秦姓田，東止張姓田，西止劉姓竹山，合新開共七十五坵。一曰丫家源，南止胡姓山，北止詹姓田，東止陳姓田，西止胡姓田，共計五坵。又一曰丫家源之屋背，東止詹姓田，西止李姓田，南止李姓田，北止程姓田，共三坵，佃人余士章認耕，共交歲租一十八石五斗。

一　康熙五十八年，清出三十五都、十四都田共一十一畝二分有零者，皆士、民爭墾所致也。三十五都之田，土名曰穆家廠，大小六坵。東止詹姓田，西止任姓田，南北俱止周姓田，計官二畝二分六釐七絲八忽，佃戶鄭漢升認耕，歲交租三石七斗三升。十四都之田土名曰油岸，而油岸則細分為五：一塅一坵，計官四畝，東止大路，西止本祠田，南止祝姓田，北止本祠田。一塅二坵，計官三畝，東止路，西止本祠田，南止本祠田，北止蔡姓田。一塅六坵，計官七分五釐，東西俱止本祠田，南北則止江姓田。一塅五坵，計官七分五釐，東南西俱止江姓田，而北則止本祠田。一塅一坵，計官五分，東南俱止本祠田，而西則止范姓田，北則止空地，佃戶祝有旺認耕，歲交租九石。此一十一畝二分有零之田，共交實租穀一十二石七斗三升。

一　十四都之田，又有歐瑞奇首報匿墾，查出一十四畝七分五釐也。亦一曰油岸阪，東南止水坑，西北止周姓田，計官二畝五分。一曰橫板，有二塅，一塅一坵，東止大路，西止蔡姓田，南北俱止本祠田，計官三畝。一塅大小六坵，東止范胡田，西止周姓田，南止蔡姓田，北止本祠田，計官五畝二分五釐。佃戶余輝生認耕，歲交租穀一十四石七斗六升。

一　田坐落三十六都，按原冊計田一頃七十六畝六分九釐。其細分之土名：一曰烏泥坑，東止下塝，西止水坑，南止社公廟，北止虞姓田，計官一十四畝二分五釐。一曰香爐坵，共二塅。一塅東止路及本祠田，西止水坑，南止本祠田，北止山石嘴，計官二畝一分四釐。一塅東止山及虞田，西止山，南止路，北止山，計官三畝一分三釐。一曰下坑口，計七塅。一塅東止山，西止本祠田，南止山，北止本祠田，計官二分一釐。一塅東止山，西止水坑，南止本祠田及水坑，北止山塢，計官九畝五分八釐。一塅東止水坑，西止山，南止山嘴，北至水坑，計官一畝八分五釐。一塅東止水坑，西止山，南止山嘴，北止水坑，計官六分二釐。一塅東止山及本祠田，西止水坑，南止下塝，北止本祠田，計官一畝一分四釐。一塅東止本祠田，西止本祠田，南止山，北止山，計官二分五釐。一塅東止水坑，西止本祠田，南止山，北止山，計官三畝六分二釐。一曰捆前，計塘一口，田一十六塅。一塅捆前之厫頭，東止本祠田，西止山，南止山，北止路，計田三畝零七釐。一塅捆前之厫頭，東止本祠田，西止行義田，南止行義田，北止行義田，計官二分五釐。一塅又捆前之厫頭，東止行義田，西止本祠田，南止行義田，北止本祠田，計官八分六釐。一塅東止忠發田，西止本祠田，南止忠發田，北止路，計官九釐。一塅東止行義田，西止行義田，南止行義田，北止本祠田，計官二分二釐。一塅東止忠發田，西止行義田，南止行義田，北止行義田，計官二分二釐。一塅東止忠發田，西止忠發田，南止忠有田，北止忠發田，計官六分三釐。一塅東止行義田，西止行義田，南止本祠田，北止路，計官三分九釐。一塅東止園地，西止行義田，南止行義田，北止本祠田，計官九分五釐。一塅東止山及園，西止忠發田，南止忠發田，北止忠發田，計官三分四釐。一塅東止山，西止本祠田，南止塘，北止忠發田，計官三畝二分。一塅東止忠發田，西止忠發田，南止本祠田，北止忠發田，計官四分。一塅捆前之園底，東止山及路，西止菓園，南止行義田，北止路，計官一畝一分七釐。一塅東止港，西止忠發田，南止山，北止路，計官八分八釐。一塅捆前之對門，東止山，西止本祠田，南止路，北止本祠田，計官六分二釐。一塅亦捆前之對門，東止本祠田，西止塝及本祠田，南止本祠田，北止本祠田，計官九分。其塘則東止本祠山，西止本祠田，南止本祠田，北止本祠田，計官一畝二分也。一曰門前，共二塅。一塅東止路，西止本祠田，南止本祠田，北止水坑，計官二畝六分九釐。一塅東止本祠田，西止山，南止本祠田，北止山，計官八分五釐。一曰社公前，共二塅。一塅東止山，西止本祠田，南止本祠田，北止本祠田，計官二畝零三釐。一塅東止本祠田，西止水坑，南止本祠田，北止水坑，計官二畝零六釐。一曰塘鍋前，共三塅。一塅東止忠發田，西止忠發田，南止本祠荒田，北止水坑，計官一畝八分七釐。一塅東止水坑，西止行義田，南止行義田，北止行義田，計官七分三釐。一塅東止水坑，西止本祠荒田，南止水碓，北止忠發田，計官五分三釐。一曰後門塢，共十塅。一塅東止水坑，西止山，南止水坑，北止水坑，計官一畝九分。一塅東止忠發田，西止山，南止忠發田，北止忠發田，計官一畝一分四釐。一塅東止行義田，西止行義田，南止本祠田，北止本祠田，計官八分八釐。一塅東止本祠田，西止山，南止山，北止山，計官一畝八分五釐。一塅後門塢之潦沿，東止山嘴，西止本祠田，南止塝，北止山，計官一畝一分三釐。一塅後門塢之爛泥壠，東止水坑，西止水坑，南止水坑，北止水坑，計官七分三釐。一塅亦後門塢之爛泥壠，東止本祠田，西止忠發田，南止水圳，北止忠發田，計官一畝。又一塅後門塢之爛泥壠，東止行義田，西止山，南止山，北止山，計官四畝。一塅門後塢之圳邊，東止山，西止水坑，南止水坑，北止水坑，計官一畝六釐。一塅門後塢之碓邊，東止本祠田，西止本祠田，南止本祠田，北止本祠田，計官四畝六分三釐。一塅後門塢之廒上，東止本祠田，西止忠義田，南止山，北止本祠田，計官二畝。一塅亦後門塢之廒上，東止水坑，西止碓，南止山嘴，北止本祠田，計官二畝八分七釐。一曰槽碓塢，共一塅，東止本祠山，西止本祠山，南止水坑，北止本祠山，計官一畝二分。一曰荒田塢，二塅。一塅東止本祠田，西止本祠山，南止行義田，北止本祠山，計官九畝八分。一塅東止忠發田，西止忠發田，南止忠發田，北止水坑，計官四分。一曰大路柳背，共一塅，東止山，西止山，南止山，北止路，計官四畝五分。一曰橋頭竹山背，共一塅，東止山，西止山，南止山，北止山，計官二畝五分。一曰塢尾，共一塅，東止山，西止山，南止小路，北止山，計官七畝五分。一曰末塢壠，共一塅，東止山，西止山，南止山，北止圳，計官三畝四分八釐。一曰大荒坪，二塅。一塅計田四畝七分，一塅計田一十畝，東西南北俱止山為界。一曰中央塢，亦二塅。一塅計田五畝五分，一塅計田五畝五分八釐，東西南北亦俱以山為界。一曰細荒田塢，一塅，田一畝，其東西南北亦以山為界。一曰茶山塢，三大塅。一塅東止本祠田，西止本祠田，南止水坑，北止山，計官一畝七分。一塅東止山，西止山，南止山，北止山，計官一十二畝。一塅亦東止山，西止山，南止山，北止山，計官九畝三分。一曰南塢，共二塅。一塅東止山，西止山，南止路，北止山，計官四畝七分。一塅東止山，西止山，南止山，北止山，計官八畝三分二釐。又一曰烏泥坑外，一塅東止路及山，西止水坑，南止山石嘴，北止坑及山嘴，計官二畝七分五釐。此系康熙五十九年匪類產，追入官，撥歸書院。有閩民曾元魁、熊招生等認耕，歲僅交租穀四十六石。或遠而廉之，或弊而隱之，未可知也。

一　乾隆元年，知府陳世璔斷謀娶民婦為妾，罰贖銀三百兩，發買七都民田八畝五分，地二分五釐，二都民田一十三畝一分二釐五毫，十九都民田七畝。其七都之田一土名下塢，大小十三坵，東止程姓田，西止葉姓山，南止葉姓山，北止葉姓山，計官一畝五分。一土名大塢，七坵。東止胡姓田，西止豐姓田，南止山，北止山，計官三畝七分五釐。一土名柿樹塢，一坵。東止程姓田，西止路，南止程姓田，北止程姓田，計官一畝五分。一土名庵塢，共三坵，計官一畝五分，南止葉姓山，北止本祠田，東止葉姓山，西止本祠地，其地東即本祠田矣，而西則止葉姓山，南與北俱止本祠田，計官二分五釐，佃戶余繼祖認耕，歲交租穀一十一石五斗五升。二都之田，一土名疇田阪，大小一十一坵。東止虞姓田，西止鄭姓屋基，南止祝姓田，北止港。又一土名魯家坑，一坵。東止祝姓田，西止貢姓田，南止貢姓田，北止鄭姓地，共計官一十三畝一分二釐五毫，佃戶王茂蓮認耕，歲交租穀一十三石一斗。

十九都之田，一土名西塢壠，大小一十二坵。東止山，西止山，南止傅姓田，北止山，計官二畝。一土名羅六墩，一坵。東止傅姓田，西止路，南止傅姓田，北止傅姓田，計官一畝五分。一土名水袋隴田，一坵。東止坑，西止傅姓田，南止楊姓田，北止楊姓田，計官二畝。一土名正宮阪田，一坵。東止吳姓田，西止楊姓田，南止范姓田，北止張姓田，計官一畝五分。佃人張志英認耕，歲交租穀八石四斗。統計價買田共二十八畝八分七釐五毫，計歲租所入共三十三石零五升。統合前租，則二百一十二石九斗四升，而實田則共三百五十四畝七分二釐，所謂舊租也。至查殘碣所載者，則已沒不可考矣。乾隆五年三月，僑涖茲土。越五載，或勸捐或新墾，共得新租二百二十九石五斗，其畝數都分佃戶姓名。再為細列於左：

一　乾隆五年冬，二十四都民人劉序若遺失荒地，土名曰鄭家港尾，經詹承慶報墾互控，斷歸書院，以息其爭，計坵塅一十有二，東止楊樹林，西止大河，南止大河，北止大路內，田計官一十五畝三分三釐，地計官四畝四分七釐，原墾人詹承慶認佃，歲交租穀二十五石。

一　乾隆六年，查出漏稅田八畝，坐落二十都三啚去處，土名曰到底窟，計五坵，東止王姓田，西止水坑，南止山，北止路，佃人蔣文遠認耕，歲交租穀一十石。

〇同都查出匿墾田一畝七分五釐，土名上西岩，共六坵，東西俱止山，南北俱止田，佃人傅九三認耕，歲交租穀五斗。

〇查出三十八都田七分，土名池圳沿，東止李姓田，西止水圳，南止陳姓田，北止李姓田，佃人陳世堯認耕，歲交租穀一石。共田十畝四分五釐，共入歲租一十一石五斗。

一　乾隆七年，軍丁許繼仁開墾二處，願歸書院，一處坐落四都一啚，土名沙園裹，大小三十七坵，東止大河，西止軍田，南止麻地，北止大河，計官十畝。一處坐落十七都一啚，土名馬橋頭，大小四十四坵，東止大河，西止港洲，南止大河，北止高塝，計官五畝，紫溪佃人陳士元、陳仲隱認耕，共輸租穀一十四石。

〇生員周仕鵬等爭墾歸公，清丈出田四十九畝，土名老港洲，分二塅。一塅大小九十坵，一塅大小二十五坵，東止小港，西止大河，南止乾港，北止大河，中有屋基，佃人林信義、吴國梁居之共認耕，歲交租穀四十九石。

〇五月清出墾田二畝五分，坐落九都，土名紗帽石，大小六坵，東止王姓地及路，西止八都六堡塝，東止胡姓衆田，北止紗帽石，佃人胡九嘉認耕，歲交租穀五石。

〇又冬十一月，查出熊招生、曾元魁等盗賣三十六都官田二十九畝三分五釐，土名茶山塢、前坪等處。一賣與劉宗茂茶山塢田一十二畝，東止水坑，西止山，南止水坑，北止山及路，即着劉宗茂認佃，歲交租穀一十石。一盗賣與鄭重先田一十二畝，土名亦曰茶山塢，東止山脚，西止横山，南止水口大坑，北止周山及横路，仍着鄭重先認佃，歲交租穀一十石。一盗賣與熊德華田二塅，土名前坪。上塅東止山，西止水坑，南止水坑及山，北止山。下塅前坪之水口，東止山，西止水坑，南止山，北止坑，共五畝三分五釐，仍着熊德華認佃，歲交租穀五石。蓋以盗買者認耕，杜欺隱也，共得租穀九十三石。

一　乾隆八年，勸貢生范帝謨捐助書院田五十畝，坐落十五都，土名分十四處。一曰社公背，田一坵，東止山，西止程姓田，南止山，北止山，計官三畝。一曰鄭家嶺，田二坵，一坵東止路，南止水坑，西止程姓田，北止陳姓田，計官二畝。一坵東止大路，西止水坑，南止山，北止鄭姓田，計官三畝。一曰門前田，一坵東止大港，西止小港，南止趙姓田，北止大港，計官二畝五分。一曰瑤前，東止山，西止陳姓田，南止水坑，北止水坑，計官三畝。一曰沙亭嶺，東止鄭吴二姓田，西止大路，南止鄭姓田，北止高墈及李姓田，計官三畝。一曰楊家壠，田二坵，一坵東止俞姓田，西止山，南止俞姓田，北止吴姓田及路，計官一畝五分。一坵東止鄭姓田，西止山，南止鄭姓田，北止鄭姓田，計官一畝五分。一曰茶樹塢，田一坵，東止山坑，西止山，南止山，北止水坑，計官一畝五分。一曰沙嶺雞菴并連童子山、黄沙嶺，共二坵，東止高墈，西止吴姓山，南止水坑，北止吴姓山，計官共九畝。一曰黄系橋，田一坵，東止屋基，西止小港，南止邱姓田，北止陳姓田，計官五畝。一曰龜山背，田一坵，東止大路，西止鐘姓田，南止山，北止高墈及大路，計官一十二畝。一曰虎背坑，田一坵，東止山，西止山，南止山，北止水坑，計官一畝。一曰門口，田一坵，東止大路，西止小港，南止趙姓田，北止大港，計官二畝。車盤佃人蔡元秀、杜十三、吕玉秀、杜仲茂共認耕，歲交租穀五十石。

〇又勸歲貢生曾鏞義助鵝湖書院田一十五畝三分一釐，并塘一口，坐落四十七都，土名一曰下塘塢，分二塅。一塅一十六坵，東止姚姓塘，西止姚姓田，南止曾姓山，北止姚姓山。一塅計六坵，東止姚姓田，西止姚姓塘，南止曾姓山，北止姚姓山，計官一十畝五分，内塘計官三分一釐。佃人鄭元重耕種，交租穀一十石五斗。一土名曰仙人塘，大小三坵，東止五龍庵山墈，西止大路，南止曾姓田，北止五龍庵田。又一土名曰袴襠坵，大小三坵，東西南北俱止姚姓田為界，上下計官共四畝五分，佃人陳如玉耕種，交租穀四石五斗。

〇又自捐俸價買吴伯勝田共二十坵，東止吴姓山，西止本祠山，南止水坑，北止王姓山，坐落十五都黄沙嶺去處，仍佃人杜仲茂、杜十三認耕，交租一石。以其荒而輕之也。合范曾所捐，則六十六石。

一　乾隆九年春，撥大義橋田，歸入書院，共八畝五分五釐，坐落二都，土名一曰華家塢，東止山，西止山，南止劉姓田，北止本祠田，共五坵。一曰祝家山，又曰八口源，東止葉劉二姓田，西止劉姓田，南止水坑，北止水坑，上下共六坵。一曰天井塢，二塅。一塅東止劉姓田，西止劉姓田，南止水坑，北止劉姓田。一塅東止山，西止尹姓田，南止劉姓田，北止劉姓田，共二坵。一曰招公源，二塅。一塅東止尹姓田，西止劉姓田，南止劉姓地，北止馮姓田。一塅東止馮姓田，西止馮姓田，南止馮姓田，北止劉姓田，共二坵。一曰庄屋背，二塅，一塅東止萬姓田，西止牆，南止路，北止陳姓田。一塅東止水棟，西止劉姓田，南止王姓田，北止劉姓田，共二坵。一曰黄十五橋，東止劉姓田，西止劉姓田，南止水圳，北止劉姓田，田一坵，原佃人王繼承認耕，歲交租穀二十石。

○生員丁植祖遺荒田，被劉君佐佔墾，願歸書院，可得田六畝有零。坐落二十七都，土名庵山底，東止江姓田，西止山，南止劉姓田，北止饒姓田，大小共十一坵，仍予劉君佐認佃，歲交租穀五石。

○民人江雲尙贖回舊賣丁校田，丈溢五畝壹分三釐，愿歸書院，以資膏火。坐落二十五都十堡，土名一曰楊林洲，大小六坵，東止江有尙田，西止軍田塝，南止新港，北止本祠田，計官三畝四分九釐七毫五絲；一曰倒港底，大小八坵，東止塝，西止江姓民田，南止祠田，北止祠田，計官一畝六分三釐二毫七絲，雲尙認佃，歲交租穀五石二斗。

○同堡劉伯嶽、劉洪福於倒港底墾田二塅，一塅大小二坵，東止劉姓田塝，西止江姓荒地，南止港，北止祠田，計官六分，伯嶽認耕，歲交租穀六斗。一塅大小三坵，東止祠田，西止港，南止祠田，北止塝，計官五分三釐，洪福認耕，歲交租穀六斗。

○又生員陳賓鑑與民人侯發生爭墾，俱斷歸書院，坐落五都，土名下挈尾，共二塅。一塅東止陸家地，西止祠田，南止陳姓老田，北止港，計官一畝四分三釐三毫，付陳鑑認耕，歲交租穀一石五斗。一塅東止祠田，西止史家洲地，南止水圳，北止小河，計官一畝二分二釐七毫，付發生認耕，歲交租穀一石五斗。共計歲穀三十四石四斗。合之五年以後所增，則實田共二百一十四畝八分七釐七毫，帶租穀則二百二十九石奇九斗也。

山租

一　山計官一十一頃一分一釐，坐落四都一啚，土名大源坑。產雜木，東西俱止山，分水為界，南止山頂尖為界，北止劉觀頤山為界，歷未交租，佃人郭隆看護，郭隆即書院門斗也。

一　查匪類伊姓山，計官一頃三十八畝一分，撥入書院，坐落三十六都去處，土名一曰捆前。共二障，一障東止十六都界，西止嶺，南止大坑，北止大嶺分水；一障東西南北俱止本祠山為界。一曰烏泥坑，東止虞姓山，西止嶺分水，南止廟前，北止嶺。一曰黃泥嶺，東止石際水坑，西止水坑，南止荒田塝，北止田。一曰桃枯塢，東止峰分水，西止嶺分水，南止塢坑，北止嶺分水。一曰雙坑口，二障，一障東止嶺分水，西止港，南止山，北止田。一障東止虞姓山，西止水坑，南止嶺分水，北止水坑；一曰光頭嶺，東止上塝塢中，西止水坑，南止嶺分水，北止港；一曰南坑口，東止夏姓田，西止嶺分水，南止乾坑凹，北止田；一曰雙坑口，西邊共二障，一障東止峰分水，西止水坑，南止嶺分水，北止坑。一障東止嶺分水，西止水坑，南止祝姓山，北止夏姓山；一曰龍潭，共二障，東止山分水，西止大坑，南止路，北止大峰直下，一障東止嶺分水，西止水坑，南止港，北止水坑；一曰上疇，共二障，一障東止水坑及夏姓山，西止嶺分水，南止嶺分水，北止塢口。一障東止十六都，西止港，南止墓地塢，北止港；

一曰蕌地塢，東止水坑，西止墳山嶐，南止夏姓山，北止墳凹。此山雜木茂林，界連官田，佃人熊招生、曾元魁看護，每歲僅交租銀三兩一錢。

一　乾隆八年捐買十五都吴伯勝民山一障，土名黄沙嶺，東止吴姓墳山，西止山頂，南止大水坑，北止王姓山界，佃人杜仲茂、杜十三看護竹木，尚未交租。

房租

一　乾隆七年捐俸價買房屋一棟三間，附於育英堂後，暫歸入書院，歲收租銀四兩。

一　乾隆八年同首士鐘□震等於橋之東北蓋造店屋五間，內鋪戶黄清遠認租店屋三間，歲交稅銀十兩，鋪戶張志學認租店屋二間，歲交稅銀十兩。於橋之西北蓋造店屋四間，內鋪戶丁天章認佃一間半，歲交租銀五兩。鋪戶丁天章認佃一間半，歲交租銀五兩，其餘一間，鋪戶吴政先認租，歲交稅銀二兩。又於橋南之坊門內蓋建店屋，東西合對共二間，鋪戶許登榮、賴俊共租，歲交稅銀五兩。於橋上接搭篷店二間，馬日秀、方老三租，排雜貨，共交租銀四錢。橋東外之東蓋造店屋一間，鋪戶程元華認租，歲交稅銀一兩五錢。橋門外之西蓋造店屋一間，鋪戶何其美認租，歲交稅銀二兩。於橋中亭鋪戶聶以信認租，歲交稅銀五錢。其於劉官賓店屋，原非公產，因移官基之碑以便己愿，歲交稅銀二兩。統計租銀所入共四十三兩四錢。合之自捐房稅則四十七兩奇四錢也。

以上增田二百一十四畝八分七釐七毫，合前田共五百六十九畝五分九釐七毫，增租二百二十九石九斗，合前租共四百四十一石八斗四升也。置店租銀四十七兩四錢，合山稅地租，共五十一兩而奇七錢五分也。其田畝輸將之數，俱載四都一啚文宗戶內，歲額糧銀共二十三兩二錢一分三釐，額征畝米共七石九斗八升九合。田多賦少者，以開墾為公物也，故減之。

附録：重刊《鵝湖講學會編》後序

《講學會編》一書，鄭君東里所輯，以訓士者也。東里以韓江翹楚，莅治兹邦，庶政既修，樂育斯切。爰增額租，廣膏火，申明約束，與諸生相切磋。延其師雷副憲至書院，闡鵝湖詩義，辨論異同之旨，俾後進不迷厥指歸。迺於刊正《六經圖》，重修縣志之餘，取四賢往復講學之書，與其所定規約，並已之夙，以廸多士者，彙為成書，顔曰《鵝湖講學會編》，而以《書田志》附焉，教養之法，粲然具備。後之人取而讀之，近可窺先賢反覆明道之苦衷，而不好異，不苟同，必求是焉而後已，則後儒入主出奴之見，不必設也；遠即可究至聖立言垂教之真詮，而沈潛剛克，高明柔克。學焉，各得其性之所近，則後世頓漸同歸之説，並無事強為調停也。淺之可補《小學》之所未備，而有以杜放心佚志之漸，不至氣稟拘而習染汙也，深之即可會《大學》「誠意正心」之所由入，而有以立修己治人之本，不徒工帖括而掇青紫也。蓋東里以聖賢之教為學，即本聖賢之學以為治。豈第拾唾餘矜撰述已哉？惜其書歷久散失，其什襲藏者又多敝帚享之，不易借以一睹。歲丁未，淳奉簡命，承乏是邦。下車後訪求文獻，急欲購是編讀之而不可得。偶於鬻書者簏中獲閲一冊，竊歎諸生之所以學，與有司之所以治者，皆宜於斯取則矣，而益以管窺為憾。既修書院之明年，適任子定齋、沈子節修等獲遺版於門者之居，大半殘缺，爰復購借全編，命剞劂氏缺者補之，殘者更之，並印散課生，俾各置一編，奉為矜式。蓋東里本聖賢之學以為教，余不敏，竊亦願本東里之書以為治焉。夫吏治，莫先於培風俗而正人心，而人心之正，必自端士習始，士習不端，德不修，先由學不講也。夫講學豈以其名哉，古者學與治合，故精義即以致用，而利用即以崇德。後世學與治分，故教學者以詞章為利市，而論治者以心性為迂談。於是入而修己，既不知居敬窮理為何功；出而淑世，更不知培風善俗為何效。其庸者尋章摘句，闇昧終身，徒以長子衿佻達之習，甚或挾其讀書識字之能，遁入下流，為閭里蠹，轉不如未學者之安樸拙而懷天良矣。間有才智者出，又往往薄往聖之緒言，鄙先賢之條教，炫奇矜異，弗軌於程。故其學也，淩駕翹跂之意多，而敦厚退讓之風渺。即其為治也，貪營苟得之心勝，而廉恥介直之風微。彼蚩蚩者謂是固民之首，鄉之望也。迺群然艷而羨之，慕而效之，然則人心安得不漓俗，安得不日偷耶？則皆學之不講悞之也。誠即是編，而辨明之切。究之，其父師知所教而諄諄，於執經請業之時，其子弟知所學而兢兢。於束髮受書之日，童而習焉，長而安焉，不見利欲而遷焉。則必有以識心性之固然，循倫理之當然。義利之間，審之綦嚴，而取舍之際，持之不苟，將見處為名儒，而出為醇臣也不難矣。抑聖賢之教，隨地皆宜，而是編之於治，吾鉛尤有急焉者。象山龜峯之間，風氣蒸鬱，久推人文奧區。近歲來，高第巍科，英傑輩出，盖四賢之流澤於茲未艾。又承我朝列聖培植作養之餘，學者儒染其間，相與考德問業，治心繕性，故端人偉士，後先相望也。顧其間民風，猶不免急財利而薄倫紀，尚詐謀而少敦樸，好淫靡而輕節義。俗之未醇，殆亦宰斯土者之過歟。深慚譾陋化導未能，竊願邑之士大夫，共推明講學之旨，以為齊民倡也。四賢有靈，其默鑒而陰相之矣，則不惟余之幸，即昔之纂是編者，其扶植名教而有裨風化也，不將更振興於無替哉。是為序。

道光己酉仲冬月下浣，海西後學李淳書於宸翰堂之西軒。

鵝湖書田志

〔清〕王賡言　吴嵩梁　輯
謝水崋　點校

《增修鵝湖書田志》序

《鵝湖書田志》始修於前鉛山尹鄭君之僑，附刻《鵝湖講學會編》中，所載田地、山塘、坐落、都啚、土名、四至以及佃戶姓名、租穀多寡之數，至詳且備。惟大源坑山場畝數與明碑間有未符者，則鄭君當日未及躬親履勘，或僅據主藏吏相承冊藉而紀之者也。余既判復大源坑山界，通牒大府，清覈田租，垂為永利。顧惟六十年來，坍荒者有減，續置者有增，佃人主名遷易互異，委籍於吏，不足以慎典守。且書院為名賢講學之區，宜有專志，以紀其盛，爰屬其事於山長吳君蘭雪中翰。因鄭《志》舊本發凡起例，纂修增輯，匯為一編。書成而序之曰：「夫書田之設，所以養士也。」今之士猶古之士，今之學其猶古之學乎。獵取科名，溺情利祿，其志於學問道德者，百不得一二焉。然則養士者，其果徒為士之科名利祿計乎？朱、呂、二陸始會於鵝湖，反復辯難，議論數十折。及象山至白鹿書堂，講喻義喻利之旨，朱子以為切中學者隱微深痼之病。象山曰：「科舉取士久矣，今世以此相尚，便汩沒於此而不自拔。」而朱子《玉山講義》亦云：「聖賢教人為學，非是綴輯言語，造作文辭，但為科名爵祿之計。」二先生之言若合符節審是，而士之所趨向宜可知已。科舉之文未也，然由是而窺乎聖賢之旨，則未也而有其本存焉。反而求之，皆為己之學也。

朝廷以是取士，士非是無以進身。始進之途，不宜妄自菲薄。誠能涵泳乎四子之精，研尋乎六籍之蘊，綜乎格致誠正修齊治平之要，而極乎學問思辯篤行之功，其言之也有物，其出之也成章。庶幾陸子所謂進於場屋，必皆道其平日之學，胸中之藴，而不詭於聖人者乎。朱子之學篤實，其未流墜為訓詁，陸子之學高明，其餘弊遁為元寂。門戶遞爭，歷數百年。

我聖祖頒賜御書，揭「窮理居敬」四字於堂楣，大哉王言，足以捄兩家之偏而泯其跡。今四先生之祠貝在，學者奉其遺書以朝夕雒誦其中，思其所以異，得其所以同，身體力行，無負四先生之明訓，夫而後書院之興有以教，書田之設不徒養也。若迺玩愒荒惰，鹵莽滅裂，利其廩食，樂其馳騖，為之師者不以教，為之弟者不以學，是竊士也，朝廷亦何取乎斯士而養之也哉？故書之簡端，以為多士勗焉。書院始建於淳祐庚戌，洊歷四朝，廢興不一，皆前人所加意而為之者。今兹之議復田租山界，籌理經費，則山長吳君及署縣事徐、王二君襄力為多。其文具載於志中，後有考者，可循覽而得之也。

嘉慶十八年仲春月，諸城王賡言序。

《增修鵝湖書田志》序

乾隆九年，前鉛山令東里鄭公，集鵝湖先賢之文，彙刻《講學會編》，末附《書田志》一卷，有功於名教甚偉。今廣信太守簣山王公，以實心實政培養士林，既為書院清釐積弊，擴復舊章，又懼夫久而或失所考也，於是取鄭公前志，增修加詳，屬余創稿，而公自定之。余既承命，又迫於諸生之請，義不可辭，遂錄紀事之文，通詳之牘，田租經費之額，附以雜詩，彙為五卷，付諸校刊。或有諷余者曰：書院之設，以講學也，今子未聞於先賢論道之旨，有所發明，以訓迪多士，顧汲汲於此，不已末乎。余曰：唯唯否否。三代之制，學校與井田並行，故庠序之教，以明人倫，而仁政之修，先正經界，所由賢才眾多，風俗淳茂也。其後井田廢而學校亦衰，於是佛老之徒遍天下，而士自科舉而外，毅然以吾道自任，教授名山者鮮矣。逮宋朱文公出，而後聖人之學大昌。所至名勝之區，皆闢精舍、集生徒，以修明其業。今鵝湖書院即公與陸文安公、文達公及呂成公講學處也。國朝聖聖相承，文治翔洽。康熙五十七年，聖祖仁皇帝御書「窮理居敬」匾額，頒示講堂。聖學之要括於片言，萬世學者，咸知宗仰，而四賢論道之旨始異終同。其文已具載《會編》，何容復贊一詞？惟是造士之法，教養兼資。鵝湖自宋迄明，代有興廢，而本朝規制益崇。當其盛時，凡豫章及浙閩之士負笈遠來，皆足以給其費。既而經理不善，欺隱遂多，齋舍僅存，膏火難繼。其患在假手胥吏，而士大夫無稽察之權。此鄭公前志所由作也。乾隆三十四年，前令梁公廷雯，實力區畫其田，以三則定租，示期完納，皆在公堂。佃戶既免守候之難，縣書亦無侵漁之弊。惜乎其未補修入志，雖有丈冊，不能共知。繼有壞其法者，弊復茲生。此今日增修之舉所以不容稍緩也。或又難余曰：如子言，則斯舉誠為善政，然山長所司者教也，非養也，養士之責有守令在。子之為是，其跡近於好名，且將樹德於諸生。而先賈怨於群小，事多掣肘，傍亦隨之，是不可以已乎。余曰：義之所在，何必引嫌。然余所執者，校讐之役，非敢以衛道自任也，即有芻蕘之言，其采而措諸實政者，賢守令也，非山長所能與也。且其言亦考諸前令之成規，參以士林之清議，非一人之私見私聞也。言出於公，不任受德，何有於怨？其怨且謗者私也，畏浮言而不執大義者，亦非公也。徇私而廢公，假公以濟私，皆獲罪於名教，非余所敢出也。文貴乎有徵，法求其可久。吾亦竭吾所知，以上副賢執事愛士之厚，下酬諸生請業之勤而已。其言有今昔並行者，有宜變通而行之者，有今未及行而可行於異日者，全編具在，核實而增修之，是所望於後之君子。書既成，用錄問答之語，以達余意。若夫事之綱領，已見今大司空芝軒潘公所撰碑記。其條目畢詳志中，故不復書。

嘉慶十八年仲春月，東鄉吳嵩梁序。

《增修鵝湖書田志》目錄

《增修鵝湖書田志》

參校姓氏

張瑞槎　李照梅
彭若臨　張積勳
鄭必逵　胡經詮
蔡春來　曾　度
張楷銓　鄭必先
劉　爕　楊泉源
江月湧　吳日燾
周覲南　鄭坤載
劉忠宇　金　錞

諸國圭　劉校書
諸元欽　程鴻臨
余紹韓　程鴻晉
丁　錕　方熙春
吳　晁　吳　炌

《增修鵝湖書田志》卷一

鵝湖書院紀事碑

潘世恩

鵝湖教澤，霑被四朝。康熙五十六年，聖祖仁皇帝親灑宸翰，頒賜講堂，於是龍章鳳藻，騰山映川，有司駿奔，多士雲集，合省薦紳上表恭謝，載在《通志》，炳蔚可觀。凡莅斯士者，所當慎選師儒，厚培寒畯，用以宣佈國家育才之盛心，闡發先賢明道之微旨。學有誤於歧趨者，正以導之。法有廢於苟安者，修而舉之。俎豆弦歌，雖千萬禩弗替可也。嘉慶十七年，余以督學校士信州，欲迂道鵝湖，謁四賢祠，不果。聞太守王君篔山盛稱山長吳君蘭雪之賢，及君來，道故甚歡。徐出其近詩與書院田租膏火議一篇，大源坑山界議前後二篇，始知君於講學之暇，又能考據金石文字以擴復前規，其意良厚。然猶懼其議之格而不行也。既而太守履勘清查，實如君議，遂上其事於督撫大吏，皆蒙允行。益歎兩君之相與有成，能不狃於因循之習，沮於流俗之言，毅然以行其志，所以造就多士，嘉惠無窮，非獨一時之善而已。先是書院有山曰大源坑，三十九頃五十九畝一分，為峯頂庵僧所侵。今據明萬曆十四年碑勘明四至，清復舊界，淨室俱改入官，且規餘地建遺愛祠①，以祀有功於書院者。田凡九頃八十六畝六分三釐四毫，

---

①「祠」，原與下句中的「祀」字互倒，據同治版《鉛山縣誌》卷九第一九七頁改，鳳凰出版社，一九九六年影印出版。

歲課租穀八百八十四石有奇，出納之權歸於胥吏，欺隱者多。今據報銷冊實數定額，每石折錢九百九十五文，月以三八為期，公堂輸納。所有諸生膏火仍按十月給發，不得扣除。又擴建齋舍二十餘間，以廣肄業之士。然猶懼其法之久而或敝也，乃增修乾隆九年鄭令之僑所刊《書田志》凡五卷，地名租額及一切經費之數具載其詳，且錄紀事之文、通詳之案以資考證。後即有舞文者，不得擅去其籍。於是百年之弊廓然一清，而兩君用心之勤可謂至矣。有教養之責者皆能以兩君之心為心，天下之事何所不治，豈獨書院乎哉？蘭雪述諸生之意來徵余文，其言多歸美於守令。然惟君能力持清議，以助成善政，故所經理詳核如此，余故樂紀其實，俾覽者知取則焉。吳君名嵩梁，江西東鄉人，嘉慶庚申舉人，原任國子監博士，候補內閣中書，乞假在籍，以詩古文教授諸生，咸有程度。王君名賡言，山東諸城人，嘉慶癸丑進士，由吏部郎中擢廣信府知府，廉幹有為。其培植信江書院與鵝湖，同署鉛山縣知縣王君有章、徐君麗生克襄厥事，例得並書。

清復大源坑山界議

吳嵩梁

書院今在鵝湖山麓，地與峰頂庵近，其山及田被侵者多。今考萬曆十四年鉛山縣所刻碑現存，中載大源坑山一段，計三十九頃五十九畝一分。其山東、西至山分水，南至山尖分水，北至劉觀頤山為界，無所謂淨室、塔院也。

乾隆九年，前令鄭公之僑，清查書院山地田租，僅復其半。恐久而失考，因於《講學會編》末附刻《書田志》一卷。其載大源坑山界與明碑四至皆同，並云中產雜木，看護佃人郭某即書院門斗，亦無所謂淨室、塔院也。今有塔院一所，在東南界內，有淨室一所，在南界內。乾隆二十八年，肄業生員王澐等查得明碑，在西廊牆壁內，搨出呈請，前令劉公承業登山勘明，照依碑內四至，斷歸書院所有。塔院、淨室，僧眾哀求，姑免拆燬。其山木仍令寺僧立有租帖看守。該僧所呈偽契訊明塗銷。王澐雖身故，有案可查。劉公去後，庵僧賄結書辦等，將看山租帖陰為撤銷。書院小有修理，但於大源坑、清華庵附近取樹數株，而界在塔院、淨室間者，漸欲為寺中封蓄之樹，不復問。其為看守之人，經理者少，積弊日深，此本年六月所以有斫樹爭山之案也。是月初三日，寺僧妙然等四十餘人砍伐大樹十四根，蓋風聞將大修書院，取材於此，故先以此嘗試其鋒。及練保等驗明具報，奉縣拘訊，該僧供稱越界誤砍，因得從寬，免其伽責，僅令送還樹木，具結服罪。生童等先後呈出明碑搨本及《書田志》，請查案勘山，以復舊界。雖經批准，俟勘明，照依碑内四至訂立界石，因循至今。而禮房沈匿卷宗，堅不肯呈，必有倡為浮議以沮之者。而庵僧連貴溪、山貞德等，聚眾斂資革役，投充華嚴寺，僧連發為之主謀，赴省翻控。其准不准未可知，而人心已囂然矣。聞其所以妄告者其說有二：一曰山分兩色，以官山皆荒，私山皆有樹。不知此山之樹始原代為書院看守，故不敢伐，繼欲據為寺有，故不肯伐。其實所指畜為私山者皆官山也。山自有界，豈官山加以封殖，即可指為私山乎？一曰有峰頂庵志及偽造碑文為據。不知明碑、鄭《志》皆賢令尹思患預防，以示久遠者，石立書院，版藏縣衙。寺即有碑、有志，皆私刊之物，不足為據。況在劉令勘斷之時，何不持以上控？直至今日已出越界誤砍結狀之後，又復自翻其供乎！彼所恃者，能以賄匿舊案耳。不知有碑志炳據，即無案亦可勘明斷結也。為今之計，必先請臨山親勘，照依碑内四至訂立界石，别於書院重勒新碑，另為妥辦申詳，而其所以清復前規，杜絕後患者，必畫長策。一曰拆燬塔院，遷僧墳以還山界，改淨室為遺愛祠，置佃人以守山木，説者必謂僧塔不可竟燬，不知韓文公尚欲請燒佛骨，何有於僧？且僧身皆已焚化，只將塔内灰包改埋空地，與遷葬等耳。其磚木即給還衆僧另營塔院，亦無不可。遺愛祠以祀郡邑賢侯有大功於書院者，姚太守堂、鄭令之僑諸公。另簽妥人充當佃戶，即住祠中，侍奉香燈，看守山木，量給祠田數畝，以專責成。此百年之計，行之可以久而無弊者也。一曰淨室、塔院免其拆燬，取具寺僧切結，自服侵占之罪，情願退還山界，嗣後永遠不得復葬。淨室入官，仍許寺僧居住，即令寫立佃帖，守山看樹，量給其植。樹木查明，註冊存縣，以應書院取用。監守自盜，加倍治罪。此一時權宜之計，行之既久，有力者能去其籍，毁其碑，則與劉公所辦無異，今日其覆轍也。然此二策者皆以治標，非所以治本也。治本之策，必當裁減寺產以培書院，則利興而害無不除。蓋寺僧所以滋事者，以人多而資太厚也。其田租可收一千二百餘石，竹木利可千金，僧衆至百餘人，大抵為逋逃淵藪，恃其積財，以為賄結之地，多藏軍器，以為械鬭之資。鄉民稍忤其意，即縛送丞尉，予以伽杖。寺僧有犯重案者，又有衙蠹紳豪為之護持，故其勢力赫赫，敢於無所不為。今將田租千石入官，以二百石歸寺，擇老成安分者立為住持，所收徒弟不得過五人以外，報縣註冊。餘衆悉令遣去，願耕田者，即令耕入官之田，願看山者，即令看入官之山。如此，則除本庵所居外，山盡歸官，無界可爭，寺產既薄，則奸利之徒亦不為用。然後收取租穀、木材，以增修信江及鵝湖書院，擴充膏火，皆有餘資。士沐栽培，民免陵踐，寺僧等亦不至以恃財賈禍，蓋一舉而三善備焉。孔子所謂因民之所利而利之，斯不亦惠而不費乎。孟子所謂能言距楊、墨者，聖人之徒也。本朝張清恪公之於紫陽書院，湯文正公於河南之南陽書院，皆以此策行之，故能黜異端而昌正學，以仰副國家造就人才之至意，嗚呼盛哉！然昔之官于此者，或不果於為，或為之而不克究其功者，何也？浮圖禍福之説中於心，而胥吏要結之權掣其肘，往往治標不能，況治本乎？惟智而無私，仁而有勇者毅然行之，以正人心，以崇治體，蓋士民幸甚，先賢亦幸甚。第曰清復山界，亦善政之一端矣。

續清復大源坑山界議

吴嵩梁

余前既為大源坑山界議，署鉛山令王君按碑勘明，可以立界矣。猶懼其力不勝寺僧，特以請於太守王公。公可，批令如所請立界。通詳矣，而必親勘定斷，然後立碑，其慎重周詳之意可謂至矣。今聞示期於七月六日至縣勘山，孤寒之士罔不額慶，而胥吏之隱憂，若不翅於寺僧者，蓋以此案一結，則書院經理日詳，冒銷者少，峰頂積年之賄亦自此裁矣。然聞其黨之謀有三：一曰書院山界當以十一頃為斷。蓋鄭公作《書田志》之日，山無所爭，未及丈量，約計其地，遂與明碑所載三十九頃五十九畝一分多寡未符。然四至俱同，即可據以定界。若舍四至，而量頃畝，其丈將何所施？一曰庵有家業簿為據。夫碑誌既屬偽造，則其簿亦所私撰，無論印記真否，豈足為憑？此皆毋庸深辯者也。一曰山界即歸書院，樹木必歸峰頂看守。其説以為歸於書院，則火夫門斗必至盡摧為薪，難以封殖。

驟而聽之，似乎近理，其實假公濟私，後患有不可勝言者，始則稍應所需，終則據為己有。租帖可燬，案卷可匿。前令劉君覆轍已見於今，今再墮其術中，則不可救矣。為今之計，莫若以樹歸官，而法求盡善，則諸弊可除。一曰置山佃。佃戶必擇有身家者，則令居淨室中，給其工值，專以責成練保及門斗火夫等，協同巡邏，如此則典守重矣。一曰造樹冊。現存樹木查明株樹，造冊二本，其一存縣，一存書院，某年取用幾株，補栽幾株，皆注於冊。雜柴供爨，成樹者儲為屋材，有枯死者驗明，有盜砍者送究，寺僧及在官人役，犯者加倍重懲，如此則稽察嚴矣。一曰種荒山。界內山地甚寬，官為買樹秧、竹鞭，課令佃人栽植，樵牧有禁，不數年而美蔭成林，名材足用，如此則經費充矣。一事而教養兼焉。成功既易，種德無窮，通詳有案，紀述有碑，以縣冊載入交代欵中，俾得永遠遵守。循吏之澤，雖與四賢同祀，千載可也。至於寺僧所呈之《峰頂志》，萬曆四十一年山契，乾隆十六年寺產碑，王令指駁甚嚴以詞，稱僧養庵買田租至八百石，而志內除寺基外，山地田塘若干畝並無記載。所存各契，既云康熙年間被焚，何憑？查核立碑所抄劉觀化大源坑山契，即非偽造、盜賣盜買，例應山價兩追。非特不足為據，且侵佔之積弊益明。縣批俱在，可以覆按。而塔院之當燬，淨室之當改為遺愛祠，並詳前議，故不復書。

清核田租膏火議

吳嵩梁

田租者，膏火所由出也。書院之田所以養士，非以養胥吏也。民種官田而納官租，胥吏所管者，文冊而已。田有畝，租有額，膏火有定數，報銷有常規，循例守成，無隱無欺者，分也。浮收剋減，移東蓋西者，罪也。謹按：鵝湖書院新舊田產已入報銷者，共計八頃六十三畝，未入報銷已經查出者三十二畝，山地房租銀五十一兩一錢四分。乾隆三十四年以來，佃戶每穀一石交制錢六百文，而每年膏火仍照十月給發，除曠廢外，未聞有扣除也。乾隆六十年以後，每石收制錢一千二百文，冊內報稱變價銀九錢九分五釐，而每年膏火僅照六月給發，冊內仍以十月報銷，其扣除者皆為羨餘，而經費猶云不敷者，何也？今禮書崔夢吉等以積年欠租挪移抵補為詞，蓋欲以減冒銷之罪，而實營其私也。夫收租有冊，追租有例，某人欠穀若干，按名比追，不完者革佃可也。田果瘠薄，力不能交，自請勘明減免，否則退耕可也，何至有積欠乎？就使積欠屬實，以彼一年浮收之數，抵累年欠租而有餘，何至年年扣除寒士膏火之貲，以饜蠹胥無窮之欲乎？且聞欠租者即禮書，非鄉民也。該書程建勳一人欠租多至八十餘石，未聞繩之以法，何也？民果欠租，未有不比追不革佃者也。然則積欠之禍，嫁於鄉民，挪移之名，歸於官長，所剋減者生童，而胥吏獨坐享浮收之利，不可究詰者，何也？蓋官與民不相喻，故若輩得專中飽之權。其勒折佃戶，則曰每石折錢若干，此奉堂諭，不可減也。其欺官長，則曰每石僅交若干，正額尚欠，不能追也。勒折如數則收錢，否則收穀，所收名為鄉斛，而較官斛加倍，故不敢不折也。所給止系穀票，不能執以上訴，無收錢實數可憑故也。

為今之計，必以梁令詳定舊案為法，三八告期，當堂完納，掣照歸農，既免佃人守候之艱，且杜胥吏兜收之弊。自今年始，每穀一石交制錢九百九十五文，出示曉諭，按期親收，另文通詳，永為定例。如此，則佃戶免積欠之冤，膏火復十月之舊，其續增田產隨時註冊，徵租之日即歸報銷，有欺隱者加倍治罪，則胥吏無權而士沾實惠矣。

《增修鵝湖書田志》卷二

乾隆三十三年鉛山縣奉委清查鵝湖書院田畝經費詳稿

梁廷雯

乾隆三十三年二月初五、八日，奉府憲王票內開：照得鵝湖書院乃先儒講學名區，舊有田地山場，徵收租息，以資膏火。前因撫憲撥發豫章書院盈餘銀一千兩，並官紳等捐助多金，續置田地，收租濟用，歷據鉛山縣將收支各數造冊報銷在案。但現據梁令具詳，書院田地間有水沖沙壅，請減租額。且查該縣地方民間置買田地，每畝收租穀兩石至一石五斗，即至下之田，亦每畝收穀一石二三斗不等。今書院田地每畝收租至多不過石餘，明有捏混情弊，合行委查。為此票仰該員立即前往鉛山縣，查明鵝湖書院舊有及新置田地是否均屬腴產，有無置買不實，磽瘠充數及水沖沙壅，應行減租之處，逐一履畝確勘，分別繪具坵形，注明上、中、下則，並該田土名四至，每畝應收租穀若干，彙造清冊，送候察核。至前項租穀該縣作何催收？每年租穀短少，是否經胥侵蝕？抑系佃戶少交，又新買各田發過價銀是否毫無侵欺？奉發及捐助各項銀兩，除支用外，現在存剩若干，並即逐一確查實覆，均無率混徇延，大干未便等因。奉此，卑職等查舊書額田內鄭聘章承種田二十畝，原額租二十石，楊令任內被水沖坍三畝，准減租穀三石。賴乾開承種田十四畝七分五厘，原額租十六石七斗五升，劉令任內二次被水沖剗田八畝三分五厘，遞減租穀八石三斗五升。今勘丈得周德溥承種田九畝，原額租九石，實被水刬田五畝五分二厘，應請減免租穀四石五斗。鄭聘章承種除沖實存田十七畝，今又被水沖沙壓四畝六分，田雖仍存，土實瘠薄，應請減免租穀二石，照下則田納租一石三斗八升，共租十五石。詹承慶承種田十五畝三分三厘，地四畝四分，原額租十四石，今盡被水沖，變成洲地，丈有二十九畝八厘，應請減免租穀二石，照地納租十二石。此系田變成地，未便開除，仍歸田畝，照原額數計算。孔東俚承種田十九畝，原額租八石，田實瘠薄，且無水源，專靠天雨，稍為乾旱，即缺水無收，應請減免租穀二石。新置田畝雖非均屬腴産，亦無置買不實，磽瘠克數。發過田價，傳詢賣主，俱已實收，並無侵欺。各佃短少租穀，委系實欠，並無胥役侵收之弊。奉飭繪具坵形，詳注土名、四至，分別上、中、下則，每畝應收租穀若干，自應逐一遵照辦理。卑職等查鵝湖書院舊額田七頃四畝三分，租穀五百二石三斗三升，山一十二頃三十八畝二分一厘，租銀三兩一錢，地一頃一十九畝九分，租銀一兩一錢五分，北關橋房一十六間，租銀三十五兩五分。嗣因經費不敷，奉院憲撥發豫章書院盈餘銀一千兩，又官紳捐輸銀一千九百二十七兩九錢九分七厘。除未交外，實收銀九百九十五兩二錢七分七厘二，共收銀一千九百九十五兩二錢七分七厘。前劉令任内新置田九十七畝三分，地三十一畝五分三厘，山一畝五分，價銀一千三百五十六兩五錢三分三厘，歲收田地租穀一百六十六石四斗，山租銀十兩八錢。潘署令任内新置田四十九畝零四厘，共價銀四百四十九兩四錢四分三厘，歲收租穀五十五石三斗。劉、潘二令共置買田一頃四十六畝三分四厘，地三十一畝五分三厘，山一畝五分，共用價銀一千八百五兩九錢七分六厘。除用現存貯銀一百九十二兩七錢七分三厘，總計每年可收新舊田地租穀七百二十六石三升，照依部價每石六錢合算，應得銀四百三十五兩六錢一分八厘。山地房租銀五十兩一錢，共銀四百八十五兩七錢一分八厘。但查歲需經費銀七百九十三兩八錢九分八厘，以四百八十五兩七錢一分八厘抵用外，仍不敷銀三百零八兩一錢八分。今奉委查，卑職等逐一履畝勘丈，在新舊原額田八頃五十畝六分四厘內，田邊坵側之處，零星丈溢田二畝三分三厘五毫五絲，舊額田畝其中有被水沖剗者十六畝八分七厘，將丈溢之田抵補外，尚缺額一十四畝五分三厘四毫五絲，實存新舊田畝八頃三十六畝一分五毫五絲。第舊額田產，俱系層累而增，或有紳士樂輸，或因爭畝情虛，或緣匿墾違例，均歸書院。從前歸入之時，多系灘漲山荒，即紳士樂輸，非佃不納租，即系磽薄之產，所以當年租穀定額未整，且為數亦少，迄今歷有年所，屢經佃人培壅耕耘，新墾者漸次成熟，磽薄者多成沃土。如仍照舊額納穀，未免田租不符。相應分別上、中、下則，照依鄉例，酌量加增。今額定上則每畝一石六斗，並一石八斗以及兩石，中則每畝一石一斗以及一石二、三斗，下則每畝三斗以及五斗、七斗不等。其租數多寡不一，均視田之高下定之。所置新田亦有田腴租少，不合鄉例之處，俱應照上、中、下則分別加租，以昭畫一。統計上則田十之一，中則田十之六，下則田十之三。今照上、中、下則，除原額租七百二十六石三升外，現在加增租穀二百八十五石三斗八升，共田租一千一十一石四斗一升。歷年以來及現在勘明水剗並磽瘠之田，前後減免租穀二十一石八斗五升，每年實可收田租九百八十九石五斗六升。再查舊額山十二頃三十八畝二分一厘，均系荒山，並無出產，故僅有租銀三兩一錢。舊額地一頃一十九畝九分，除建造鵝湖書院並週圍餘地之外，可種無多，是以每年亦僅收地租銀一兩一錢五分。至新置之地三十一畝五分三厘，原系隨田同賣，向無租額。今分別起租，共額定十石六斗五升。總計田地租穀一千石零二斗一升。所有田畝離縣遠近不同，就近者納穀為易，窵遠者折錢為便。勘丈時當即曉諭，有情願以錢文交納者，照豐稔年成之價，每石酌定制錢六百文，以三八放告日為期，當堂投納，掣照歸農，可免佃人守候之艱，並杜胥役兜收之弊。今各佃戶無論遠近，均情願永遠每石租穀交納制錢六百文，不愿交穀，各具認狀前來。卑職等查每年共計租穀一千石零二斗一升，實折錢六百千零一百二十六文，酌定適中之價，按制錢九百文一兩計算，應得銀六百六十六兩八錢六厘六毫六絲。山地房租銀五十兩一錢二，共銀七百一十六兩九錢六厘六毫六絲。又現在存貯銀一百九十二兩七錢七分二厘，以每畝置價十兩計算，約可買中則田一十九畝二分七厘七毫三絲。照民間中則每畝一石三斗收租鄉例，該得租穀二十五石五升一合。應除漕糧一米二穀七斗九升一合外，實有穀二十四石二斗六升，每石制錢六百文計算，該得錢一十四千五百五十六文。每兩按九百文合算，應得銀一十六兩一錢七分三厘三毫。又應除錢糧正耗銀一兩二錢三分四厘八毫八絲，實有銀十四兩九錢三分八厘四毫二絲，統共銀七百三十一兩八錢四分五厘八絲，每年經費銀七百九十三兩八錢九分八厘，以租息銀抵用外，不敷銀六十二兩五分二厘九毫二絲。

查書院肄業生童共四十五名，每年膏火以十個月為率，歷年歲底冊報。以起館散館時有遲早，並私回曠缺，總不能足十個月之數，約可扣銀數十兩，足抵不敷六十餘兩之數。又奉院憲大人每年撥發鹿洞書院盈餘銀二百四十兩，增廣肄業生員之額，並加添膏火及院長修膳額外花紅奬賞之費，此系議詳批准，分項開銷，無缺無餘，不在書院舊額之內。理合開明經費，繪具坵形，詳注土名四至，上、中、下則畝數租額及佃戶姓名，備造清冊，同各佃認狀，具文詳送憲臺查核。為此備由另文冊具申，伏乞照詳施行。申送佃戶姓名田畝租數清冊一本，經費、坵形、土名、四至圖冊一部，佃戶認狀六十一本。

嘉慶十六年鉛山縣稟請廣信府勘定大源坑山界詳稿

王有章

竊照卑縣鵝湖書院為南宋淳熙年間朱、呂、二陸四子講學之所，後人即其地建立祠宇，歲修祀事，初名四賢祠，旋改為文宗書院，後又顔之曰鵝湖書院。康熙五十七年，聖祖仁皇帝賜有「窮理居敬」御書匾額。歷置田地山塘，收取租息，為師生膏火之用。自宋元以及明初，遞有廢興。迨明萬曆十四年歲次丙戌，邑令唐應詔因祠宇傾圮，捐俸創修，春秋祭祀，並清查書院產業，鐫諸石碑。碑内載有坐落四都一啚九堡土名大源坑山一段，計三十九頃五十九畝一分。其山東、西至山分水，南至山尖分水，北至劉觀頤山為界等語。此碑壘砌於書院西廊壁内，後被灰粉刷蓋，遂致湮沒不彰。至乾隆九年，前令鄭之僑興修書院，購集四賢唱酬各篇，彙為一書，名曰《鵝湖講學會編》，並清查書院山地田租，又從而擴增之。因恐久而失考，於《講學會編》末附刻《書田志》一卷，將書院所有田地山塘悉行開載，並注明坐落、都啚、土名、四至、佃戶姓名、租穀數目，俾後之守土者得以按籍稽查，法至善也。細核《書田志》載大源坑山場坐落四至，悉與前明萬曆年間碑載相同，惟畝數僅止十一頃一分一厘，與明碑所載不符。推原其故，彼時明碑失考，鄭前令不過約略清查開載，未曾按照四至逐細查丈，以致頃畝多寡，後先岐異。此鵝湖書院之來歷並書院大源坑山之碑與志也。

該書院後山有古刹一座，名曰「大義廟」，俗名峰頂寺，僧眾甚夥，擁資亦厚，邑中稱大叢林焉。本年六月，有書院門斗陳雲等，具控該寺僧妙然等砍伐大源坑界内樹木，並據肄業生員江月湧等遞具公呈，以乾隆二十八年因峯頂寺僧造契妄佔，曾經貢生王澐等於書院西廊牆壁揭出前明碑記，控經劉前縣勘明訊斷，仍照碑內四至管業，並將判語重勒新碑。被寺僧串同不肖門斗將新碑毀去，應請勘訊釘界等情，揭呈明碑，控告前來。經卑職提集查訊，所砍樹木，實在大源坑界內，系該寺工人越界誤砍。斷令所砍樹木送還書院，並因砍出於誤，從寬免議。仍俟勘明釘界，先行取結在卷。旋經卑職親詣，勘得城北十五里有鵝湖山一座，坐西南朝東北，前後兩嶂，後嶂最高處名峰頂，峰之下即大義廟。前嶂最高處為頂尖，即書院大源坑山與寺山分界處。自頂尖至西北山腳中有巒頭四凸，山腳下即鵝湖書院。其大源坑水坑一道，自西北至東南將山環遶。勘查山界四至，悉與明碑、鄭《志》符合，惟頂峰之南方是僧寺山界。今乃頂尖南界之內，有僧人淨室三間、塔院一所，並有僧墳數塚，不知系何年造葬。伏思乾隆九年鄭前令清查山界，刊刻《書田志》時，如大源坑界內已有僧墳、塔院、淨室，縱不令其遷毀，亦應於志內敘明，禁其藉佔，豈有絕不提及之理？是墳、院等項，為乾隆九年以後被寺僧賄通書院門斗人等越界造墳，似無疑義。卑職既經勘明，應即釘立界石。因該寺住持臨勘不到，明系有心避匿，自應查究明確，再行立界，以杜後訟。正在飭傳查訊間，詎寺僧廣成輒敢以該寺創自唐朝，有《鵝湖峰頂志》為憑。其大源坑山場，系前明萬曆四十一年買自劉觀化之業，現有抄存契底作據，且康熙壬午寺焚契毀，於乾隆十六年，紳士丁柱等稟經楊前縣，將寺內山田刊立碑記等情，粘呈抄契、志書、碑摹，翻控前來。卑職細查所呈志載，該寺於前明嘉靖年間已經燬廢，僧徒四散，其時寺無寸土可知。迨萬曆十四年，經邑令清查，僅得數椽。十八年，養庵和尚住居該寺，僅存榱棟，經眾人於該處建立禪關、靜室、龍王殿、十方堂、香積浴堂並普同塔等項，始將廢寺重興。然於寺基之外，並無別有山場田地。嗣於萬曆十九年、二十一、二十五等年，雖經費方伯等捐資，買山田二畝有餘，現無管業契據，即其《志》內注云「三十年，蒙本縣顧爺作興，偕鄉宦及眾善信出財與歐、李二姓，贖回本庵田地山塘若干」等語，既無實在畝數，又無確切引証，均不足憑。且「顧爺」之稱系細民俗呼，並非文人作《志》稱謂，顯系俗惡奸僧欲預埋爭佔地步，故將峯頂舊《志》任意改竄，添刻注語無疑。其所呈碑摹內將寺中田產詳細開載，不思契據碑碣既於康熙年間因遭回祿燬失無存，乃至乾隆十六年，眾紳士稟經楊前縣立碑，又將寺產四至來歷詳晰登載，不知當年眾紳士從何查悉底細，楊前縣又憑何批准立碑？已非理之所有。況前明萬曆年間，養庵和尚如果有置買田租八百餘石之事，何以志內轉未敘及，尤見揑混。至所呈萬曆四十一年該寺承買劉觀化土名大源坑山場抄契一紙，姑無論正契燬失，抄契本不足據，即就其抄契而論，價銀八兩，買山八十七畝零，並糧田三畝零，核計田山一畝，價銀不及一錢，賤不至此，偽造顯然。縱或契非偽造，而大源坑山場系書院之業，現有萬曆十四年碑記，在劉觀化賣契年分以前。劉觀化與寺僧私相買賣，系屬盜買盜賣，例應山價兩追，難容藉契圖佔。總之，鵝湖書院為御書所藏，有關闔邑文教。所置田地山場，歲收租息，為崇祀先賢，培養士子根本。該僧膽敢恃其富厚，得以為所欲為，日漸侵削，前既越界葬墳築室，茲復越砍樹株，肇衅嘗試。及經訊明，往勘釘界，該寺僧先則躲匿，嗣即以詭偽難憑之碑契及改添《峯頂志》注語，肆其譸張，公然翻控。並聞該僧廣成等已迭次上瀆，實屬不守清規，罔知法紀。檢查乾隆二十八年貢生王澐等具控該廟僧造契妄佔之案卷，現尚未獲，難保無賄承抽匿情弊，固應追究。而書院大源坑山場四至載於碑誌，確有憑據，本不在前縣斷卷之有無。今寺僧蓄意圖佔，若不徹底究辦，則合邑士人竟不敵該寺奸僧，而該奸僧等勢必無所不為，將見先賢講學之地，士子肄業之區日就頹廢而不能復振矣！第卑職遽行詳辦，轉似偏護士紳，預存成見，不足以服刁僧之心。

伏惟大老爺行義有勇，去惡必嚴，而於培植士林，作養人才之道，無不多方擘畫。董率振興，用敢不揣冒昧，合蕪[1]仰懇憲臺，於省旋時便臨卑縣，駕詣鵝湖，俯賜勘斷立界，並求撰錫鴻文，勒諸貞石，以垂永久，則鉛邑文風士習，向後蒸蒸日盛，咸歸陶鑄生成，而奸僧輩無所施其伎倆，得以保全書院山業。多士銘恩，應與山高水長，同其感頌矣。

嘉慶十七年廣信府通詳督撫藩臬清復大源坑山界稟稿

王賡言

竊查鵝湖書院肄業生員鄭必逵等控告峯頂寺僧廣成、岐山等罩佔大源坑山場一案，前據該縣王署令稟請，卑府親勘訂界，並據生員鄭必逵等，僧岐山等均呈到府。今卑府於本年七月初七日親詣該處，督同署鉛山縣徐令帶同兩造，逐細查勘，得鉛山縣城北十五里有山一座，坐西南朝東北，前後兩嶂，後嶂高處名峯頂，峯之下即大義廟，詢系建自唐時。前嶂高處為頂尖，迤邐而下，其山腳即鵝湖書院，原系宋朱、呂、二陸四賢講學處所，後遂立為書院，為各省士子肄業之所。內奉聖祖仁皇帝御書「窮理居敬」四字匾額。書院後山名大源坑，與寺山緊相毗連。有水

① 「蕪」，當作「無」，「合無」，為古公文常用語。

泉一道，自西北至東南繞出寺前。相傳此水名道源，土人訛為大源。其山該書院有明朝萬曆十四年碑石，現嵌壁上，載明此山東、西二至山分水為界，南至頂尖，北至劉觀頤山，計地三十九頃五十九畝零。又鉛山鄭前令修《鵝湖講學會編》，內附《書田志》一冊，載明此山四至，與碑載相同。惟計地十一頃零，與碑刊地數幾短三分之二。明碑在前，鄭《志》在後，非系刊書之時核對錯誤，即系當時僧人勾通書吏，乘便朦混，為他日侵佔地步，亦不可知。事隔多年，無從考究，但山場總以四至為定。今勘得大源坑山四至與碑誌悉皆符合，則畝數之多寡原可不論。惟西南分水之內有淨室三間，前有松杉雜木，似系僧人越界所立。其下山塢內有松樹根木，即去歲寺僧命工人砍伐樹木，書院肄業生員等出阻之地。前經該署縣王有章勘訊，寺僧認系工人誤砍，情愿賠出。淨室左右有小墳四塚，僧人稱系僧墳，生員等指系無主古塚，俱無碑碣，真偽均不可定。惟淨室右偏有塔院一所，歷系該寺僧人火化藏灰之地。若淨室之旁系屬僧墳，焉有不藏灰塔院而另置墳墓之理？殊不可信。其塔院一所，皆系大石結造，坊碑載明系建自明成化年間。細勘地形，偏居右首，似不在書院界址之內。且該寺系屬巨剎，山田最廣，亦斷無合寺僧人槃涅之地強立于書院毗界之區，亦非情理。再，大源坑下落平處所有廢廟一所，計屋數間，名曰西華庵，據僧人指系廟產。據生員指稱，此廟系僧人越界所建，因兩旁有山田數片，希圖立此一廟，侵佔田畝。後經書院查知，於乾隆二十八年，有貢生王澐等在縣具控，劉前令勘明訊斷，仍飭照碑內四至管業，其廟斷令拆毀。另查該縣從前斷案，據縣書稱霉爛無存。據生員等稱，系寺僧賄囑當日承辦書吏私行扯毀。伏思此案，年代未久，不應即行霉爛，其中有無情弊，當日承辦之人查已物故，難以根究。又赴該寺，廟內勘有石碑一座，前有一序，後即歷刻該寺山場田畝、段落四至，甚為詳悉。山場條下載得大源坑牛行路山地八十餘畝，東至水坑，南至拐脚塢，西至嶺脊，北至水坑。外有家業簿一本，鈐有鉛山縣印，載系前明買自劉觀化，其年月在書院明碑年月之後。其碑記乾隆十六年紳士丁柱等所立。細核立碑，已六十餘年，字畫甚新。其碑文鄙俚不通，又內有高宗純皇帝廟諱第一字在內，不知敬避，其非紳士所作無疑。所稱買劉觀化山場，並無契據，僅以家業簿為憑。查該寺康熙壬午年已遭回祿，契據皆燼，何以家業簿獨存？又何以豫知寺之必有火災，將此簿另存别所也？再查簿內開載大源坑牛行路山一所，大源坑系此處總地名，故書院山地有三十餘頃之多。寺內牛行路，自系大源坑之小土名，詢之該處民人，均稱不知，自不得藉有大源二字，希圖罩佔。四至內兩至水坑，大源系山泉，上下一脈，若水坑即指此處，則應云至大源坑水矣。又所呈山志，內載該寺於前明嘉靖年間毁廢，僧徒四散，其時寺無寸土可知。迨萬曆十四年，經邑令清查，僅得數椽。十八年，養庵和尚住居該寺，僅存榱棟，經衆於該處建立禪關等項，始將廢寺重修。是寺基之外，並無别有山場田地。嗣於萬曆十九等年，經該處紳士費方伯等捐買山田二畝零，又注内三十年，本縣顧爺偕紳士贖回山地田塘若干等語，因何不載確數？今據呈，養庵和尚置買田租八百餘石。養庵既系苦修高僧，何必置此巨產，與俗家較富乎？且山志内又何以並未敘及也？種種情節，均難憑信。卑府集訊，層層駁詰，該僧等無可置辨。本應重究，姑念人系方外，稍寬一線，將大源坑山場按照書院明碑、鄭《志》所開四至，飭縣立石釘界，以斷葛藤。西華庵久經頹敗，即令僧人將朽木碎石搬移，不得仍前覬望。淨室三間，既在分水之內，亦應拆毁。但寺僧蓋造已久，供有佛像，現尚完好，飭令寺僧代為看守，以奉香火，每年交書院租穀二石。廟旁隙地，飭書院建立遺愛祠一所，供奉四賢及創修書院與經理整飭文教之人，以誌景仰。廟旁小墳，斷作古塚。山上樹木，飭縣點明株數，交僧看守，不准砍伐。山下樹木，聽書院公事採取，不准濫用。僧人誤砍樹木僅只數株，所值無幾，前已在縣供明，系工人不知界址誤砍，免其賠償。塔院為僧人藏骨之所，歷有年所，且不在書院界至之内，仍歸寺僧管紹祭醮。《書田志》一冊，當日刊刻未能完善，且現有續捐地畝未經載入，應飭縣確切查明，詳細登註，另委監院管理，以免胥吏侵吞。兩造俱各允服，具遵取結完案，抑再有請者。查該寺地居亂山，樹木叢雜，收租一千餘石，僧俗二百餘人，未必盡皆良善。應請飭縣將衆僧造具花名清冊，不時稽察。倘有不法別情，經人控告得實，立即嚴拿究辦，將寺產詳明各憲，裁汰歸官。其住持僧人系一寺之主，宜慎選擇，由縣選舉誠妥者五六人赴府，僉充一名，給與劄委，以專責成。是否可行？恭候憲裁。

嘉慶十七年鉛山縣覆廣信府核查鵝湖書院田租膏火稟稿

徐麗生

敬稟者。本月初三日奉到鈞劄，以卑縣書院租數，歷年辦理不善，竟致有名無實，飭將續增田畝未經入《志》者逐一細查。每年收租確數及膏火額缺？支銷多少？現存若干？歷系何人經理？飭承三日内造具清冊申送等因。仰見大老爺樂育英才，于清釐積弊之中，仍寓慈祥至意，迴環敬誦，實切悚惶。

卑職伏思鵝湖書院為先儒講學之區，作養人材，誠為急務，是以歷經各大憲及僚屬紳衿捐資置產，以供膏火束修，守斯土者自應善為經理，以垂久遠，而杜弊端。迺歷任各前令並不躬自經管，概行假手吏胥收發，致被侵吞隱瞞，恐所不免。卑職抵任後，即將書院田産應收租穀清查，自行經收支發，吏胥業已無從染指。惟查鵝湖書院祠田自乾隆三十年以前，原額田五頃六十五畝零，三十年，劉前縣任内新增田八十三畝零二，共田六頃四十九畝二分一厘二毫四絲一忽，共收租穀四百八十一石二斗二升。又乾隆三十、三十一等年，民人廖永祥等互爭田畝各案内丈出溢額，詳歸書院田三十三畝三分，計收租穀二十五石一斗。又三十一年，據監生鄭遵捐田二十二畝，計收租穀二十二石。又三十二年，奉撫憲撥發銀一千兩，並僚屬及紳士捐銀九百餘兩，共置田一百四十六畝三分四厘，計收租穀二百二十一石七斗。又置地三十一畝五分三厘，計收租穀十石六斗五升。嗣奉前憲飭委玉山縣楊縣丞會同卑前令將各田逐一履勘，分別加租，實共存田八頃三十六畝一分五毫五絲，同新置地三十一畝五分二厘，共收租穀一千①零二斗一升。又舊額山十二頃三十八畝二分一厘，收租銀三兩一錢，地一頃十九畝九分，收租銀一兩一錢五分。北關橋房十六間，收租銀三十五兩零五分。新置山一畝五分，收租銀十兩八錢。以上共收租銀五十兩零一錢，此鵝湖書院額置續增田産及應收租數之大略也。卑職現飭該管經承將契卷等件逐一檢呈，另行申送。第細核近年報銷冊底，實徵租穀僅止八百四十七石二斗四升九合，核與原數不符。詢之該書，據稱尚有乾隆六十年佃人林永輝等先後呈明，共減租穀一百六十餘石。此外並有乾隆五十九年勘丈汪遠先等溢田，共計租穀三十石，撥歸書院，未經入冊報銷等語。卑職以該書所稟林永輝等請減租穀案卷並不齊全，恐有不實，而丈歸書院之汪遠先等溢田，既無報銷案據，更恐不止此數。再，前奉撫憲撥發及官紳所捐銀兩，除潘、劉二前令置買田地外，尚有長餘銀一百九十餘兩，並無著落，

① 「一千零二斗一升」，「一千」後疑脱「石」字。

飭據該書查稟。據稱，乾隆六十年修葺書院時，已將此項撥用開銷。如果屬實，自有案據可查。卑職復又細核詳案，尚有奉撫憲每年撥發鹿洞書院盈餘銀二百四十兩，為鵝湖書院增廣肄業生員，加添膏火等項之用，現查此項銀兩亦無著落。詢之該書，則稱乾隆三十四年詳內雖經敘及，但未經准發、亦無案據等語。不思三十四年詳內聲明每年給發銀二百四十兩，是非一年可知，豈有並無案據之理。現在卑職督飭詳查各案卷同歷年膏火等項支銷實數底冊，務各檢齊，依限一併申送憲臺核辦，總期不使有心朦混，以仰副諄諄告誡之盛心。先肅寸稟，仰祈鈞鑒。

嘉慶十七年廣信府通詳督撫學藩臬清查鵝湖書院膏火田租稟稿

王賡言

竊查卑屬鉛山縣書院為宋四賢講學名區，累朝培養。康熙五十七年，恭奉御書匾額楹聯，懸掛講堂。擴增規制，歷任大憲捐廉籌款，置買田產，以給膏火之資。江西及浙、閩三省士子皆得肄業其中，甚盛典也。乾隆九年，前鉛山令鄭之僑，因書院產業經理未善，實力清查，將所有舊置新增田畝，應交錢漕，俱撥入四都一啚，耑立文宗戶完納。又於《講學會編》之末，附刻《書田志》一冊，備載佃人姓名、地畝、租額，以杜影射而免侵漁。嗣於乾隆三十四年，梁前令廷旻任內，詳奉前撫憲撥發豫章書院盈餘銀一千兩，又官紳捐輸銀九百九十五兩，前後增置田畝逐一履勘，繪具圻形，注明上、中、下則，計畝定租，彙造清冊。其時，實存田八頃三十六畝一分五厘五毫，勘明水沖沙壓各田減免舊租二十一石八斗五升，墾寬成熟各田加增新租二百八十五石三斗八升，實收田租九百八十九石五斗六升。其田遠近不同，各佃戶皆願交錢，不願交穀，照當時價值，每石酌交制錢六百文，以三八放告日期，當堂投納，掣照歸農，通詳批准在案。至乾隆六十年，朱前令蘭馨乃以錢價平減，經費不敷，另詳改收租穀，交納既無定期，斗斛亦難畫一，行之未久，流弊已滋。查自乾隆九年至三十四年田畝租數雖未刻入《書田志》內，尚有梁令丈冊可稽。此後續增之產並無丈冊，但有收租總簿，不載田畝四至，不足為憑。應飭縣照原契土名畝數四至造冊，分則定租。其有斷給捐買者，一經徵租，即入冊內報銷，不准稍有遺漏。又查自嘉慶元年至十六年報銷冊內，止載田八頃六十三畝六分一厘，除累次減免租穀一百六十五石九斗七升一合外，實徵穀八百四十七石二斗四升九合。每穀一石，變價九錢九分五厘，皆由禮房折收，生童膏火亦由禮房給發，侵漁之弊，恐不能無。今據佃戶戈錦鳳等呈請，願照報銷冊內每石銀九錢九分五厘之數自行折價，交制錢九百九十五文，乃遵前定三八放告日期，當堂完納，給與收錢串票，以杜書吏冒銷之弊，自應俯如所請。又據生員張積勳等呈請，實發十個月膏火。應飭該縣明白曉諭，定期傳集諸生，用庫平紋銀當堂給發，以防剋減。如有曠發扣除銀兩，即於報銷冊內注明，以存書院公用。又查齋舍三十餘間，本屬湫隘，近已半就傾圮，肄業人多，實不能容。茲卑府已籌有款項，定於明春修復增添，以廣登進。此外，地一頃五十四畝四分三厘，山四十一頃七畝二分一厘，橋房十六間，計租銀五十一兩一錢四分，合田租共銀八百三十三兩四錢五分一厘，又有續增入田三十畝三分，租穀三十石，應得變價銀二十九兩零，所有原額及續增各產租息一并徹底清查，務求得實。卑府前於勘定大源坑山界案內曾經稟明，將鄭令《書田志》重修，茲已漸有頭緒。先將辦理章程恭呈鑒核示遵，即交山長吳嵩梁纂修定稾，以成完書。另委該縣教官監院專司其事，據實報銷，似於經理之法較為周詳，俾書院產業租息皆有實數可查。仍照鄭令舊規，將錢漕統入四都一啚文宗戶内完納，以期永遠遵守，從此多士仰沐栽培，感激益無涯量矣！

嘉慶十七年七月初七日生員胡經詮等為請增修《書田志》以廣教澤事

廣信府正堂王批：講堂之設，為育菁莪。田志之修，以防漁蠹。前人既有舊章，續產自應補載。該生等心存討論，切朱、陸之瓣香。本府職任栽培，希冀、黄之治行。況鵝湖古今勝地，俎豆名賢，凡兹田地山塘之租收，實為膏火、束修所系賴。此疆爾界，國課私租，既欲重修，務宜核實，庶幾青山萌蘖，共嚴此日之牛羊，黄卷咿唔，免致後來之雀鼠。准先飭縣查冊繕呈，俟再給文補刻可也。

《增修鵝湖書田志》卷三

中丞芝圃先生薦主鵝湖書院述懷奉寄即簡王簣山太守時軒明府兼示肄業諸生

吳嵩梁

經國多遠謨，造士為本根。
英才就陶鑄，道以儒者尊。
維公蒞江右，重望推屏藩。
一秉中丞節，風教益以敦。
講學進多士，六藝窮淵源。
菁莪秀中沚，桃李羅公門。
鯫生荷嘘植，經席容暫溫。
臨行侍清燕，敷衽求格言。
公謂貴實學，鞶帨非所論。

汝名著鄉國，汝官本成均。
當使教化美，毋負朝廷恩。
鵝湖間氣鐘，山水極幽勝。
培養七百年，弦歌久逾盛。
在昔明季葉，奄兒盜國柄。
書院及祠堂，奏毁著為令。
此邦教澤深，衛道獨嚴勁。
至今一瓣香，鹿洞圭峯並。
緬維宋四賢，德業共醇正。
門牆見或岐，師説未為病。
景運開中天，心法紹前聖。
大哉惟王言，曰「窮理居敬」。
奎章萬古懸，焕若斗杓映。
小臣林下來，仰觀實榮幸。
諸生際昌期，恩波恣涵泳。
義利辨既昭，異同論毋競。

三代治化隆，教養無不該。
學校與井田，遺法猶可推。
此地皆沃壤，所産多異材。
山畬墾逾寬，溪水周復廻。
守者或未善，繡塍委蒿萊。
斧斤不時入，松柏燒成灰。
況有鄰寺僧，百計思戕摧。
遂令養士資，化為佞佛財。
鄭公古循吏，志量尤恢恢。
清釐復舊業，寒畯加栽培。
我讀《書田志》，一字三低徊。
證以萬曆碑，餼羊殊可哀。
復古有深心，勿避流俗猜。
敬告賢守令，鑒此知取裁。
讀書借名山，荏苒已經歲。
雨花辭故柯，霜葉響閒砌。

詵詵同舍生，相依若子弟。
論文久益親，載酒遠亦至。
聞我念倚閭，早晚策歸騎。
摳衣問前期，泫然墮清涕。
為言講授勤，稍稍識經義。
一暴而十寒，匠門恐終棄。
訓迪我何有，感此但增媿。
願以深沉思，養汝英邁氣。
吾母年七旬，出山本非計。
大賢體人情，推仁當不匱。
謀養近鄉園，兹遊或可繼。
回望峯頂雲，依依送寒翠。

謁四賢祠謹次朱陸兩夫子原韻

吳嵩梁

名山講席四朝欽，懷古能堅嚮道心。
供祀田多資澗水，藏書樓迥倚煙岑。
天香六樹雲常守，積翠千峯雨未沈。
一自龍鸞廻禦筆，絃歌比戶到如今。
遺詩三復久逾欽，論定平生費苦心。
上達工夫先下學，異苔臭味本同岑。
圭峰近地鄰堪卜，鹿洞微言道豈沈。
願與諸君涵教澤，樵夫笑士古猶今。

蘭雪先生寄示鵝湖近作次韻奉酬

王賡言

御墨親題眾所欽，名山事業聖賢心。
煙巒層疊鐘靈氣，花樹迷蒙隔遠岑。
白塔文星欣尚在，紅鵝仙跡未全沈。
圭峰鹿洞相鄰近，道脈千年衍至今。
書聲朗朗鼓欽欽，講學工夫在正心。
舊有才名壓元白，新成詩句媲高岑。
重山複水爭來拱，大義微言詎使沈。
欲振民風先士習，儒宗名世望於今。

彭昌運

吏隱明知愧鄭欽，偶求雞犬息塵心。
百川到海難為水，寸木登樓不是岑。
上達工夫非鹵莽，大賢議論最深沈。

鵝湖鹿洞無同異，義利關頭徹古今。
名山俎豆舊神欽，蘭譜師資共此心。
元晦門人皆呂謝，少陵詩友類高岑。
六經有腳群言費，四始無邪奥義沈。
絳帳主人都管領，風流道學孰如今。

朱轍

曩哲風遺性自欽，名山親歷倍傾心。
源頭細瀹千條水，樹杪翹瞻萬仞岑。
下學相期功邃密，微言亦中病深沈。
致知誠意原交勵，何事分門說到今。
洙泗堂開萬世欽，淵源一脈自心心。
絃歌夜靜聞深院，氣象秋高見遠岑。
賜翰長留星彩煥，頒書不任劫灰沈。
四賢去後誰敷講，舊學商量證古今。

讀叔父謁四賢祠詩次韻同作

吴晁

四賢俎豆瓣香欽，能正心人即道心。
白鹿當年分講席，紅鵝此日仰高岑。
堂邀宸翰雲同煥，碑搨遺經旨未沈。
萬卷賜書容借讀，熙朝文治古無今。

吴炌

名山俎豆累朝欽，不負當年會講心。
一代哲人遺古蹟，九重宸翰耀荒岑。
雲圍老樹陰都合，苔繡穹碑字未沈。
上達階梯原不遠，讀書循序古猶今。

書萬曆十四年祠產碑後

吳嵩梁

曲徑回廊掩薜蘿，一碑特與細摩挲。
古來仁政先經界，今日清風滿誦歌。
田入名祠供祀久，山鄰富寺被侵多。
護持賴有循良吏，貞石重鐫定不磨。

鵝湖即事

吳晃

十里山泉繞屋涼，山花隨水雜茶槍。
閒中細領清滋味，半是茶香半水香。
參天老桂記誰栽，疏影玲瓏漾碧苔。
院小卻憐幽意足，樹陰斷處好山來。

芝圃中丞手書楹帖見贈云湖上雲山抗懷朱陸江鄉風雅繼美黄楊再至鵝湖寄謝

吳嵩梁

綵箋吹到墨花酣，筆意分明似石庵謂劉文清公。
纔有煙雲生硯北，已知虹月貫天南。
揮毫跌宕兼飛白，講學工夫望出藍。
恰與湖山增氣象，書堂深秀映松楠。
龍章鳳藻五雲騰，稽古恩榮昔未曾。
聖代作人貽典則，大臣遊藝亦精能。
明碑山界今應復，鄭《志》書田信可徵。
教養百年傳盛事，愛才公又白中丞。
隔歲留詩别四賢，瓣香重拜古祠前。
籃輿挾路花俱笑，書帶臨池水更鮮。
學道無聞原下士，溫經有味已中年。
琢磨端賴他山助，料理春風舊管絃。
吾廬也在石溪灣近地水名與余家同，一水扁舟易往還。

負米但求娛老母，掛冠偏許住名山。
家承朱陸淵源久先祖子雲公從兩夫子講學，見《縣誌家傳》，詩愧黃楊伯仲間。
孤負先生題句美，讀書惟愛此身閒。

閒居有述

膝下孤兒鬢已斑，扁舟侍養久應還。
三年不作早朝詠，一笑且開慈母顏。
小草都含時雨秀，晴天能養片雲閒。
綠陰庭院堪移榻，況有牆頭無數山。
艾葉昌蒲插戶斜，林居風致勝京華。
門生饋節更攜酒，溪叟敲門來送花。
飼鶴懶從官給俸，移書貪就館為家。
天長睡美無餘事，自煮鵝湖新種茶。

督學潘芝軒先生歲試信州肄業諸生多在前列賦詩誌喜兼求撰鵝湖書院紀事碑

靈山雲擁使槎來，多士歡聲動若雷。
地主青箱能講學謂王簣山太守，天官玉尺妙量才。
精思誰入中黄彀，奇賞同浮大白杯。
聞説沂公親種樹，百花頭上定先開。
細雨春帆旅泊初，江城曾記枉旌旟。
病身許借譚經席，衰母教移乞養書。
海國豈能宣雅化嘉慶十年梁以博士奏充琉球學經理官，鄉山大可賦閒居。
觀風要備輶軒採，鈔得新詩付小胥。

鵝湖教澤四賢深，宸翰飛騰照古今。
華國文章無僞體，雅歌笙磬有同音。
異端敢占名山業，恒產能留造士心。
貞石待求燕許筆，並邀循吏入儒林。
一隊襤衫謁泮宫，采芹消息報東風。
明知小草栽培易，難得名賢藻鑒同。
鶯愛遷喬新囀麗，馬憐仰秣舊群空。
孤根自愧非桃李，也爇心香事醉翁。

王簣山太守招陪芝軒少宰讌集皆山堂笙歌徹夜主客盡歡明日周覽信江書院諸勝搖槳而去追送以詩

信州山水似滁州，校士餘閒足讌遊。
都説人才歸月旦，即看歌舞亦風流。

千花怒發交心麗，萬馬雄爭筆陣秋。
吹徹玉簫剛夜半，涼雲都在樹梢頭。
樓閣參差講舍開，隔江人望似蓬萊。
能兼教養惟循吏，不負山川始異才。
寺有神鐘寧久棄城隅古鐘今懸寺樓，園多美竹是新栽。
關情偏讓閒鷗鷺，親送仙雲拂櫂廻。

石井

我聞石井龍所居，其深定可八千尺。
及見寒泉一鑑清，出雨興雲恐未必。
道人勸我無妄猜，神力能救東南災。
尋常一唾污澄碧，山石怒裂隨風雷。
昨日龍來飲潭水，倒捲滄波入雲裏。
下界微聞過水聲，甘霖已遍雲歸矣。
始知山澤氣本通，妙用不測惟神功。
莫嫌點滴鱗間少，四海蒼生被澤同。

積翠巖

一峰拔地逾千尋，矯若怒笋穿高林。
亂石層疊為連峰，一花一葉青芙蓉。
一洞沉沉白雲底，積翠空濛化煙水。
佛香飄出磬聲中，覺花忍草皆歡喜。
花外斜陽渡小橋，橋邊尚有采蓮橈。
洞天多少清涼地，秋熱人間尚未消。

簣山先生約以勘山枉過雨後奉懷

終古名山養異才，明碑鄭《志》與低徊。
地留勝蹟因前哲，天遣成功屬後來。
胥吏權尊能去籍，浮屠黨盛恃多財。

平心願讀昌黎表，佛骨能燒況劫灰。
素心早共白雲盟，五馬逡巡歲又更。
講學文翁原愛士，辭金楊震豈沽名。
清游三伏宜新霽，絕業千秋貴早成。
聞道山靈能勸駕，四賢抗手揖先生。

簣山太守臨勘大源坑山界枉過講堂即送還郡兼柬徐石溪明府

峯巒層疊水灣環，路入涼煙濕翠間。
茅徑連朝為客薙，松門終日帶雲關。
蟬爭暮色聯吟急，鶴踏秋陰緩步還。
一種聚星堂下樹，紫薇花發待君攀。
病身無用敢偷閒，又送千旌度嶺還。

衛道自應昌正學，尋幽豈為欵禪關。
浮嵐淨掃諸峰上，虚白常生斗室間。
合與四賢同爼豆，崇祠管領又名山。

塔頂老樹特立不群感賦一詩

浮屠絕頂樹嵯峨，託地高寒奈汝何。
自分孤根無着處，九霄風露受偏多。

雨後望靈山

靈山遙望最高峰，苦被浮雲隔幾重。
快雨連朝都洗淨，插天一朵翠芙蓉。

題朱砥坪廣文有秋圖

硯田不盈尺，同耕三十年。
出處道豈殊，相對今華顛。
君志老逾篤，君節窮逾堅。
本仁而陳義，播種有後先。
敷化若時雨，潑墨為春煙。
多士出培養，有子能象賢。

良苗秀且實，計日登豆籩。
誰云五穀美，不及桃李妍。
一樹乃百獲，食力非貪天。
鹵莽亦何為，敢怨風露偏。
下士憂上農，代耕古有祿。
廣文今冷官，一飽亦奇福。
我昔領槐廳，中外同宦局。
忍飢常閉門，覓句踏寒綠。
投簪悔已遲，乞食願易足。
一笠歸南湖，觀稼及秋熟。
衰親養亟求，棄產苦難贖。
負笈來鵝湖，與君作鄰曲。
講學磋未能，耦耕似堪卜。
且以一日勞，換此五秉粟。
鵝湖山水清，其地多膏腴。
養士制恆產，膏火資有餘。

經理惜未善，胥吏多侵漁。
不若峯頂僧，坐飽香積廚。
我知守令賢，教養心勤劬。
請續鄭公《志》，復舊增新租。
君職在學校，此事同憂愉。
我為題卷末，積願借一抒。
舍己而芸人，自笑計太迂。
胸有萬頃秋，家無儋石儲。

將歸東鄉肄業諸生及附近居民各載家釀且演村劇為餞甚媿其意並酬以詩

請業吾何有，閒齋借養痾。
學因諸子長，心愧四賢多。

薄養求蔬水，幽居掩薜蘿。
名山違夙願，只是悔蹉跎。
吾黨多翹秀，因才造就難。
才人須志節，奇士出孤寒。
覓句秋先到，諭文夜每闌。
儒林誰合傳，千載自尋看。
講舍連農圃，鄰翁亦有情。
送花栽嶢砌，燒荀餉春羹。
筧水分初給，田租累稍輕。
兒童明歲長，漸喜讀書聲。
風笛催歸櫂，離樽忍再斟。
絃歌原雅化，山水亦清音。
病鶴懷秋侶，慈烏戀舊林。
出山吾左計，為汝一霑襟。

別庭前紫薇桂花

高樹繁英向晚開，黃昏吟坐幾低徊。
聚星堂下秋如錦，可記歐陽是手栽。
難忘風清月艷時，臨行繞樹更題詩。
木樨香裏吾無隱，第一枝花管阿誰。

《增修鵝湖書田志》卷四

郡侯王簣山先生院長吳蘭雪夫子《增修書田志》成謹題其後

鄭必達

四賢何所宗，尼山一夫子。
汶陽有歸田，可以植桑梓。
推此樂利心，育民兼育士。
文宗戶立祖，其意亦相似。
本朝文治崇，作人邁前史。
瓣香奉鵝湖，春秋無廢祀。
師賢即師聖，道本同一揆。
萬古仰奎文，居敬而窮理。
陶淑先性情，風化自醇美。

至今會元堂，春風被桃李。
人事有盛衰，正學須匡扶。
施侯貽善政，鄭公擴規模。
核田有定則，歲取弗盈租。
豪強或並兼，近寺尤可虞。
清釐如不早，滋蔓憂難圖。
名山重名器，忍令觚不觚。
前車既可鑒，後患焉能無。
爰立《書田志》，垂之為遠謨。
想公號東里，其才洵不殊。
田疇昔有伍，疆理今亦符。
公去七十年，其弊乃漸出。
去年六月初，寺僧竊樹日。
僧意不在樹，試此謀淨室。
在昔占官山，劉令曾訊質。
考之萬曆碑，粲以鄭公筆。

四至既分明，頃畝自確實。
何不毁數椽，完基免再失。
老衲求雖哀，寬政乃姑息。
貽害遂至今，異端難遽斥。
胥吏結以財，彌縫盡其術。
況有叛道人，佞佛談凶吉。
先生儒者宗，復古心乃亟。
義利未分明，誰言無私暱。
峯頂黨既多，攘竊計尤譎。
詞遁以賄通，聞者氣先怵。
謂是東鄉吳，廉直世無匹。
愛士切於身，執義嚴於律。
所由守令賢，為此觸炎出。
徒步南山巔，周覽務詳密。
定案堅若山，立碑紀其實。
經界清自今，遵守懼難必。

慨然法龔黃，續產思再述。
鵝湖雖小志，例若修史然。
善教兼善養，紀事且紀年。
佃人注於冊，租額詳於篇。
復初法既美，善後責尤專。
行行湖上路，鬱鬱山下田。
黍苗足陰雨，樹亦粲雲煙。
隔牆雖有寺，通覓亦有泉。
各各守成法，侵漁庶免焉。
吾願此志成，講學增會編。
豈惟繼東里，上當追四賢。

劉忠宇

南宋四賢講學地，鵝湖得名書院置。
作者代啟不乏人，朱陸薪傳幸無墜。
甄陶後進教養兼，能體國家作人意。

前有郡守姚公堂，精舍重修依山翠。
後有邑令鄭公僑，增設書田培士氣。
既富方穀古訓詞，戶立文宗勒為志。
曾聞浚削有豪民，今見狡僧居近寺。
既侵隴畝又山林，恃以貨財結胥吏。
諸生沾溉特餘波，月支緡錢聊月試。
豈無貞石及官書，肯屈儒冠為佛媚。
東鄉博士吳先生，毅然擴清舊規制。
討論之暇辨公私，以義為利利亦義。
太守愛士今文翁，秉正孤行除黨比。
淨室改立遺愛祠，屹立一碑能紀事。
西園教澤願常留，東里遺編勤補識。
硯田從此有秋多，請以人才為國瑞。

張積勳

鵝湖山水鄉，風俗醇且懿。

講學宗四賢，前芬幸毋墜。
聖朝宸翰頒，雅化儒林被。
樂育廣英才，教養法兼至。
名儒惟鄭公，栽培具深意。
制産擴舊租，特撰《書田志》。
清釐四至詳，妙合明碑記。
別立户與圖，庶免侵漁累。
法令極周詳，駸駸乎善治。
人事有盛衰，吾道相隆替。
鄰僧肆奸慝，半入峯頂寺。
厥後租額增，竹簡未編次。
片石古祠前，低徊墮清淚。
文獻豈無徵，餼羊焉可棄。
嗟哉造士人，遺愛歌誰嗣。
補牢猶未遲，胡為弁髦置。
仁政始經界，清風滌羣弊。

網舉目自張，率由良易易。
先生抱史才，願續名山志。
貞心斥異端，苦口告循吏。
太守今龔黄，四賢結深契。
疆理畫東南，昌言破浮議。
勒石建祠堂，待乞换鵝字。
衛道峻門牆，瓣香兹可繼。
翹首望中峯，寒雲積蒼翠。

胡經詮

吁嗟乎！
鄭公敷政無頗偏，講學且更志書田。
讀志如讀菁莪篇，膏腴數千畝，
經畫星日縣。
可以修祀豊豆籩，可以育士安誦絃。
湖山如畫開講筵，恆産中有明碑鐫。

風雨剝蝕幾欲穿，何若此志堪久傳。
循良太守倅穎川，擴復舊制修遺編。
吾師校勘精且專，胥吏欺隱今無權。
我來負笈鵝湖邊，水田飛鷺林生煙。
沐浴教澤仁風宣，始知義理為豐年。

韓上珍

勤學與務農，分門而別類。
第既育賢才，可無作養地。
額租四百零，悉載《書田志》。
今增八百餘，樂施兼好義。
無令侵於民，無令奪於寺。
因以美其名，因以收其利。
多士日奮興，絃歌企文治。

張懋隆

講學鵝湖有會編，鄭公培士又書田。
登名已杜侵漁弊，記畝仍防賦稅偏。
行愛稻花香覆水，手栽桂樹直參天。
如今續輯追遺愛，循吏儒林合並傳。

拱時濟

循吏高風夙所欽，書田一卷倍關心。
襟懷淡蕩如虛谷，絳帳分明傍碧岑。
新句久隨秋月朗，舊基未共曉煙沉。
西源失去東鄉復，朱陸功臣擬自今。

周觀南

講學有名山，人才歸樂育。
教養古法兼，井田及庠塾。
鄭公直以廉，抗懷朱呂陸。

訪道寺淵源，敢曰志於穀。
為士制恆產，有山植嘉木。
煙水稻粱肥，風雨茗花熟。
戶立文宗名，坑留大源躅。
豪強杜侵漁，秀愿入陶淑。
公去七十年，後患若前矚。
異端苦相凌，元氣恐難復。
吾師撫遺編，瓣香四賢祝。
願推循吏心，一一為補錄。
守令皆廉明，虛懷納忠告。
經界正自今，栽培念尤篤。
鯫生附門牆，展卷志先肅。
勉副千載期，酬恩異流俗。

余執中

稽古井田法，學校原相資。

鵝湖況名勝，樂育多父師。
前有太守姚，後有邑侯施。
鄭公集其成，教養能兼之。
吏治本經術，講學刊會編。
末附書一卷，詳載山與田。
以杜欺隱弊，以奪豪強權。
多士誦遺愛，今已七十年。
春風吹山城，家家聞管絃。
作俑嗟何人，乃為異端誘。
攘竊及山林，侵漁豈升斗。
幸逢守令賢，能脫胥吏手。
疆理從此分，經畫庶能久。
始知昔人心，作事貴不苟。
患須銷未萌，車已鑒前覆。
我豈欲更新，亦思復其舊。
我豈欲開先，亦望垂厥後。

迴廊帶艸青，壓簷桂枝秀。
古今一瓣香，徘徊奠樽酒。

張楷銓

甫田烝髦士，讀原不廢耕。
先疇服舊德，敬事鄉先生。
井田通學校，官禮古制行。
所以教養兼，育此三代英。
後來農士分，恆產未能設。
束身庠序間，曠志希往哲。
忍飢而誦經，凜然茹冰雪。
所賴造士人，厚以勵名節。
鵝湖山水清，朱陸貽瓣香。
循吏有鄭公，勸學開講堂。
為志曰書田，意美法亦良。
立戶曰文宗，後患皆周防。

有僧妄且貪，陰謀恣侵奪。
乃以膏火資，為彼作衣缽。
養士及養僧，其理易通達。
古來吾道尊，讀《志》詳本末。

曾度

吾鄉有鵝湖，教澤深且長。
供祀與課士，經畫無不詳。
歷久積弊生，產業半摧戕。
鄭公號東里，吏治古循良。
為政持大體，學校兼農桑。
手編《書田志》，預為欺隱防。
何期鄰寺僧，百計思侵攘。
厚貲結胥吏，為幻肆譸張。
毀碑碑不朽，匿案案尤彰。
山左賢太守，治術侔龔黃。

復古正經界，衛道學益昌。
吾師續遺編，秉筆嚴秋霜。
利興害悉除，經濟皆文章。
吾儕忝校讎，萬目歸一綱。
題詩附卷尾，今昔同瓣香。

劉文宇

治國猶治家，纖悉所當記。
周官有成書，山林及田地。
小戴王制中，所載亦斯意。
後來班馬文，渠隍貨殖備。
雖為邦理財，實使民和義。
康樂由是臻，學校受其利。
士貴存恒心，飢亦難煮字。
所以四賢祠，特著《書田志》。
昔賢講學地，累朝費經營。

豈無膏腴產，巧奪兼豪爭。
鄭公甫下車，雅歌聽新聲。
制器嚴俎豆，恢產充藜羹。
山靈且納土，蜿蜒開書城。
計田綠多畝，計山青幾程。
租額定豐歉，石戶書姓名。
萬曆亦有碑，與此同崢嶸。
守成七十載，流弊仍相沿。
寺僧侵厥壤，胥吏操其權。
先生力復古，不為浮議牽。
同心賢守令，經畫周山田。
侵漁術既窮，教育心彌專。
舊產與新業，一一詳補編。
願身壽良吏，化石南山巔。
刊作遺愛文，繼起推後賢。

鄭敦典

昔有循良吏，姓鄭名之僑。
鵝湖著善教，蹟繼太守姚。
講學辨異同，養士資簞瓢。
山田數十頃，地產沃且饒。
原委勒諸《志》，一一垂規條。
法久弊或滋，稂莠妨嘉苗。
所賴執政賢，胥吏不敢驕。
經界一以正，雀鼠皆潛消。
吾師補遺編，校勘窮昏朝。
紀事辨以晳，興利期不祧。
行見祠外路，香稻連溪橋。
紅鵝已飛去，舉手天外招。

李渭雲

鄭公善政追穎川，造士咸樂輸金錢。

能育人材為國用，能得人情即義田。
何物寺僧恣侵盜，敢與胥吏相鉤連。
先民有作不可廢，後車之鑒垂諸編。
循廉太守今山左，願補遺書厚膏火。
田疇繡錯林麓開，日麗南山雲一朵。

諸魁

四賢教澤長，清風被巖岫。
造士開講堂，恆產亦云厚。
寺僧及縣胥，攘竊類羣醜。
吾師懷隱憂，敬告賢令守。
以正而驅邪，摧之若枯朽。
大德不居功，功讓書田首。
鄭公古循吏，此《志》膾人口。
補編今益詳，紀實義無苟。
願奉遺愛祠，名山同末久。

張義勳

西壁有明碑，夕照蒼苔色。
呼童掃昏塵，慘澹幾行墨。
證以《書田志》，供祀明典則。
未讀涕先垂，一字三太息。
先生撫遺編，餼羊感今昔。
願言復前規，再拜四賢側。
守令皆循良，造士殫心力。
清釐及山田，新舊著方策。
後人尋遺愛，伊誰繼其職。
仰止鵝湖峯，萬古蒼煙積。

胡師貞

志不在溫飽，閉門何所求。
言行則前哲，努力寡悔尤。

章句非所安，經國多遠謀。
泉深泒自遠，理粹才方優。
所以朱與陸，義利辨必周。
鄭公君子儒，政成多著述。
講學有會編，褒以先賢集。
書田志其餘，治生亦所急。
戒吏毋侵漁，俾士飽粢粒。
至今絃歌聲，洋洋滿鄉邑。
峩峩四賢祠，門多桃李枝。
教誨因其才，乃復飲食之。
雖邑舊田廬，勞公新措施。
立法意良厚，吏民不忍欺。
高山仰未已，荷香風暗吹。

金錞

海南循吏有遺篇，化雨春風七十年。

朱陸淵源歸理學，龔黄治術見書田。
地分經界輪常賦，法杜侵漁補舊編。
不為恒心靳恆產，古今培養賴名賢。

李銓

菁莪棫樸化隆時，教養原兼造士資。
庠序休風猶可溯，井田遺法獨相推。
雖云併奪荒蕪久，卻賴栽培教澤垂。
為拂芸編先下淚，苦心惟有四賢知。
曾向風簷翻縣志，恢恢古道照人顔。
誰將循吏誇三異，應歎醇儒見一斑。
會講已為多士法，均田肯放此身閒。
能修盛舉今猶昔，高閣巍然又學山。

彭志賢

鵝湖講學記當年，遺愛猶推造士賢。

舊制曾經循故事，新增又喜著成編。
碑求萬曆山分界，戶立文宗祭有田。
展卷恰逢秋雨後，稻花香到酒樽前。

諸國圭

士無恆產有恒心，教養兼全體恤深。
禾黍成村花壓徑，無邊膏雨潤儒林。
名山大半屬浮屠，古木千章有若無。
遺志未湮今補輯，須知一字一明珠。

陳世慶

鵝湖講學四朝欽，培植功成感不禁。
政喜樹人兼樹木，士資恆產養恆心。
浸漁無術奸豪斂，耕耨因時禮義深。
千載瓣香崇祀典，定將循吏並儒林。

蔡春來

手鈔萬紙校讎精，辛苦遺編續乍成。
復古心深甘任怨，儲才念切豈沽名。
詳徵案牘銷流弊，徧采芻蕘洞隱情。
經界分明常賦定，書田從此抵堅城。

劉昉

鵝湖山水天下最，七百年來培養深。
《書田志》刻自東里，一寸田持一寸心。
中間守者稍不謹，緇流狡獪能相侵。
淩夷又經數十載，縱有疆理難為尋。
先生講學有餘暇，明碑鄭《志》資沈吟。
言之守令復其業，萬口歡聲騰士林。
恆心亦藉恆產養，四賢教澤終古欽。
可為則為事無難，當仁力豈憂弗任。
願與鄭公續後志，肯令遺跡成銷沉。

明年先生入都去，講堂空餘絃誦音。
此事要須持永久，來者何人視碑陰。

吴炌

鄭公造士有精意，講學編成附田志。
守者不善侵漁多，半入山僧半胥吏。
吾叔瓣香陸與朱，冷官教授來鵝湖。
毅然復古招吾徒，載筆請修東里書。
後視今猶今視昔，前功之棄殊可惜。
山田有界租有額，文宗一戶應著籍。
賢哉守令能清釐，一本此《志》兼明碑。
始知教養有良法，正學相倚為盛衰。
遺愛祠成静室毁，正誼明道從兹始。
湖山如畫士如雲，開徧春風萬桃李。

張瑞槎

有宋大賢朱呂陸，淳熙二年至山麓。
會同講辨蘭若旁，彼自緇衣我儒服。
從之游者徐子融，斬艾蓬蒿葺茅屋。
映日荷湖水瀠洄，參天檜柏枝卷曲。
雖然聚集好林泉，豈為遨遊悅心目。
宗風大倡歸一源，教澤長流迪來學。
皇慶崇祀四賢人，鄉學釋奠誌私淑。
文宗賜額聯師儒，會元堂開贍①拜肅。
四百畝田資養士，高山蓊蘙牕几綠。
宋遭兵燹迄明初，太息寒鴉棲古木。
從山絕頂徙舊基李崆峒，又見頹垣那堪觸。
東門君子犯閹怒，鵝湖奏毀眾皆哭。
力爭得存亦有幸，斯道復明如炳燭。

①「贍」，據文意，當作「瞻」。

是時乘間僧竊據，南山頂至北山足。
儼然供佛埋骨灰，吾道竟為異端辱。
萬曆有碑鄭有志，五十年前存案牘。
惜哉事守罕其人，成讞如山敢翻覆。
太守愛士培養勤，竇公姚楊①繼芳躅。
經界既正浮租蠲，胥吏無權士增粟。
先生考古具深心，東里前編費增錄。
百年文獻皆有徵，千畝膏腴定全復。
名山教澤表崇祠，比戶絃歌成美俗。
可知興廢本無常，惟賢為能轉鈞軸。

蔣立中

書田尋出重培元，曾自成均得道根。
生面別開仍舊舉，千秋遺愛又新存。

---

① 竇指元皇慶間鉛山知州竇汝舟，姚指明景泰間廣信府知府姚堂，楊指明信州刺史楊汝礪。

清流太守斯文幸，冷落山堂我輩尊。
從此逢年霑化澤，喜看桃李在公門。
吾鄉憑眺倩誰來，尚肯搜羅到劫灰。
學道心原賤溫飽，愛才人卻要培栽。
浮圖早啟名山秀，試院曾為後進開。吾邑考棚及淩雲塔皆先侍御公倡建。
述德自慚繩武拙，一為歌頌一悲哀。

《增修鵝湖書田志》卷五

田租

田共九頃八十六畝六分三釐四毫。據嘉慶十六年報銷冊，合新增未入報銷之田共八頃九十六畝二分一釐。玆照梁令丈冊核算，實系此數。雖有水沖沙壓之處，頃畝悉仍其舊。○此内有地三十六畝五分五釐，向系隨田納租。

租共八百八十四石零一升七合。據嘉慶十六年報銷冊，合未入報銷之租三十石，共租八百七十七石二斗四升九合。玆照嘉慶十二年收租清冊核算，實系此數。

一　坐落二都，土名華家塢，田五坵，祝家山，田六坵，天井塢，田二坵，招公源，田二坵，庄屋背，田二坵，黄十五橋，田一坵，計共十五畝零五釐七毫。俱系上則，歲交租二十四石。現佃程會川。

一　坐落二都，土名疇田坂，田十一坵，魯家坑，田一坵，計共十三畝一分二釐。俱系中則，歲交租十七石一斗。現佃王盛功。

一　坐落三都鄭《志》系廿四都，土名鄭家港尾，田十二坵，計共十五畝三分三釐。又地四畝四分七釐。俱系下則，歲交租十二石。現佃詹細受、詹兆辰、詹岐周、詹連俚、詹細細、詹大發。

一 坐落七都，土名井亭塢，田一百零九坵，祠門前，田十坵，寺門前，田十二坵，太湖庄，田一坵，計共三十八畝九釐，俱系上則。又土名鵝湖坪，田十二坵，諸家門前，田九坵，計共十一畝四分一釐，俱系中則。總共計田四十九畝五分，歲交租六十三石零三合。現佃邱順發、黃天生、吳天士、賴春里、黃大東、黃榜、陳球琳。

一 坐落四都，土名沙園裏，田三十七坵，計共五畝鄭《志》系十畝。中則，歲交租六石六斗。現佃鄧日輝。

一 坐落五都，土名下挈尾，田一塅，計三畝二分三釐三毫。中則，歲交租四石一斗。現佃陳寶鑑。

一 坐落五都，土名下挈尾，田一塅，計三畝零二釐七毫。中則，歲交租三石九斗。現佃侯發生。

一 坐落六都，土名楊凹嶺，田二十四坵，黃竹塹，田四坵，周家壠，田四坵，塘口，田二坵，割茆塢，田三十二坵，計共十六畝七分二釐零六絲。俱系中則，歲交租二十一石七斗。現佃辛必賢。

一 坐落六都，土名黃竹塹，田二十二坵，割茆塢，田二十四坵，計共十一畝六分。中則，歲交租十三石八斗。現佃邱萬生。

一 坐落六都，土名荒田塢，田二十四坵，檑石嶺，田五十三坵，計共十畝一分五釐四毫五絲，俱系上則。又土名塘邊，田十一坵，黃竹塹，田二塅，一百三十四坵，牛欄塢，田十二坵，社公底，田七坵，黃泥灣，田三坵，計共三十五畝四分五釐九毫，俱系中則。又乾隆三十五年契買楊正發田二畝五分，總共四十八畝一分一釐三毫五絲，計共交租七十一石一斗。嘉慶八年詳減十一石一斗，現實交租六十石。現佃余松壽、余正茂。

一 坐落七都，土名丫家源，田五坵，丫家源屋背，田三坵，翁家壠，田七十五坵，計共十三畝五分。上則，歲交租二十六石。現佃余士章。

一　坐落七都，土名下塢，田十三坵，大塢，田七坵，柿樹塢，田一坵，庵塢，田三坵。又地二分五釐，計共八畝五分。上則，歲交租十七石。現佃程牙仔。

一　坐落十一都，土名老港洲，田九十坵，計四十九畝。中則，歲交租四十二石五斗零二合。現佃林信誠、周世興、周啟太、周啟元、周學乾。

一　坐落十四都，土名油岸，田十五坵，計九畝。除減免外，歲交租四石五斗。現佃周德溥。

一　坐落十四都，土名梅家隴鄭《志》作油岸坂，田八坵，計十四畝七分五釐，歲交租八石四斗。現佃賴乾開。

一　坐落十五都，土名窑前門口，田計五畝。中則，歲交租六石五斗。現佃李興宗。

一　坐落十五都，土名沙嶺、雞庵寺、童子山、黄沙嶺等處，田計共十一畝。中則，歲交租十四石三斗。現佃杜興發。

一　坐落十五都，土名沙亭嶺、楊家壠、茶樹塢，田計共十畝五分。中則，歲交租十三石八斗。現佃魏良士。

一　坐落十五都，土名龜山背，田計十二畝。中則，歲交租十五石六斗。現佃溫達先。

一　坐落十五都，土名鄭家嶺，田計二畝鄭《志》作五畝。中則，歲交租二石六斗。現佃李興宗。

一　坐落十五都，土名黄絲橋，田計五畝。中則，歲交租六石五斗。現佃鄧為英。

一　坐落十五都，土名社公背，田計五畝五分。中則，歲交租七石二斗。現佃余公望。

一　坐落十七都，土名馬橋頭，田四十四坵，計九畝五分。中則，歲交租十二石四斗。現佃陳士元。

一　坐落十九都，土名西塢壠，田十二坵，羅六墩，田一坵，水袋壠，田一坵，正宮坂，田一坵，計共七畝。中則，歲交租九石一斗。現佃江貴揚。

一 坐落二十都，土名上西巖，田六坵，計一畝七分五釐。下則，歲交租八斗七升。現佃傅文光。

一 坐落二十都，土名到底窟，田五坵，計八畝。下則，歲納租四石。現佃王朝選、王富舉。

一 坐落二十五都，土名楊林洲，田六坵，倒港底，田三塅十三坵，計共九畝四分一釐。中則，歲交租十二石三斗。現佃余大毛、余勝海。

一 坐落二十七都，土名庵山底，田十一坵，計三畝零七釐九毫鄭《志》六畝。上則，歲交租五石。現佃楊起勝。

一 坐落三十五都，土名穆家厂，田六坵，計二畝七分六釐。上則，歲交租五石六斗。現佃鄭漢升。

一 坐落三十六都，土名茶山塢，田計二十四畝。中則，歲交租二十六石四斗。現佃戈茂春。

一 坐落三十六都，土名捆前，田十六塅、塘一口；馬泥坑，田一塅；香爐坵，田二塅；下坑口，田七塅；門前，田二塅；社公前，田二塅；塘鍋前，田三塅；後門塢，田十塅；槽碓塢，田一塅；荒田塢，田二塅；大柳背，田一塅；橋頭竹山背，田一塅；塢尾，田一塅；末塢壠，田一塅；大荒坪，田二塅；中央塢，田二塅；細荒田塢，田一塅；茶山塢，田三塅；南塢，田二塅；烏泥坑外，田一塅。共計田一頃七十六畝六分九釐，俱系下則。又土名前坪，田二塅，計五畝三分五釐，系中則。歲共交租六十石零二斗三升九合。現佃楊宗太、鄧公華、劉族暉、吴元勝、雷顯文。

一 坐落三十八都，土名池圳沿，田計七分。中則，歲交租一石。現佃傅國瑞。

一 坐落四十七都，土名袴襠坵，田三坵；仙人塘，田三坵，計共四畝五分。中則，歲交租五石九斗。現佃陳如玉。

一 坐落四十七都，土名下塘塢，田二塅，計十畝五分，塘一口，計三分。中則，歲交租十三石七斗。現佃鄧旭明。

以上舊額，共田五頃八十九畝四分四釐一絲，塘地五畝零二釐地系隨田納租，共租五百四十七石六斗一升四合，俱系查照乾隆三十四年梁公丈冊詳稿，嘉慶十二年租冊及鄭公《書田志》校錄，其四至俱詳鄭《志》。其頃畝較原志多三十餘畝，皆系後丈溢之數。

一　坐落一都，土名老鼠尾、苦竹塢，田計共二畝。上則，歲交租三石六斗。現佃黃珍夫。

一　坐落四都，土名大源坑，田計四畝。中則，歲交租五石二斗。又乾隆五十六年，陳雲稟出該佃溢田六畝六分六釐，加租三石，歲共交租八石二斗。現佃戈景鳳。

一　坐落七都，土名中港洲，田原額三十九畝九分六釐，又地二畝一分七釐，共租五十五石九斗，現稱被水沖缺，歲共交租九石一斗二升。現佃胡念生。

一　坐落八部，土名吳家門前，王塘沿二處，田計共六畝。中則，歲交租七石八斗。現佃詹樹穀。

一　坐落八都，土名中洲坂，田十畝四分四釐，中則，原租十四石。又地三分，原租三斗。現在歲交租三石二斗二升二合。現佃楊志仁。

一　坐落八都，土名湖窟尾等處，田計共二十五畝零五釐，又地三畝七分九釐。原額共租三十四石三斗五升，現在歲交租三石。現佃陳公升。

一　坐落八都，土名沙湖裏等處，田計共十八畝一分五毫。中則，歲交租二十三石五斗三升。又地二十五畝二分七釐，租七石五斗。共交租三十一石零三升。現佃蘇為孝、林永輝。

一　坐落十一都，土名老港洲，田一畝五分。中則，歲交租二石。現佃村子應。

一 坐落十一都，土名老港洲，田五畝五分。中則，歲交租七石二斗。現佃周晉瞻。

一 坐落十二都，土名廟灣洲，田三畝五分。中則，歲交租四石六斗。現佃張朝選。

一 坐落十四都，土名慈姑山，田四畝二分。中則，歲交租五石五斗。現佃江上青。

一 坐落十六都，土名墩上及下七畝等處，田計共二十二畝。中則，歲交租二十八石六斗。現佃余上達。

一 坐落十六都，土名上半山等處，田計七畝八分。中則，歲交租十石四斗。現佃謝允其、張秉旺。

一 坐落十七都，土名下港洲，田二十畝，除減免外，額租十五石。現在交租五石八斗一升一合。現佃陳士元。

一 坐落二十都，土名十弓坵等處，田共二十一畝五分。中則，歲交租二十八石。現佃傅昌茂、傅榮茂。

一 坐落二十五都，土名楓樹壠，田共八畝零五釐三毫。上則，歲交租十四石五斗八升。現佃余大毛、余勝海。

一 坐落二十七都，土名高琴山，田七畝零七釐三毫。下則，歲交租五石。現佃劉勝嵩。

一 坐落二十八都，土名官田壠等處，田共十五畝一分九釐。中則，歲交租十九石八斗。現佃陳兆麟。

一 坐落三十一都，土名曹家坂，田三畝五分。上則，歲交租六石五斗。現佃何廷開。

一 坐落三十一都，土名虎灣坪，田十九畝四分六釐三毫。下則，歲交租六石。現佃何廷開。

一 坐落三十四都，土名細塢，田四分。中則，歲交租五斗二升。現佃岳貴聯。

一 坐落三十六都，土名蟠龍嶐，田三畝四分。中則，歲交租三石七斗四升。現佃鄭子章。

一 坐落三十七都，土名漆樹塢，田共二十二畝三分。中則，歲交租二十九石。現佃袁官保。

一 坐落三十七都，土名東坑，田三畝六分。中則，歲交租四石六斗八升。現佃袁官保。

一　坐落三十七都，土名大荒田隴、小荒田隴等處，田共二十五畝。中則，歲交租三十二石五斗。現佃袁官保。

以上續增田共三頃二十七畝九分四釐四毫，地三十一畝五分三釐地系隨田納租。共租三百零六石四斗三合。俱系查照乾隆三十四年梁公丈冊詳稿，嘉慶十二年租冊糸校補錄。其坵塅四至未得底冊，無從采入。

一　坐落二十五都，土名王家塘、大窑墩，田三畝八分三釐，系嘉慶元年汪學先報墾，歲交租四石六斗。現佃汪學先。

一　坐落二都，土名官山壠，田七畝五分，系嘉慶八年薛文星名下丈溢之田，歲交租九石八斗。現佃薛文星、林鼎元。

一　坐落八都，土名中洲，田共十四畝二分，系嘉慶十二年王前縣斷歸書院，歲交租八石。現佃吳九連、孟細姘、孟虞臣、孟美涵、孟平涵、孟錦涵。

一　坐落十七都，土名童源坑，田四畝九分六釐九毫，亦系王前縣斷歸書院，歲交租四石。現佃王富岳。

一　坐落四都，土名沙園裏，新墾田二畝二分，歲交租三石六斗。現佃張重山、蔣士裳、薛興發。

以上田共三十二畝七分，租三十石，系嘉慶元年以後新增，嘉慶十七年查出補錄。

通共新舊田計九頃八十六畝六分三釐四毫，實征租穀八百八十四石一升七合。外峯頂寺僧自嘉慶十七年始，歲交淨室租穀二石。

地租

地共一頃五十四畝四分三釐。內有三十六畝五分五釐，向系隨田納租。

一 坐落四都一啚，祠田被水沖成地二塊，歲交租銀一兩一錢五分。現佃孔文松、孔茂生。

山租

山共四十一頃七畝二分一釐。

一 坐落四都一啚，土名大源坑，山計三十九頃五十九畝一分，東西俱止山分水，南止山頂尖分水，北止劉觀頤山為界。嘉慶十七年，經府憲王查照明碑頃畝，斷歸書院管業，尚未起租。

一 坐落十五都，土名黃沙嶺，山計十畝，原佃杜仲茂看護竹木，尚未起租。四至詳鄭《志》。

一 坐落十六都，山一畝五分，佃人謝允其、張秉旺，歲交租銀十兩八錢。

一 坐落三十六都，土名捆前，山二障。烏泥坑，山一障。黃泥嶺，山一障。桃枯塢，山一障。雙坑口，山二障。光頭嶺，山一障。南坑口，山一障。雙坑口西邊，山二障。龍潭，山二障。上疇，山二障。葛地塢，山一障。

計共一頃三十八畝一分，現佃雷顯文、吴元勝，歲交租銀三兩一錢。四至詳鄭《志》。

一 坐落四都一啚山，現佃傅天保、徐亦田，共交租銀六錢。頃畝四至未詳。

以上共征山租銀十四兩五錢。

舊册載有王元祖山租銀五錢，嘉慶十七年查出林世才、林錦倫、傅正生、歐秀生等向王元祖轉租私墾，栽種番藷茶桐。經府憲王飭將王元祖山佃革去，其山即令林世才、傅正生等栽大竹五百竿，以代山租。有案。

房租

一 大源坑西南界内淨室三間，歲交租穀二石。認戶峯頂寺僧。

一 大義橋東北店屋三間，歲交租銀十兩。認戶朱茂榮。

一 大義橋西北店屋共三間，歲交租銀十兩。認戶甯允中。

一 大義橋店屋二間，原租十兩，乾隆六年因火災，認戶自行改建，減租四兩，現交銀六兩。認戶程茂林。

一西門店屋一間，歲交租銀二兩。認戶李楚川。

一橋南坊門内店屋東西對面共二間，歲交租銀五兩。認戶胡首林、丁元林。

一橋西北店屋一間，原租二兩，乾隆六年因火災，認戶自行改建，現歲交租銀三錢。認戶饒日吉。

一橋東店屋一間，歲交租銀一兩五錢。認戶張學田。

一橋中亭東半邊屋一間，歲交租銀二錢五分。認戶甯允中。

以上房屋坐落、租數，除淨室外俱系查照乾隆三十年劉公報銷冊及嘉慶十二年租冊校録。

河口地租

一聯元館，額征銀三分。

一幸松茂，額征銀二分。

一葉世發，額征銀三分。

一龔隆興，額征銀五分。

一 俞復興，額征銀五分。

一 武隆盛，額征銀三分。

一 盧時茂，額征銀五分。

一 湯永茂，額征銀五分。

一 李元武，額征銀三分。

一 王洪興，額征銀三分。

一 天興館，額征銀二分。

一 張道生，額征銀三分。

一 劉勝先，額征銀二分。

以上共房租銀三十五兩四錢九分。又淨室租穀二石。通共山地房租銀五十一兩一錢四分，又租穀二石。

書院房屋

照前牆一道，左義路，右禮門。

第一進　頭門五間，左右廂屋各三間，石坊一座，泮池一口，左右碑亭各一間。

第二進　儀門五間。

第三進　講堂五間。

第四進　四賢祠五間，左右走廊各五間。

第五進

御書樓三間，左平房一間奉文昌帝君，右平房一間奉關聖帝君。

左號舍十間，中明辨堂三間，上正屋三間。

右號舍十間，中願學堂三間，上正屋三間。

以上通共房屋七十五間。

書院書籍

《御纂書經》二套、《詩經》二十四本、《資治通鑑》八套現已失去、《綱目三編》一套、《駁呂子書》一部、《日知薈説》一套、《大學衍義》一套、《濂洛關閩》五本、《性理正宗》十六本、《朱子年譜》二本、《大全》二十六本、《正誼堂文集》六本、《正誼堂續集》四本、《文獻通考》一百二十本、《四禮》二本、《困學錄》四本、《近思錄》八本、《張清恪公年譜》二本、《小學纂注》、《孝經注解》共一套、《醫宗金鑑》十四本現已失去、《養正遺規》一本、《呂子節錄》四本、《正學質疑》一本、《性理》五本。

以上書共二十四部，系查照乾隆三十年劉公清查底冊補錄。

經費

嘉慶十八年鵝湖書院項下：

除減免外，實征田租八百八十四石零一升七合，每石變價紋銀九錢九分五釐，共易紋銀八百七十九兩五錢九分六釐。

又淨室租穀二石，扣紋銀一兩九錢九分。

又山地房租紋銀五十一兩一錢四分。

通共合紋銀九百三十二兩七錢二分六釐。

一每年完納錢糧連閏共銀三十六兩一錢九分五釐，又耗銀三兩六錢一分九釐。不閏之年另須減算。

一每年完納漕兵米一十一石二升一合。○以一米二穀扣算，計穀二十四石四升二合，每石價銀九錢九分五釐，

合銀二十三兩九錢二分二釐。

一每年完納漕兵米水腳銀每石一錢二分四釐八毫二絲五忽，共銀一兩五錢。

以上三條，系照嘉慶十六年分報銷冊補錄。

一每年院長修金紋銀二百四十兩，膳資八十兩，關聘十兩，節禮十八兩，迎送盤費十二兩。

一起館酒席銀四兩。

一生童月課花紅銀十二兩。

一春秋祭祀銀六兩。

一取准正課生員三十名，每名每月膏火紋銀九錢正，以十個月計算，共紋銀二百七十兩。

一取准正課童生十五名，每名每月膏火紋銀六錢正，以十個月計算，共紋銀九十兩。

一水火夫二名，工食銀八兩。

一門斗二名，工食銀二兩。今酌于所佃書院田租内減免二石，以示體恤。

一 每年修理書院，添蓋瓦料工料銀三兩四錢七分。

以上每年約共用銀八百二十四兩七錢零六釐。

除用外，每年應存銀一百零八兩二分。〇又門斗名下減去租穀二石，扣銀一兩九錢九分，應實存銀一百零六兩三分。

跋

增修《書田志》五卷，叔父蘭雪先生與廣信太守王簣山夫子所手定也。舊志作於東里鄭公。公宰鉛山，以勸學為己任。書院故有田地山場，歲得租息若干，四賢供祀之費，諸生膏火之資，咸取給焉。公懼夫久而或湮，用是考其疆界，覈其租額，都為一志，附載於《講學會編》之末，法至善也。公去已七十餘年，守者或不敬其事，一壞於僧徒之越占，再壞於胥吏之浸漁，而正費遂駸駸乎其不支矣。嘉慶辛未，叔父來主講席於兹，督課之餘，進諸生詳諮利弊，為之慨然。因與簣山夫子力為清釐，搜閱前志，證以明碑，於是山復舊界，租無浮收，經費有常，報銷俱實，積年之弊一旦廓清，《書田續志》所由作也。當首議清釐之日，咸以為難，或且出蜚語以沮先生。先生持以定力，不避勞怨，及底於成，而論者翕然咸歸美焉！假令先生稍自推諉，或為浮議所搖，又無廉明大吏力為主持，如簣山夫子者，則雖有造士之心，而其權不屬，於事迄無濟已。夫天下事，未嘗為之而畏其難，與夫為之而或沮於孤立，怵於毀譽之口，不克自竟其業者，蓋十常八九也。今先生發為昌言，而賢太守措諸實政，有功於名教甚偉。晃侍仗履日久，凡所經畫，藁皆數易，蓋慎之又慎，必求其詳，而先生猶自以為未慊也。後之莅斯土者，能守其成而增所未備，教養相兼，人才日盛，則此書不為具文也已。

嘉慶十八年十月朔日，東鄉吳晃謹跋。